宽容

一部人类的不宽容史

[美]房龙◎著
端木杉◎译

TOLERANCE

Hendrik Willem Van Loon

与人文大师一起
探寻人类的救赎与希望

北京时代华文书局

图书在版编目（CIP）数据

宽容 /（美）房龙著 ; 端木杉译 . -- 北京 : 北京时代华文书局, 2018.2

ISBN 978-7-5699-2243-1

Ⅰ. ①宽… Ⅱ. ①房… ②端… Ⅲ. ①思想史一世界 Ⅳ. ①B1

中国版本图书馆 CIP 数据核字（2018）第 001919 号

宽 容

KUAN RONG

著　　者 | （美）房龙
译　　者 | 端木杉

出 版 人 | 王训海
丛书策划 | 梁明德
责任编辑 | 周连杰
特约编辑 | 廖　丹
封面设计 | 格林文化
责任印制 | 刘　银

出版发行 | 北京时代华文书局 http://www.bjsdsj.com.cn
北京市东城区安定门外大街 136 号皇城国际大厦 A 座 8 楼
邮编：100011 电话：010-64267955 64267677
印　　刷 | 三河市祥达印刷包装有限公司 联系电话 | 0316-3656589
（如发现印装质量问题，请与印刷厂联系调换）
开　　本 | 710mm×1000mm 1/16 印 张 | 20.75 字 数 | 272 千字
版　　次 | 2018 年 7 月第 1 版 印 次 | 2018 年 7 月第 1 次印刷
书　　号 | ISBN 978-7-5699-2243-1
定　　价 | 56.00 元

序　言

在安宁寂静的无知山谷里，人们过着幸福的生活。

永恒的山脉向东西南北各个方向绵延横亘。

一条知识的小溪沿着幽深荒凉的山谷缓缓地流淌着。

它发源于昔日的荒山。

消失在未来的沼泽中。

小溪潺潺，不像江河那样水势浩大，波涛滚滚，但对于需求微小的村民来说，已经绰绰有余了。

晚上，牲畜饮完水后，村民们把自家的木桶注满，然后便心满意足地坐下来，尽情地享受生活。

长老们被搀扶出来，他们在荫凉角落里度过了整个白天。对着一本神秘莫测的古书苦思冥想。

他们向儿孙们叨唠着古怪的字眼，可是孩子们却总是惦记着去玩耍那些从远方捎来的漂亮的石子。

这些古怪字眼的含意往往模糊不清。

然而，它们是一千年前由一个已不为人所知的部族写下的，因此神圣而不可亵渎。

在无知山谷里，只要是古老的东西都会受到尊重。谁要是胆敢否认祖先的智慧，谁就会遭到那些体面人的冷落和疏远。

所以，大家都和睦相处，山谷里一直保持着惯有的和平。

恐惧总是陪伴着人们——要是分享不到园子里收获的果实，又该怎么办呢？

深夜，在小镇的狭窄街巷里，人们低声讲述着含混模糊的往事，讲述那些敢于提出问题的男男女女。

这些人后来走了，再也没有回来。

另一些人曾试图攀登挡住太阳的巉岩峭壁。

但他们最后都陈尸石崖脚下，白骨累累。

岁月流逝，年复一年。

在安宁寂静的无知山谷里，人们过着幸福的生活。

空旷的原野一片漆黑，一个人正在缓缓爬行。

他手上的指甲已经磨破。

脚上缠着破布，布上浸染着长途跋涉留下的血渍。

他跌跌撞撞来到附近一间草房，敲了敲门。

然后他就昏迷了过去。在摇曳的烛光里，他被抬上一张吊床。

天一亮，全村的人都已知道："他回来了。"

邻居们站在他的周围，摇着头叹息。因为他们早就清楚，结局肯定会是这样的。

对于敢于离开山脚的人，等待他的只有屈服和失败。

在村子的一个角落里，长老们摇着头，低声嘟囔着愤怒的词句。

他们并不是天性残忍，但律法毕竟是律法。他违背了长老的意愿，犯了弥天大罪。

他的伤一旦治愈，就必须接受审判。

长老们也想对他仁慈，对他宽厚。

他们没有忘记他母亲的那双奇异闪亮的眸子，也回忆起他父亲三十年前在沙漠里失踪的悲剧。

不过，律法毕竟是律法，律法必须要遵守。

长老们将保证律法的执行。

他们把他带到集市场，人们默默无声地站在周围，心里满怀着敬畏。

由于饥饿和干渴，他的身体还很虚弱，长老们让他坐下。

他拒绝了。

他们不准他讲话。

但他偏要说话。

他转过身，背对着长老。她的眼睛在围观的人群中寻找着。寻找那些不久以前还与他志同道合的人。

“听我说，”他恳求道，“听我说吧，欢呼吧！我刚从山的那一边回来，我的脚踏上了新鲜的土地，我的手感觉到了异族的抚摸，我的眼睛看到了奇妙的景象。

“当我还是孩子的时候，父亲的花园就是我的整个世界。

“创世伊始，花园东面、南面、西面和北面的疆界就定下来了。

“只要我问疆界那边还有什么，大家就不住地摇头，默不作声。可我偏要刨根问底，寻个究竟。于是他们就把我带到那块岩石下，让我看那些敢于违抗神灵旨意的人留下的嶙嶙白骨。

“当我高喊‘一派谎言！神喜欢勇敢的人！’于是长老就过来了，向我宣读他们手中的圣书。他们说，神的旨意已经决定了天上和人间所有万物的命运。山谷是我们的，需要由我们掌管和固守；走兽飞禽、花朵和果实以及水中的鱼虾，都归我们所有，依照我们的意志进行支配。但是大山是神的，对山那边的事物我们应该一无所知，这种神秘感要一直保持，直到世界的末日。

“他们在撒谎。他们欺骗了我，就像欺骗了你们一样。

“山的那边有宽广无垠的牧场，有一望无际的青草，还有和我们一样有血有肉的男人和女人；那里有经过千百年的建设而成就的美轮美奂、光彩夺目的城市文明。

“我已经找到一条通往更美好的家园的道路，我已经看到更加幸福的生活就在我们的前头。跟我来吧，我带领你们奔向那里。神祇的笑容不只是在这儿，也在其他地方。”

他停了下来。人群里发出恐怖的叫声。

“亵渎，这是对神的亵渎。”守旧老人叫喊着。“亵渎神灵，罪不可恕。给他的罪行以应有的惩罚吧！他已经丧失理智，居然敢嘲弄一千年前定下的律法。他该被处死！”

于是人们举起了沉重的石块。

于是人们砸死了他。

他的尸体被扔到山崖脚下，杀一儆百，以此来警告那些胆敢质疑祖先智慧的大胆狂徒们。

没过多久，一场特大的旱灾降临到这个山谷。知识的小溪干涸了，牲畜因干渴而死去，庄稼在田野里枯萎。于是无知的山谷里饥声遍野。

然而，全知的长老们却不为所动。他们预言说，一切问题都会化解，一切都会转危为安，因为那些圣典里就是这样写的。

况且，长老们已经垂垂暮年，只要一点食物就足够了。

冬天来临了。

村庄里空荡荡的，人烟稀少。

半数以上的人由于饥寒交迫离开了人世。

对于活着的人来说，山的那一边是他们唯一的希望。

但是律法却说，“不行！”

律法必须要遵守。

一天晚上，村子里爆发了叛乱。

因为看不到希望，那些由于恐惧而逆来顺受的人们终于鼓足了勇气。

全知的长老们发出自己的抗议。

他们被推到一旁，无人理睬。他们一肚子牢骚，嘴里不停地抱怨自己的命运不济，对小辈们的忘恩负义心怀怨愤。可是，当最后一辆马车驶出村子时，他们拦住了车夫,好歹让他把他们带走。

就这样，迈向未知世界的旅程开始了。

这时，距离那个漫游者回来的事情已经过去很多年了，所以要找到他当年走过的路并不是一件容易的事。

成千上万的人死了，人们踏着他们的尸骨，才找到第一座用石子堆起的路标。

此后，旅程中的磨难少了一些。

那个细心的先驱者已经在丛林和无际的荒野中用火烧出了一条路径。

沿着这条小路，人们找到了新的绿色牧场。

大家相视无言。

“原来他说的是对的,”人们说道,“他对了，长老们错了。”

“他讲的是真话，长老们在撒谎……

“他的尸首还在山崖下腐烂，长老们却坐在我们的车里，唱那些老掉牙的歌。

“他救了我们，我们反倒杀死了他。”

“对这件事我们的确感到愧疚，不过，假如当时我们知道真相的话，当然就……”

他们解下马和牛的套具，把奶牛和山羊赶进草原放牧；他们为自己建造起房屋，开垦了耕地。从次以后，人们又过着快乐幸福的生活。

几年后，人们为智慧老人建起了一座崭新的纪念馆，并决定把那位勇敢先驱者的遗骨移葬在里面。

大队人马满怀庄严肃穆的情感，浩浩荡荡回到了早已荒无人烟的山谷。但是，当他们来到先驱者原先留下尸骨的山脚下时，这里却是空空如也。先驱者的尸骨踪迹皆无。

饥饿的豺狗早已把尸骨拖入自己的洞穴。

于是，人们把一块石头放在先驱者踏出的小径的尽头（现在已经成了一条宽广的大道），石头上刻着这个首先向未知世界的黑暗和恐怖挑战的先驱者的名字。是他把人们引向了新的自由的生活。

石上还写明，它是由前来感恩朝礼的后代所建。

这样的事情发生在过去，也发生在现在，希望将来不再发生。

目录

序　　言　001

第 一 章　无知的暴政　001
第 二 章　希腊人　010
第 三 章　禁锢的开始　044
第 四 章　上帝的晨光　053
第 五 章　囚禁　071
第 六 章　生活之纯　080
第 七 章　宗教裁判所　089
第 八 章　艰难的求知　103
第 九 章　向印刷文字开战　113
第 十 章　历史写作的普遍性与本书的特殊性　120
第十一章　文艺复兴　124
第十二章　宗教改革　132
第十三章　伊拉斯谟　143
第十四章　拉伯雷　156
第十五章　旧世界的新招牌　166

CONTENTS

第十六章　再洗礼教徒　184
第十七章　索兹尼家族　195
第十八章　蒙田　204
第十九章　阿米尼乌斯　211
第二十章　布鲁诺　220
第二十一章　斯宾诺莎　226
第二十二章　新的天国　238
第二十三章　太阳王　249
第二十四章　腓特烈大帝　253
第二十五章　伏尔泰　256
第二十六章　百科全书　272
第二十七章　革命的不宽容　279
第二十八章　莱辛　288
第二十九章　汤姆·佩恩　300
第三十章　最后一百年　305

后记　但是这个世界并不幸福　311

第一章　无知的暴政

公元527年，弗雷维厄斯·阿尼西厄斯·查士丁尼[1]成为东罗马帝国的统治者。

这位塞尔维亚的农夫，对书本知识一无所知，认为读书无用。正是出于他的命令，古代雅典的哲学学派才被最后压制下去。也正是他，关闭了唯一的一座埃及寺庙。自从信仰新基督教的信徒侵入尼罗河谷之后，这座庙宇香火不断，已有数百年了。

庙宇坐落在一个叫菲莱的小岛上，离尼罗河的第一个大瀑布不远。从人类的记忆所及之时起，这个地方就是朝拜伊西斯[2]的圣地。不知什么原因，当供奉着非洲、希腊和罗马诸神的庙宇都销声匿迹了，只有这个女神庙灵光不灭，得以保存。直到公元六世纪，这里成为古老而神圣的象形文字仍然通行的唯一场所，为数不多的教士继续从事着在其他地方早已被忘却的工作。

---

① 查士丁尼一世（483—565），东罗马帝国皇帝（527—565年在位），完成了著名的《查士丁尼法典》，发动战争向西扩张。

② 伊西斯，埃及神话中掌管生育的女神。

可是现在，因为一个大字不识的文盲皇帝的命令，庙宇和毗邻的学校变成了国家的财产，庙里的神像和绘画被送到君士坦丁堡的博物馆里，教士和象形文字专家被投入监牢。当他们中最后一个人在饥寒交迫中死去以后，具有悠久传统的象形文字便成为一门失传的艺术。

这一切真的太可惜了。

假如查士丁尼（这个该死的家伙）做得不那么决绝，把些许老象形文字专家抢救到类似“挪亚方舟”的安全地方，那历史学家的工作将会容易得多。我们虽然能再次拼写出古怪的埃及词汇（这全靠商博良[①]的天才），但要真正理解这些符号的内在含义，却是极其困难的。

在古代社会的其他国家民族中，这类事情太多了。

那些蓄着奇特大胡子的巴比伦人给我们留下了大量刻满宗教经文的印刷用的泥板。他们曾经虔诚地疾呼：“将来有谁能够理解天国中神灵的忠言？”他们不断祈求神灵的庇护，他们竭力诠释神灵的法则，把神灵的旨意刻在最神圣城市的大理石柱上。可是，他们又是怎样对待这些神灵的呢？怀着怎样的情感呢？他们忽而虚怀若谷，鼓励教士研究天国，探索陆地和海洋；忽而又变成凶狠的刽子手，对他们的邻人施以残酷的惩罚，只因稍微疏忽了一些宗教礼节，而这些宗教礼节在今天已无人在意。这又是什么原因呢？

我们到现在还没有弄明白。

我们派出了探险队去尼尼微[②]，在西奈的沙漠上挖掘，译释的楔形文字书版足有几英里长。在美索不达米亚和埃及各地，我们都竭尽全力寻找打开神秘

---

① 商博良（1790—1832），法国人，研究古埃及的学者，是第一个揭开古埃及象形文字的人。

② 尼尼微，亚述古城，在底格里斯河畔。

的智慧宝库大门的钥匙。

突然，纯粹是偶然的机缘，我们发现了宝库的后门，其实它一直对人们敞开着，我们随时都可以登堂入室。

然而，这扇小小的方便之门并不在阿卡德①或孟菲斯②附近。

它隐藏在丛林的深处。

异教神庙的木柱几乎把它遮挡得风雨不透。

我们的祖先在寻找易于抢掠的对象时，和那些他们乐于称之为“野蛮人”的人打上了交道。

他们的接触并不愉快。

这些可怜的野蛮人，误解了白人的真实用心，挥舞着长矛和弓箭“欢迎”他们。

来访者却用大口径短枪作为回敬。

从那以后，平心静气的、不带任何偏见的思想交流变得十分渺茫。

野蛮人总是被描写成一群肮脏懒惰的废物，他们信奉鳄鱼和枯死的树枝，任何灾难对他们都是应得的报应。

随后就迎来了丨八世纪的转机。让-雅克·卢梭首先透过朦胧的伤感泪水来观察和思考这个世界。同时代的人被他的思想打动了，也掏出手绢加入流泪的行列。

愚昧无知的野蛮人成为他们最喜欢的话题，在他们看来（尽管他们从未见过野蛮人），野蛮人不幸地成为环境的牺牲品，是真正能体现人类各种美德的人，而三千年的腐朽文明制度已经将人类的这些美德剥夺殆尽。

① 阿卡德，古代美索不达米亚的一座城市。

② 孟菲斯，古代埃及城市。

今天，至少在这个特定的考察领域里，我们知道的更多了。

要研究原始人，我们可以研究被高度驯化的动物，其实二者并无太大的区别。

多数情况下，我们付出的辛劳总能带给我们丰厚的回报。野蛮人实际上正是我们自己在恶劣环境中的自我体现，区别只不过是他们还没有得到上帝的恩典而已。通过对野蛮人的仔细研究，我们就能开始理解了尼罗河谷和美索不达米亚半岛上的早期原始社会；对野蛮人研究得越透彻，我们就越能了解人类很多怪异的本性；而如今这些本性却深深地隐藏在最近五千年内形成的礼仪和习惯所构建的一层薄薄的外壳之下。

这些发现虽不能让我们足够自豪，但我们了解了我们好不容易摆脱了的恶劣环境，欣赏了我们已经完成的许多业绩，这足够使我们以新的勇气来对待手中的工作，除此之外如果还有别的收获，那就是对落伍的异族兄弟们要采取更宽容的态度。

这本书不是一本人类学手册。

这是一本探讨“宽容”的书。

不过，宽容是个很宽泛的命题。

信马由缰、天马行空的思维和行文，实在是具有很大的诱惑力，一旦跑题，天知道会在哪里停下来。

因此，还是让我用半页的篇幅，来诠释我所理解的宽容吧。

语言是人类最具欺骗性的发明之一，一切的定义都难免武断。既然如此，不妨借助于权威典籍，因为其权威性已被大多数说这种语言的人接受了，而且这本权威典籍也是用这种语言写就的。

我说的就是《大英百科全书》。

该书第二十六卷1052页这样写道：“宽容（来源于拉丁字*tolerare*——忍受）：容许别人有行动和判断的自由。对不同于自己或传统观点的见解能够容忍和接受。”

对宽容一词也可能还有其他的诠释，不过就本书而言，将以《大英百科全书》的定义为准。

给自己定下了一个明确的准则之后，我还是回到野蛮人这个话题上来，让我告诉你，我从已有记载的最早期的社会形态中发现了什么样的宽容吧。

人们通常以为，原始社会非常简单，原始语言不过是几声简单的嘟囔。一开始，原始人拥有一定的自由，只是在社会变得“复杂”以后，这种自由才丧失了。

近50年来，探险家、传教士和医生，他们在中非、北极地区以及波利尼西亚，对当地的土著居民进行了广泛的调查。得出的结论却和人们以前的认识截然相反。原始社会非常复杂，原始语言的词形、时态和变格比俄语和阿拉伯语还要多。原始人不仅是现实的奴隶，也是过去和未来的奴隶。简而言之，他们是凄凉悲惨的生灵，在恐惧中求生，在战栗中死去。

这似乎与大多数人心目中原始人的形象相差甚远。人们通常把原始人想象成一群红肤色的人，悠闲自得地在大草原上漫步，寻找野牛和战利品。而我所讲的这些显然更加接近事实真相。

事情怎么可能是别的样子呢？

我读过许多关于奇迹的书。

但是唯独缺少一个奇迹——人类能够活下来的奇迹。

人类，这个在所有哺乳动物中防御能力最弱的种群，为什么能够在小至微生物细菌，大至乳齿象等众多生物中存活下来？又为什么能够抵御冰雪严寒和灼热酷夏的侵袭，最后成为万物的主宰？他们到底是通过什么方式和方法做到这些的呢？诸如此类的问题，在这里我就不再赘述。

不过，有一点是确凿无疑的，所有这一切不是一个人所能单独完成的。

当时的人，为了获得成功，不得不把自己的个性融合在复杂的部落生活中。

主宰并贯穿整个原始社会的只有一个信念——生存压倒一切。

做到这一点实属不易。

因此，所有其他的欲望都得服从于这一至高无上的要求——活下来。

个人是无足轻重的，集体却至关重要。部落成为一个移动的堡垒。它自成体系，依靠群力，为己谋利。只有排除了一切外在的威胁，才能获得安全。

但是问题比刚才说的还要复杂。

我所说的只适用于可以看到的世界，但是在人类发展初期，看得见的世界与看不见的世界相比，简直是微不足道。

为了充分理解这一点，我们必须记住，原始人与我们现代人大不相同，他们根本不懂因果法则。

假如我坐在了有毒的常青藤上，我会为自己的粗心与疏忽懊恼不已，我会派人去请医生，并让儿子赶快清除那些毒藤。辨明因果关系的这种能力让我意识到：有毒的常青藤会引起皮疹，医生会给我开止痛止痒的药，清除毒藤可以避免这类痛苦的事情再次发生。

真正的野蛮人的反应却迥然不同。他不会把皮疹和毒藤联系起来。在他生活的世界中，过去、现在和将来盘根错节地纠缠在一起。死去的首领变成了神灵，死去的邻居变成了幽灵，他们仍然是部族中看不见的成员，一步不离地陪伴着活着的人。他们和他吃在一起，睡在一起，为他看守大门。如何保证与他们须臾不离，并获得他们的友谊，这些是活人需要考虑的问题。如果做不到这些，马上就会遭到惩罚。由于他无法知道怎样才能取悦于所有的神灵和幽灵，便总是处于恐惧之中，担心神灵对他进行报复，将厄运降临在自己头上。

所以，野蛮人把一切异常的事情都看作是看不见的神灵在操控，而不是归结于导致这种事情发生的最初原因。他发现手臂上起了皮疹时，不是说：“该死的毒藤！”而是喃喃自语：“我得罪了神灵，神在惩罚我。”他跑去找医生，不是去讨要消除常春藤毒性的药，而是去讨要一张符，这个符还必须比愤怒的神灵（不是毒藤）施在他身上的那张符更加灵验。

至于那个使他遭罪的罪魁祸首——有毒的常春藤，他却不予理睬，依然让它像往常一样生长。如果碰巧有个白人拿来一桶煤油把它烧了，他还会骂那个白人多管闲事。

因此，在一个社会中，如果一切事情都被认为是由看不见的神灵操纵的，那么这个社会要维持下去，就必须绝对服从和遵守那些能够平息神灵怒火的律法。

依照野蛮人的观点，这么一个律法的确存在着。祖先制定了律法，把它馈赠给后人，因此，保护律法完好无缺，并将它原封不动地传给下一代，就成了他们最神圣的职责。

在我们看来，这当然是无比荒谬的。我们相信的是进步，是发展，是持续不断的改进。

不过，“发展”是近年来才形成的概念，而低级社会形态的特点是，人们认为现状已经非常完美了，没有任何理由再做什么改进，因为他们从未见过别的世界，也根本不知道还有其他世界的存在。

如果上述的这些都是真的，那么如何才能防止律法和已定的社会形态发生改变呢？

答案很简单。

一旦有人拒绝遵从那些体现神的意志的公共法则，就应该立刻对他进行严厉的惩处。通俗地来讲，就是采用严酷僵化的专制的体制。

如果我据此声称野蛮人是最不宽容的，那么我本意绝非是要侮辱他们，因为我马上要补充一句，在他们当时赖以生存的环境里，专制是理所当然，不容置疑的事。如果他们一味容忍那些用来保护他们人身安全、保持头脑纯洁、保障部落生活的诸多律法任人践踏，那么部落成员的生命立刻就会处于危险之中，使他们遭受灭顶之灾。而这，无疑才是最大的罪过。

但是（这个问题值得探讨），数量相对有限的一群人，又是怎样保护了仅靠口口相传的一整套律法条例呢？要知道，当今社会中，即便是捍卫为数不多、清晰明白的法律，动用成千上万的警察、数以百万计的军队，却仍然觉得困难重重。

答案同样很简单。

野蛮人比我们聪明得多，他们通过精明地估算，完成了用武力无法完成的事情。

他们发明了“忌讳”(Taboo）这个概念。

也许“发明”这个词有些不妥，这样的成就不可能是灵光一闪的产物。它们是长年累月的积累和实践的结果。不管怎样，非洲和波利尼西亚的野蛮人想出了“忌讳”这个概念，从而省去了不少麻烦。

“忌讳”这个词起源于澳大利亚。我们或多或少都知道它的含义。如今的世界里也充满了忌讳，也就是不能做的或不能说的事情，譬如在吃饭时谈及刚刚做完的一次手术，或者把小勺扔在咖啡杯里，等等。不过我们的忌讳本质上没有什么非常重要和严肃的内容，它们只是一些礼节，无足轻重，不会影响生活的质量和幸福感。

但是，对于原始人来说，忌讳却是至关重要的。

它意味着某些人或没有生命的物体，是超然于这个世界的，他们（用希伯来语说）是“神圣”的，因此，人们绝不能冒着要么即刻死去，要么承受永恒磨难的代价来谈论或触及这些忌讳。它（指这些忌讳）是一个相当庞大的体系，涵盖所有的领域，专门惩罚那些胆敢违抗祖先意志的人。

究竟是教士发明了忌讳，还是为了维护忌讳才产生教士这个职业，这是一个迄今尚待解决的问题。由于传统的历史远比宗教的历史更为久远，因此忌讳很可能早在男巫师和女巫婆问世之前就已经存在了。但是巫师一在世上露面，就成为忌讳的顽固而坚定的支持者，他们非常娴熟地运用“忌讳”这个概念，使之成为史前社会的标志与象征。

在我们第一次听闻巴比伦和埃及的名字时，这两个国家还处于发展时期，其中忌讳还扮演着举足轻重的角色。这种忌讳并不像后来在新西兰发现的那种粗糙、野蛮的原始形态的忌讳，而是带有“汝等不能……”这样字眼的戒律。它们是约束人类行为的严肃而庄重的行为禁忌准则，就如同我们所熟知的基督教“摩西十谕”[①]中的六条圣谕一样。

不用说，在这两个国家的早期历史中，宽容的理念根本不为人知。

有时，我们所看到的宽容，其实不是真正意义上的宽容，而只是由于无知导致的麻木不仁和漠不关心而已。

但是，我们不难发现，无论是国王还是教士，没有一丝诚意（哪怕是微不足道的）愿意让别人行使“自由行动和作出判断的权利”，也完全不可能“耐心地，公正客观地容忍不同于自己或传统观点的见解”，而这种自由和宽容无疑是现代社会的理念。

由此看来，本书的研究兴趣并不在那些一般称之为史前的历史，或者所谓的“古代历史”。

为宽容而进行的斗争，是从人的觉醒即个性发现以后才开始。

这无疑是所有现代启示中最伟大者之一，其功劳则要归于希腊人。

① 据《圣经·旧约》记载，摩西乃希伯来人的先知。带领以色列人出埃及，在西奈山上接受了上帝的十个谕令，也就是“摩西十谕”。

第二章　希腊人

在地中海偏僻的角落里，有一个小小的岩石半岛。它在不到两百年的时间里，竟然为当今世界的生活奠定了完整的基础，包括政治、文学、戏剧、雕塑、化学、物理乃至宗教等诸多方面。为什么呢？这个问题一直困扰着人们。多少世纪以来，人们百思不得其解，几乎每位哲学家都在其学术生涯中无不尝试给出一个令人信服的答案。

受人尊重的历史学家和那些化学、物理、天文和医学的专家看待问题的角度不同，他们以一种毫不掩饰地蔑视态度来看待人们力图发现“历史法则”的努力。在研究蝌蚪、细菌和流星中适用的东西，在研究人类领域中似乎毫无用武之地。

也许是我错了，但我还是认为在人类社会中这种法则也应该存在。虽然迄今为止我们收获甚微，这的确是事实。不过，我们探索的努力是远远不够的。人们一直忙于积累知识和实践，却没有时间使之沸腾，让它们液化、升华，再从中提炼出对我们人类社会有价值的智慧结晶。

我涉足这个崭新的研究领域，不免小心翼翼、诚惶诚恐。这里我不妨借用科学家的研究方式，找出历史学自身的规律和原理。

根据现代科学家的最可靠最杰出的研究成果，当所有物理和化学的元素完全就绪，达到形成第一个细胞的理想比例时，生命（区别于非生物的有生物）就开始了。

将这句话用历史学的概念来表述，就是：“只有当一切种族的、气候的、经济的和政治的诸多条件达到或接近一种理想比例，抑或在不太完美的世界，这些因素尽可能处在一个理想比例的时候，高级形式的文明才会突然地、貌似自发地脱颖而出。”

我举一些反面事例来详细论述这个观点。

大脑发育还处于穴居人水平的种族是不会繁荣兴盛的，哪怕是身处天堂也不会。

如果是出生在乌佩尼维克岛[①]附近的爱斯基摩人的圆顶茅屋里，一天到晚只是一味地盯着冰上的海豹洞穴，那么在这种环境下，即便是伦勃朗也绘不出传世的名画，巴赫也谱不出动听的名曲，普拉克西特利斯[②]也塑不出雕像。

如果达尔文被限制在兰卡夏郡的棉纺厂里干活谋生，那他就不可能在生物学上做出重大贡献；亚历山大·格雷厄姆·贝尔[③]如果是一个没有人身自由的奴隶，住在罗曼诺夫[④]领地的一个偏僻村庄，那他也根本不可能发明电话。

埃及，高级文明的发祥地之一，那里气候条件优越，适宜居住，但原住民的体魄却不很健壮，进取心也不强，政治和经济环境更是糟糕。巴比伦和亚叙王国的情况也是如此。闪米特族人体格魁梧，强壮彪悍，后来迁居到底格里斯

① 乌佩尼微克岛，西格陵兰的一个岛屿，面积约540平方公里。

② 普拉克西特利斯（约公元前390年—公元前330年），古希腊伟大的雕塑家

③ 亚历山大·格雷厄姆·贝尔（1847—1922），美国发明家，电话的发明者。

④ 罗曼诺夫，十七世纪初至二十世纪初俄国的皇族。彼得大帝、叶卡捷琳娜大帝等沙皇均出自该家族。

河和幼发拉底河流域，气候条件不错，不过政治和经济的环境却很不理想。

巴勒斯坦的气候堪称一般，农业相当落后，除了连接亚洲和非洲的大篷车道作为商旅路线之外，商业十分凋敝。并且，巴勒斯坦的政治完全被耶路撒冷的寺院所操控把持，这当然无益于个人才干与事业的进取和发展。

腓尼基①的气候倒是无足轻重，腓基尼人也强壮，商贸往来十分兴盛。但是，这个国家的经济体系严重失衡。船主阶层几乎把持掌控了全部财富，还建立了森严的商业垄断。于是，早期提雅和西顿的政权就落入富人手中。穷人被剥夺了一切从事商业活动的权利，他们变得麻木，对一切事物漠不关心。最终，腓尼基亦步迦太基②之后尘，在统治者的短见和自私贪婪的驱使下而消亡。

总而言之，在每一个早期的文明中心，成功的某些必要因素总是缺失。

公元前五世纪时，诸要素完美平衡的奇迹在希腊出现了，这不免令人叹服。但它只存续了很短的时间，而且令人惊奇的是，这些奇迹不是发生在宗主国本土，而是出现在爱琴海彼岸的希腊殖民地。

在我的另一本著述中，我曾详细地描述了那些著名的起到桥梁作用的岛屿③，它们沟通了亚洲大陆和欧洲大陆的联系。在人类还没有文字记载的时候，埃及、巴比伦和克里特商人就经过这些岛屿来到欧洲。他们的到来既接通了商贸，又把亚洲的思想文化带到欧洲。他们的足迹留在了小亚细亚西海岸的一个狭长地带上，这个地方叫作爱奥尼亚④。

---

① 腓尼基，古代地中海东部的一个狭长地带，大体位于现在的黎巴嫩。

② 迦太基，非洲北海岸的一座古城。约公元前九世纪末由腓基尼人建立，成为商贸中心。第三次布匿战争（公元前149年—公元前146年）中被毁。

③ 指爱琴海中南部的几个群岛。

④ 爱奥尼亚，古希腊时代对今天土耳其安纳托利亚西南海岸地区的称呼，即爱琴海东岸的希腊爱奥尼亚人居住地。

特洛伊战争前几百年，来自希腊大陆的一些部落征服了这块长九十英里、宽仅数英里的狭窄山地。他们在那里先后建立了若干殖民城市，其中最著名的有以弗所、弗吉斯、艾丽斯莱和米莱图斯。在这些城市沿线，文明兴盛所必需的条件以及各个要素，以完美的比例呈现并日臻成熟，以致后世的文明鲜有与之匹敌者，更不要说将其超越了。

首先，这些殖民城市，居住的是来自十多个不同国家和民族的最活跃、最有进取心的人。

其次，在新旧世界之间，欧亚大陆之间，因互通贸易而获得了巨大的财富。

最后，代表宗主利益的殖民政府，其统治方式给予广大的自由民以充分发挥自身才能的机会。

我不提及气候也是有原因的，因为对于专注发展商贸的国家来说，气候无足轻重。不管是阴雨连绵还是阳光灿烂，一样可以造船，一样可以装卸货物，只要不是冷得致港口结冰，或城镇被洪水淹没，居民就不会对每天的天气播报产生兴趣。

这里要说的是，爱奥尼亚的天气却十分有利于知识阶层的产生与发展。在书籍和图书馆出现之前，知识是靠一代代人口口相传的。城镇的讲坛是最早的社会活动中心，也是最古老的大学雏形。

在米利都[①]，一年365天当中有360天人们围坐在讲坛是完全有可能的。那些早期的爱奥尼亚教授，充分利用气候的优势，成为科学发展的先驱者。

这些学者中，有记载的第一人名叫泰利斯[②]，无疑也是现代科学的真正奠

① 米利都，古希腊城邦。

② 泰利斯（约公元前625年—公元前546年），古希腊哲学家，出生于米利都。因为预报了公元前525年的一次月食而闻名。他认为万物的本源是水。而在此之前，人们都是用神的观点解释世界。他对物质本源的思考开创了科学思维的先河。

基者。泰利斯是一个背景模糊的人物。之所以说他来历不明，并不是说他抢了银行或杀死了家人，然后为此而从无人知晓的地方逃到米莱图斯来的。主要是因为没有人知道他的祖先是谁，他是比奥夏人还是腓尼基人？是北欧人还是闪米特人（用博学多才的人类学专家的行话来说）？

这生动地表明了这个位于麦安德尔山口的小小古城，在当时是一个多么重要的世界中心。它的人口构成是多元的，就如同今天的纽约一样。因此人们只是凭表面印象判断自己的邻居，而不会过多地纠缠于他的家庭背景。

既然本书不是数学家的历史，也不是哲学家的手册，因此无须为阐述泰利斯的哲学和天文学的思想而多占篇幅了。但需要提及的是，他倾向于对新思想采取宽容的态度。这种宽容的风气曾一度盛行于爱奥尼亚。那时的罗马还只是一座无名的小城镇，位于一条偏远的小河边。犹太人还是亚叙人的俘虏，欧洲的北部和西部还是野兽出没的荒原。

为了探究这种发展的成因，我们必须了解自从希腊首领们渡过爱琴海、掠夺特洛伊城堡的财富以来希腊所发生的一些非同寻常的变化。当时那些闻名遐迩的英雄们只不过是原始初级文明的产物，他们犹如四肢过于发达的孩子，生命在他们眼里是一场漫长而又光荣的搏斗过程，充满了让人兴奋和刺激的角斗、角逐等诸如此类的竞技。我们现在的人如果不是为了面包和香蕉而埋头工作的话，也许会乐意去从事这些活动。

这些侠义豪气的英雄对待他们信奉的众神，态度坦率质朴，就像对待日常生活中所有的严肃问题一样，简单直接。奥林匹斯山上的诸神在公元前十世纪就开始统治控制着希腊人的世界。他们都具有实实在在的人的形象，和世间的普通人没有什么区别。那么从什么时候、什么地方、以何种方式，众神灵和他们的民众分道扬镳逐渐远离的呢？这个问题一直是个谜，尚无正解。即便如此，身处云端的神灵和匍匐在地的臣民之间的友情却从未间断过，且一直保持着富有个性的亲切的色彩，于是就赋予了希腊的宗教以独特的魅力。

当然了，所有受过良好教育的孩子都会知道，宙斯是非常强大的统治者，他蓄着长长的胡须，偶尔使性施展法力时，人世间就会电闪雷鸣，好像到了世界末日一般。待孩子们稍稍长大，能够独自阅读古老的史诗时，便开始寻找到这些可怕神灵的弱点。尽管这些神灵的传说在他们孩提时代就已经耳熟能详。而此刻他们所看到的神灵，会出现在家庭聚会中，他们彼此间开着玩笑，一旦人世间的凡人朋友因政见不同引发争论，这些神灵就会各自站队，相互之间激烈争吵。因此可以说，希腊尘世间每发生一次争论，就必然会引起天国诸神之间的纷争。

虽然宙斯具有凡人的弱点，但他仍不失为非常伟大的和无比强盛的统治者，为了安全起见，最好不要冒犯他。不过，他还是"通情达理"的——这个词的含义，现在华盛顿议会中专门进行院外游说活动的说客们了解得一清二楚。宙斯也确实通情达理，假如时机恰当，他还是很通融的。最主要的是，他很有幽默感，对自己和他统治的世界从来不会太当真。

也许这并不是对神灵的最好评价，但这却有着显而易见的好处。古希腊从未有过条例森严的教规，规定凡人必须把哪些奉为真理，哪些看作谬误。正是由于希腊人对神灵没有现代意义上所谓的信仰，也没有冷峻的教理和信条供人们遵守，更没有靠绞刑架推行教理的职业教士，希腊各地的民众才可以按照自己的好恶来修改塑造宗教和伦理思想以及天国的概念。

住在奥林匹斯山脚下的塞萨利[①]人，对毗邻的奥林匹斯诸神的崇拜，要比住在遥远的拉科尼亚湾小村子里的阿索庇人差许多；雅典人自以为有守护神雅典娜的保护，便可以对她的父亲宙斯放肆无礼；住在山谷里的阿卡迪亚[②]人，

① 塞萨利，在希腊中东部，古希腊最大的一部分，奥林匹亚山在这个地区。

② 希腊伯罗奔尼撒半岛中的一个地区。

因远离通衢大道，所以他们坚持更为纯朴的信仰，最使他们恼火的就是以轻浮的态度对待宗教这样严肃的事情。至于福西斯的居民，因为需要依靠人们对德尔法的朝圣来维持生计，所以他们坚信，阿波罗（这个在有利可图的圣地接受朝拜的天神）是所有天神中最伟大的一个；不远千里而来的人，只要腰包里还有几个钱，就应该去为阿波罗进香。

犹太人只信仰一个上帝，这是他们区别于其他民族的标志。犹太人当时都聚集在一个城市里，势力日渐强大，终于击败了所有与之匹敌的朝圣地，从而保持了对宗教的垄断近一千年之久，不然要让人们只信奉一个上帝是不可能的。

这样的条件在希腊是不具备的。雅典人和斯巴达人都想使自己的城市成为全希腊公认的首都，但都失败了。他们的努力只是导致了徒劳无益的长年内战。

毋庸置疑，个性鲜明的民族肯定会为其独立思考精神的发展提供广阔的天地。

《伊利亚特》和《奥德赛》一度被称作是“希腊人的圣经”。其实它们与《圣经》根本不能相提并论，只不过是普通的读物，不可能进入“圣书”的范畴。这两本书讲述了叱咤风云的英雄们的冒险经历，这些英雄常被看作是希腊人的祖先。因为恰巧这两本书汇集了不少宗教元素，天神们也都无一例外地在凡人的相互争夺中各助一方，把正经事抛到脑后，只是尽情地欣赏在自己版图上展开的亘古罕见的大拼杀。

至于荷马的著作是不是直接或间接地在米诺娃[①]和阿波罗的启示下才写成的，对于这一点希腊人从未考虑过。荷马史诗是文学史上的光辉一页，在漫长

① 米诺娃，罗马神话中掌管手工艺的女神，艺术与贸易的守护神。

的冬夜里，它成为陪伴人们的良好读物，而且还可以让孩子们为自己的民族感到骄傲自豪。

这就足够了。

这座城市充满了思想和精神自由的氛围，弥漫着来自船舶散发的刺鼻气味，这些航船通往世界各地，还有富丽锦绣的东方绸缎。这儿的人们生活富足，到处飘荡着欢声笑语。就是在这样的环境下，泰利斯出生了，他在这儿工作，学习，最后也在这儿离开人世。假如他探索出的结论与其他人的见解存在很大分歧的话，那么请记住，他的思想的影响与传播的范围是非常有限的。米莱图斯人可能都听说过泰利斯的名字，就像一般纽约人都久闻爱因斯坦的大名一样。如果问纽约人爱因斯坦是谁，他会说，爱因斯坦是留着长头发、叼着烟斗、会拉小提琴的家伙，还写过一个人从火车这头走到那头的故事，刊登在周末的报纸上。

这个叼着烟斗、拉着小提琴的怪人抓住了转瞬即逝的真理之光，最终推翻了（至少是大大改变了）一千六百年以来形成的科学结论。但它并没有引起千百万普通人的注意，人们对此漠不关心，也许只有当自己喜欢的击球手想推翻万有引力定律而受到阻碍时，才会想起世上还有数学这门学问。

古代史的教科书通常避开这个难题，只是印上“米莱图斯的泰利斯，现代科学的奠基人”来敷衍了事。我们甚至可以想象出当时的《米莱图斯报》上登出这样的醒目标题：“本地毕业生发现了真正科学的秘密”。

泰利斯究竟是何时、何地、怎样超越前人走过的老路，独自开创新的途径的，我也说不准，不过有一点可以肯定，他不是生活在没有知识的真空世界里，他的智慧不是凭空臆造出来的。公元前七世纪，人们已经在探索许多新的科学领域，有大量数学、物理学和天文学的资料可供学者随时参考。

巴比伦的星球观察家已经在探索天空。

埃及建筑师经过精心的计算，把两块重达百万吨的花岗石放在了金字塔里面墓室的顶部。

尼罗河谷的数学家们认真研究了太阳的运行，预测出旱季和雨季的时间，为农民提供了日历，方便他们有规律地进行农业劳作。

然而，这些解决了实际问题的杰出的人们，依然把自然界的力量当作是某些无形的神灵个人意志的直接表现。认为这些神灵掌管着四季的交替、天体的运行和海潮的涨落，就像总统内阁成员掌握着农业部门、邮政部门和财政部门一样。

泰利斯反对这种观点。不过他也像当时大多数受过良好教育的人一样，不会在公开场合加以讨论。假如海边的水果贩子突然抬头看到了日食，因害怕这怪异的景象而吓得趴在地上，并在内心联想到宙斯的话，那是他自己的事。泰利斯绝不会去告诉人们说，稍有天体运行知识的小学生也会预测出，公元前585年5月25日会发生日食，月亮会位于地球和太阳之间，米莱图斯城在几分钟内会陷入相对的黑暗。

在这个发生著名日食的下午，波斯人和吕底亚[①]人正在战场上厮杀。可是由于发生了日食导致光线不足，他们停止相互杀戮。即便如此，泰利斯也不相信这是利迪亚的诸神（效仿几年前在阿迦隆山谷战役中发生的先例）创造了奇迹、使天国的光芒突然熄灭，以便让他们支持的一方获胜。

泰利斯达到了一个如此高的境界（这正是他的伟绩所在），敢于把一切自然现象看作是受永恒法则支配的结果，是永恒意志的具体体现，而非人们一直想象的天神任意支配的结果。在他看来，即便那天下午只有以弗所大街上的狗咬架，或者是哈利奇举行一次婚礼筵席，没有其他更重大的事情发生，日食也会照样出现。

① 吕底亚，古代小亚细亚的一个国家。

泰利斯通过科学的观察，并通过逻辑推理，得出了一个结论。对于万物的起源和创造，他把它归结于一条普遍必然的法则，并做出了这样的推测（从某种程度上讲他的推测是正确的）：世间万物来源于水，水从四面八方包围着整个地球并且在世界形成之前就已经存在了。

遗憾的是，我们手头没有泰利斯本人留下的任何亲笔书写的东西。那时他已有可能用文字表达他的思想（希腊人从腓尼基人那里学会了字母），但是直接署上他本人名字的作品哪怕是一页也没有留存下来，我们对他和他思想的了解全是从他同时代人的书中提供的一些零星资料里得到的，由此才对泰利斯的情况略晓一二。泰利斯是个商人，与地中海各地有着广泛的联系。顺便说明一下，这也是早期哲学家的一大特点。哲学家是“智慧的恋人”。不过他们从不忽视这个事实：生活的秘密存在于活生生的人之中。他们认为，“为智慧而寻求智慧”的观点，就如同“为艺术而艺术”、为了食物而吃饭一样，是极其有危害的。

在他们看来，世界上有各色人等，品性参差不齐，无论是好的、坏的，还是冷漠的，这些都是衡量世间万物的最高标准。因此，他们在闲暇时间耐心地研究这个难以捉摸的奇怪生物，并且是按照人的本来面目去研究，而不是凭空想象。这使得他们能够与周围的人相处融洽，从而扩大了自己的影响。这要比不厌其烦地说教、向人们指点通向大同世界的捷径更为有效。所以他们极少提出森严的清规戒律作为限制人们活动的准则。

他们以自身为例向人们表明，一旦真正理解了自然界的力量，就必然会获得让身心幸福的灵魂深处的安宁。在自己的生活圈子以这种方式获取周围人的好感以后，他们便有了充分的自由去研究、探索和调查，甚至可以深入到一般被认为只有上帝才能掌控的领域里去探险。作为这种新福音的先驱之一，泰利斯将毕生精力和才华奉献给了这项有益的事业。

尽管他把希腊人眼中的世界进行了分解，分别考查了每一个细微部分，并对亘古以来大多数人一直认为是天经地义的事情提出了质疑，人们还是容许他躺在床上寿终正寝——或者当时有人让他对自己的异端邪说做出解释，我们如今也无从考证了。

一经泰利斯指明了方向，就会有许多热切的追随者。

譬如，有一个来自克拉佐美奈①的人，名叫阿那克萨戈拉②。他三十六岁时离开小亚细亚来到雅典，在希腊几座城市里当私人教师，后来以“诡辩家”的身份终其余生。他对天文学颇有研究。他在授课时指出，太阳不是常人公认的由一名天神驾驭的马车，而是一个又红又烫的火球，比整个希腊还要大千万倍。

这个理论并没有给他招来灾祸，天国也没有因为他放肆的言论而用霹雳打死他。于是他又把自己的理论推进了一步，大胆提出，月球表面上覆盖着高山和峡谷，最后他竟然暗示说，世间有一种“原始物质”，是万物的起源和归宿，从宇宙诞生之时起就已经存在了。

但是，正如他之后的许多科学家指出的那样，阿拉克萨格拉涉足到了一个危险的领域，因为他所讨论的正是人们熟悉的东西。太阳和月亮是遥远的星球，普通民众并不在乎哲学家如何去称呼它们。但是这位教书先生提出世间万物都是从“原始物质”中成长发展而来的，这毫无疑问太过分了。他的这种论断与天神杜卡翁以及皮拉的故事背道而驰，因为根据传说谁都知道，是天神杜卡翁和皮拉在大洪水过后，用小石子变成无数男人和女人，人类才得以重新繁

---

① 克拉佐美奈，古希腊爱奥尼亚十二联邦城市之一，也是最早发行银币的城市之一。

② 阿那克萨戈拉（约公元前500年—公元前428年），古希腊哲学家。出生于小亚细亚，是第一个定居于雅典的哲学家，在雅典教授哲学长达30年。他的学生包括政治家伯里克利和戏剧家尤里皮蒂斯等人。

衍生息，世界重新人丁兴旺。希腊所有的孩子在童年就听到过这个故事，因此否认它的无比庄重严肃的真实性，势必会对现有的社会秩序与稳定构成巨大的威胁。这会使孩子们怀疑长辈的智慧，而这是不能容忍的。于是，阿拉克萨格拉成为雅典父母同盟猛烈攻击的目标。

在君主制时期或共和制早期，城邦的统治者还会有足够的力量保护一名满嘴奇谈怪论的老师的安全，尽管他宣扬的是不受欢迎的教义和理论学说，还是能够使他免遭愚昧无知农民的愚蠢迫害。可是此时的雅典，民主制已经发展到了极致，个人所享有的自由早已今非昔比了。况且，当时雅典的最高统治者伯里克利[①]恰好在此时失去了多数人的拥戴，而伯里克利正是这位天文学家的得意门生。因此，依照法律对阿拉克萨格拉予以治罪，成就了反对前独裁者的绝佳举措，人们借此掀起了一场反对老独裁统治的政治运动。

一个名叫迪奥菲特斯的教士，在一个人口很稠密的郊区当行政长官，他提出的一条法律被接受了。这条法律规定“对一切不相信现存宗教者和对一切神明持不同见解者，要立即治罪。”据此，阿拉克萨格拉被投入监牢。不过，城市中的开明势力最终占了上风。阿拉克萨格拉在缴纳了一小笔罚款之后就获释出狱了。他迁居到小亚细亚的兰普萨库斯，公元前428年，他满载着荣誉寿终正寝。

他的例子表明，官方要压制科学理论的发展实在是徒劳无益的。虽然阿拉克萨格拉被迫离开了雅典，但他的思想却留给了后世。两个世纪以后，一个叫亚里士多德的人运用了他的思想，并把它作为自己科学假设的基础。经过一千年的漫长黑暗时期以后，亚里士多德的思想被一位伟大的阿拉伯医学家伊

① 伯里克利（约公元前495年—公元前429年），古希腊政治家，自公元前461年起执掌雅典15年之久。当政期间，雅典取得许多辉煌成就，被誉为雅典的“黄金时代”。

本·艾默德（通常称为阿威罗伊）接受。随后他在西班牙南部自己任教的摩尔大学的学生中大力传播亚里士多德的思想。他把那些理论和自己的观察实践结合起来，写下了许多著作。这些著作越过比利牛斯山，传到巴黎和博洛尼亚的各个大学，并译成拉丁文、法文和英文。西欧人和北欧人全盘接受了书中的观点，以至于如今它们已成为科学启蒙读物中必不可少的组成部分，在人们眼里就如同乘法口诀表一样有益无害。

让我们再回到阿拉克萨格拉的话题。在他受到审判以后经过了差不多一代人的时间，希腊科学家开始获准可以教授与民众信仰有所差异的学说。但是，到了公元前五世纪最后几年，又发生了第二件事。

这次的受害者是一个名叫普罗塔格拉[①]的流浪教师，来自阿布德拉，这是希腊北部爱奥尼亚人的一个殖民地。这个地区据说是德谟克利特[②]的出生地。德谟克利特是具有创见的“微笑哲学家”，他提出一条法则：“一个社会能够以最小的代价，给绝大多数人提供最大的幸福，这样的社会才是有价值的理想社会。”结果他被视为激进分子，认为应该置于政府安全部门的监管之下。

普罗塔哥拉深受这一思想的影响。他来到雅典，经过多年的潜心研究之后，宣称：人是衡量世界万物的尺度；生命犹如昙花一现，人生太过短暂。因

① 普罗塔格拉（约公元前480年—公元前411年），古希腊哲学家。其基本思想是，没有绝对的对错、真假，因此每个人都是自己的权威，即“人是万物的尺度”。

② 德谟克利特（约公元前460年—约公元前370年），古希腊哲学家。他认为，万物的本原是原子和虚空。原子是不可再分的物质微粒，虚空是原子运动的场所。人们的认识是从事物中流射出来的原子形成的“影像”作用于人们的感官与心灵而产生的。在伦理观上，他强调幸福论，主张道德的标准就是快乐和幸福。著有《小宇宙秩序》《论自然》《论人生》等，但仅有残篇传世。他被后世称为“微笑的哲学家”，与之对应的是赫拉克利特，他因忧郁和悲观被称为“哭泣的哲学家”。

此不要把宝贵的时间耗费在探寻神灵是否存在上面，而应该将全部的精力致力于使生活更美好更愉快。

这个观点无疑是击中了要害，肯定会比以往任何文字的或口头的言论都更能动摇人们的信仰。况且，这个理论问世的时候，雅典和斯巴达之间的战争正处在攸关之际，在遭受一系列失败以及瘟疫疾病的折磨之后，雅典人已经走投无路彻底失望了。很显然，这时对神灵的超凡神力提出质疑，激起上帝的怒火，实在不是时候。于是，普罗塔哥拉被指控为藐视神灵，勒令必须改变理论，服从法庭的审判。

原本可以保护他的伯里克利，此时已经去世。普罗塔哥拉虽然是一名科学家，显然也不想做一个殉道者。

于是他逃走了。

不幸的是，在逃往西西里的途中，他的船沉没了。他可能落水身亡了，因为从那以后再也没有听到过他的消息。

还有一个遭到雅典人恶意迫害的是名叫戴阿哥拉斯的人。其实他并不是哲学家，而是一个年轻的作家。他在一次官司中输了，认为神没有帮助他，便把怨恨一股脑倾泻在神的身上。在很长时间里，他为自己的苦情抑郁忧愤，以至思想发生很大变化，也影响到他的行为。他开始四处奔走，发表各种各样亵渎神灵的言论。其最后竟然诽谤冒犯了在希腊北部人心中享有崇高地位的一个神灵。他的胆大妄为使他被判处死刑。但是在临刑前夕，这个可怜的家伙逮到一个机会逃跑了。他跑到科林斯，在这里继续咒骂奥林匹斯的天神，最后终因肝火太旺而一命呜呼。

希腊人不容异说的偏见最后发展到了无以复加的程度，其最臭名昭著的典型例子，就是专制法庭对苏格拉底的死刑判决。对此我们有详尽的记载。

只要一谈到世界根本没有变化，谈到古代雅典人的心胸并不比后人开阔，人们就必然举出苏格拉底的例子，作为希腊人心胸狭窄、冥顽不化的有力佐证。今天我们经过详尽无遗的考察之后，这件事情了解得更清楚了。这位街头演说家才华横溢，却又惹人生厌，他那漫长的、未受干扰的学术生涯，对公元前五世纪古希腊盛行的思想自由精神做出了直接的贡献。

在普通民众仍然坚信诸多天神存在的时代，苏格拉底把自己说成是某位神灵的先知。雅典人尽管不能完全理解他所说的“精灵”（即一种神圣感召的内心声音告诉他应该说什么做什么）意味着什么，但却完全可以注意到他对周围人们奉若神明的东西是持否定态度的，对事物既有的约定俗成的秩序也缺乏应有的尊重。最后，当政者杀死了这位老人，而他的神学观点（尽管官方为了说服大家而牵强附会地作为加罪之辞）与审判的结果几乎没有什么关联之处。

苏格拉底是石匠的儿子。这位石匠孩子众多，可是收入菲薄。苏格拉底没有上过什么正规大学的课程，因为那个时候的哲学家都讲究实惠，教授一门学科要索取两千块钱的报酬。况且，在苏格拉底看来，追求纯粹的知识、研究没用的科学现象，简直就是浪费时间和精力。他认为，一个人只要善于培植自己的信念，没有几何学的知识也无关紧要，了解彗星和行星自然规律的知识对于拯救灵魂也毫无用处。

苏格拉底鼻梁塌陷、身材矮小，其貌不扬，不修边幅；白天站在街头和游手好闲的人辩论，晚上在家听着听妻子喋喋不休的唠叨训斥（他的妻子为了养活一大家子人，不得不在家里给别人洗衣服，而丈夫却把谋生的事物看作是无足轻重的小事）。这位多次参加过战争和远征受人尊敬的老兵，这位雅典参议院的前议员，却不幸从那个时代的众多教师中被选中，为了自己的信仰而遭受苦难和惩罚。

为了便于弄清楚这件事情的来龙去脉，我们必须先来了解一下，就在苏格拉底为人类的智慧和进步做出了痛苦的牺牲（他后来被认为做出了极其有益的贡献）的时候，那时雅典的政治是个怎样的状况。

终其一生（苏格拉底被处死时已年逾七旬），苏格拉底都在竭尽全力告诉世人，他们正在虚度年华，过着毫无意义的生活，他们把大把的光阴虚掷在了那些空洞的欢乐和虚无的胜利上，一味挥霍着伟大的神灵所赋予的各种恩典，为了获取哪怕只是几个小时的虚荣和野心的自我满足。他是如此坚信人的崇高使命，从而彻底打破了旧哲学的藩篱和束缚，而且甚至比普罗塔格拉走得还远。普罗塔格拉提出："人是衡量世间万物的尺度。"苏格拉底则进一步宣称："人内心的无形意识是（或者应该是）世间万物的最终的评判标准；塑造命运的不是神灵，而是我们自己。"

苏格拉底在法官面前的演讲（准确地说，法庭上共有五百名法官，是苏格拉底的政敌精心挑选的，其中有些人还能读会写），对于那些无论是持同情态度还是怀有敌意的听众来说，都是能深入人心的通俗易懂的道理。

这位哲学家辩论道，"世界上没有人有权力告诉别人应该信仰什么，或者剥夺别人自由思考的权利。"他还说："一个人只要具有自己的道德和信念，即使得不到朋友的赞许，没有家庭，居无定所，甚至身无分文，这些都无关紧要。但是如果没有对每一个问题的利弊进行详细的调查，任何人都不可能做出正确结论，因此人们必须拥有公开讨论一切问题的完全的自由，而且不受官方的干预。"

遗憾的是，作为一个遭到指控的被告，这无疑是在一个错误的时刻阐述了错误的论断。自伯罗奔尼撒半岛战争[①]之后，雅典富人与穷人之间、雇主与劳工之间的关系便处于剑拔弩张的状态，苏格拉底是"温和分子"——一个既看到双方利弊，又力图找到折中方案以满足一切有理智人士的自由主义者，这自

---

① 伯罗奔尼撒战争，古希腊一次大规模的内战，自公元前431年开始，持续将近30年。交战双方是以雅典和斯巴达为首的两大军事联盟。最后，雅典投降。战争使双方代价惨重，导致了雅典城邦的衰落。

然得不到任何一方的好感，不过那时候双方势均力敌，腾不出手来对付他。

到了公元前403年，当民主派完全掌控了国家，并且驱逐了贵族，苏格拉底的厄运就降临了。

苏格拉底的朋友们建议他尽早离开这座城市，如果他听从了朋友们的建议的话，那当然是非常明智的。

苏格拉底的敌人并不比他的朋友少。在大半个世纪的时间里，苏格拉底一直是一个“口头评论家”。他是个可怕的绝顶聪明的大忙人，善于把那些自我标榜为雅典社会栋梁的人的伪装和思想骗术揭露和拆穿于光天化日之下，甚至将这种行为当作一种癖好。久而久之，他的名字在希腊家喻户晓。若是他在清晨谈到什么有趣的事情，到了晚上全城就都听说了。有人以他为素材编演了戏剧。当他被捕入狱时，整个阿提卡[①]城没有一人不对他一生中的大小琐事的全部细节了如指掌。

在实际审判中起主导作用的那些人（比如那个既不会读又不会写，只因通晓神的旨意，而成为起诉中最卖力气的可敬的粮商），深信他们审讯苏格拉底是在为社会履行职责，为雅典人除掉一个所谓“知识界”中的最危险分子——一个只能教唆犯罪和懒惰的人，一个煽动奴隶不满情绪的人。

颇为有趣的是，即使在这样的境地下，苏格拉底仍然以精湛的口才、娴熟的技巧为自己辩解，以至于使陪审团中的绝大多数人都倾向于释放他。他们提出，苏格拉底只要摈弃辩论、争吵、说教这些可怕的恶习，不再干涉别人所偏爱的东西，不再用永无止境的疑问去纠缠他们，就可以被赦免。

但是苏格拉底拒绝接受。

“这办不到！”他喊道，“只要我还有良知，只要我内心深处还有一个微弱的声音在呼唤我继续前行，把通向理性的真正道路指给人们，我就会继续对我

① 阿提卡，古希腊的一个地区。雅典就在阿提卡半岛上。

遇见的任何一个人，告诉他我的想法，而不会顾虑我将面临什么样的后果。”

这样，法庭除了判处这个囚犯死刑外，没有别的办法。

苏格拉底被延缓三十天执行死刑。这是因为每年一度前往提洛岛[1]朝拜的圣船还没有返航，按照雅典的法律，在这期间是不准行刑的。整整一个月的时间，这位老人平静地待在囚室里，琢磨着如何改进他的逻辑体系。虽然不断有人给他提供逃跑的机会，但他都拒绝了。他觉得自己已经不虚此生，履行了自己的使命，累了，准备离开这个人世了。直到行刑的时候，他还在和朋友们交谈，试图用自己追求的真理开导他们，劝他们不要把心思用在物质世界上，而要多考虑精神世界。

然后，他喝下毒酒，躺在床上，从此以后，一切的争论都随着他的长眠而宣告结束。

有那么一段时间，苏格拉底的弟子们一度被公众爆发的愤怒吓破了胆，觉得还是避开过去的活动场所为妙。

可是过了一阵子，他们看到一切都平息无事，便又回来了，重操旧业，公开授徒执教。在这位老哲学家死后的十多年里，他的思想比以前传播得更广泛了。

与此同时，雅典城经历了一段非常困难的时期。争夺希腊半岛领导权的战争已经结束五年了，在这场战争中雅典人一败涂地，斯巴达人获得了最后胜利。这次是体力战胜了脑力。毋庸置疑，这种局面是不会长久的。斯巴达人从没有写下一句值得传颂的语言，也没有对人类的知识有过丝毫的贡献（一些军事战术除外，这些战术已沿用到今日的足球比赛里）。斯巴达人以为，他们推到了雅典的城墙，雅典的舰队也所剩无几，他们已经大功告成了。但是，雅典

① 提洛岛，爱琴海南部的一个希腊岛屿。古时是纪念太阳神阿波罗的圣地。

人的思想却没有因此而失去其敏捷的天资。伯罗奔尼撒半岛战争结束后十年，古老的比雷斯港口就又云集了世界各地的船只，而雅典的海军将领们再次统帅着希腊的联合舰队。

况且，伯里克利的努力虽然没有得到同代人的重视，却使雅典成为世界文化的中心，就如同公元四世纪的巴黎一样。无论是罗马、西班牙，还是非洲的有钱人家，都想让孩子接受时髦的教育，即使孩子只被准许参观一下卫城附近的任何一所学校，家长也会为此而洋洋得意。

这个古代的社会，我们现代人要正确理解是非常困难的。在那个世界里，生存被看得至关重要。

在早期基督教的影响下——当时的基督教是一切异教文明的死敌——罗马人和希腊人被视为道德沦丧的人。他们随意地崇拜一些不伦不类的神灵，剩下的时间便大吃大喝，饮整桶的萨莱诺酒，听着美貌如花的埃及舞女的缠绵细语。有时纯粹为了嗜血的乐趣而奔赴战场，残杀无辜的日耳曼人、法兰克人和达西亚人。

不可否认，无论是在希腊还是在罗马，都有很多商人和战争贩子，在罗马可能更多一些。他们把苏格拉底在法官面前阐述的伦理道德抛到脑后，积攒起万贯家私。正是因为这些人非常富有，人们才不得不对他们忍气吞声。但是，这绝对不意味着这些人能得到社会群体的敬重，因此也不可能被推崇为当时文化的化身和文明的代表。

我们发掘了埃帕菲罗迪特的公寓，他伙同尼禄[①]在罗马及其殖民地大肆掠

① 尼禄（37—68），第五任罗马皇帝，弑母杀妻，生活放纵。公元64年，罗马大火，尼禄嫁祸基督徒，对他们进行迫害。公元68年，高卢兵团、西班牙兵团和禁卫军反叛，尼禄逃出罗马。元老院判处他死刑，同年6月自杀于罗马附近。

寺，聚敛了大量的钱财。我们望着这个老投机商用不义之财建造起来的拥有四十间房屋的宫殿的废墟，禁不住摇头叹息："简直是腐败至极啊！"

然后，我们坐下来读一读爱比克泰德[1]的著作。爱比克泰德曾经当过埃帕菲罗迪特这个老恶棍的奴仆。然而，读他的书，我们却感到是在与一位古今少有的高尚显赫的灵魂相交。

我深知人们常常喜欢关起门来随意对自己的邻居或别的国家妄加评论。不过不要忘记，哲学家爱比克泰德不愧是他所生活的那个时代的名副其实的代表，正像朝廷中的势利小人埃罗菲罗迪特也具有他的代表性一样。两千年前的人们对尽善尽美的渴望并不亚于今天的人们。

毋庸置疑，那时的尽善尽美与今天的尽善尽美在概念上有着天壤之别。那时的尽善尽美是一个深深欧化了的产物，与东方社会毫无瓜葛。但是，那些建立了自己的理想、把它作为生活中最高追求的所谓"野蛮人"，正是我们的祖先。他们慢慢地形成了自己的人生哲学，并广为人们所接受。如果我们认为良心纯正，衣食简朴，加上身体健康和收入适中等，便是幸福和满足的最佳保障，那么这种人生哲学也是相当成功了，我们也不妨予以认可。这些人对灵魂的归宿并没有寄予很大的兴趣。他们仅仅把自己视为有知识的特殊动物，大大超越了仍旧匍匐在地面上的其他动物。如果他们常常谈及"神灵"，那么运用这个词语就好比我们如今经常用"原子""电子""乙醚"等词语一样。在他们看来，万物的起源必须有一个名称，因此在爱比克泰德说到宙斯时，那只是疑难问题的一个代号，就像欧几里德在解题时用X和Y作为代号一样，也许含义丰富，也许非常简单。

---

① 爱比克泰德（约公元55年—公元135年），古希腊哲学家，信奉禁欲主义哲学，强调自由、道德和博爱。

那时人们最感兴趣的是生活，而仅次于生活的，便是艺术。

因此，他们研究包罗万象的生活，遵循的是苏格拉底首创的分析方法，然后加以推广，取得了引人注目的成果。

有时，他们充满热情地寻求精神世界的完美，结果却走到了荒唐的极端。这诚然令人觉得遗憾。然而人非圣贤，孰能无过。可是在古代众多的哲学家中，柏拉图却是唯一的一个从对完美精神世界的热爱而转向鼓吹宽容理念的学者。

众所周知，这个年轻的雅典人是苏格拉底的爱徒，后来成为苏格拉底思想的文字记录者。

他利用这一优势，竭尽所能地收集苏格拉底曾经说过或思考过的一切内容，并把它们编成对话，集结成册，可以当之无愧地称作是《苏格拉底福音书》。

完成这项工作之后，柏拉图便开始对他老师苏格拉底理论中的一些晦涩难解之处进行详尽的阐释，并撰写了一系列文采横溢的文章对此加以诠释。再后来他还开设了许多课程对其进行讲解，将雅典人公正和正义的理念传播开去，影响之大，远远超出了希腊的疆域。

在所有的这些活动中，柏拉图所表现的全力以赴以及忘我精神简直可以和圣徒保罗[①]相提并论。不过，圣徒保罗所过的是一种富有冒险性的危险生活，他从北到南，从西到东，千辛万苦地把上帝的福音传播到地中海的每个角落。而柏拉图却从未离开过他那舒适花园的座椅，让世界各地的人都来拜见他。

柏拉图世家出身、高贵显赫，并且拥有可以独立支配的财富，这些足可以使他能够如此行事。

---

① 圣徒保罗，耶稣十二使徒之一。基督教奠基人之一。

首先，他是一位雅典的公民，通过他母亲这一支，可以将血统追溯到梭伦[1]。其次，他到了法定年龄就继承了一笔足以维持富裕生活的不菲财产。

最后，他具备出众的雄辩口才，以至于人们心甘情愿跋山涉水来到爱琴海，只是为了能够在柏拉图学院听他授课，哪怕只是几节课。

至于其他方面，柏拉图和他同时代的年轻人没有什么不同。他当过兵，但对军事没有什么特殊的兴趣。他参加户外运动，擅长摔跤和赛跑，却从未在竞技场上获得过名次。他和当时的许多年轻人一样，也花大量的时间去国外旅行。曾跨越爱琴海，在埃及北部做过短暂停留，这也正是他那大名鼎鼎的祖父梭伦所去过的地方。不过他回国后就再也没有外出，在雅典郊区赛菲萨斯河畔一座风景宜人的花园的阴凉角落里，安静地传授他的学说，时间长达五十年之久。这座花园于是被称作“柏拉图学院”。

柏拉图最初是研究数学的学者，后来渐渐转向涉足政治。在这个领域里，他为现代政治机构奠定了基础。他内心深处是一个坚定的乐观主义者，相信人类正在持续不断地进化。他认为，人的生命是从低级向高级缓慢发展，世界从美好的形体发展到美好的体制，再从美好的体制中产生美好的思想。

他的这些理论写在羊皮纸上倒是很能吸引人，但是当他试图把理念转化成具体原则，为他的理想的共和国提供理论基础时，他追求公正和正义的热情就变得非常强烈，以至于对其他一切想法都视而不见、充耳不闻。他主张的理想国，是一个奇特的共同体，一直被那些纸上谈兵的乌托邦建设者视为人类完美无缺的最高境界。这个奇特的共和组织不论是在过去还是现在来看，都包含着许多偏见，那是一些退伍长官们独有的偏见。这些人享受着充裕的收入，生

① 梭伦（公元前638年—公元前559年），古雅典政治家。公元前594年担任雅典执政官，进行一系列政治经济改革，是希腊民主政治的创立者。

活舒适；喜爱与政界周旋，并极为鄙视下层社会的人，以此来显示自己的“地位”，企望分享只有“上流社会”才有的那些特权。

不幸的是，柏拉图的著作在中世纪西欧的学者中颇受推崇。不幸的是，这些学者把柏拉图最负盛名的共和体制变成了向宽容开战的可怕武器。

这些才学渊博的学者故意要忽略掉的是，柏拉图得出结论的前提条件与他们生活的十二、十三世纪的情况是毫不相同的。

譬如，按照基督教的教义，柏拉图根本不是一个虔诚的教徒。他对祖先们顶礼膜拜的神灵非常鄙视，仿佛这些神灵是来自马其顿的举止粗俗的乡巴佬。他曾经为特洛伊战争纪年表中记载的有关神灵那些丑恶、不体面的行径而深感羞愧。但是年长以后，日复一日地坐在小橡树园里，对雅典各个小城邦之间愚蠢至极的争吵也越来越感到厌倦和愤怒。他亲眼看见了了旧民主理念的彻底失败，于是他越来越相信，对于普通民众来说，宗教还是必不可少的，不然的话，他想象中的心目中的理想国就会四分五裂，陷入混乱的无政府状态。因此他坚定地认为，他的理想的国家模式中，社会的立法结构应该制定出限制所有居民行动的明确规定，无论是自由人还是奴隶，都无一例外地必须服从。如果有人违反这些规定，就会面临或被监禁、或被流放、或被处死的严厉惩罚。如此看来，这一主张是对苏格拉底在不久前曾为之英勇奋斗的宽容精神和宗教信仰自由等思想的彻底否定，实际上这也正是柏拉图理论的本意。

若要找出导致柏拉图态度大为转变的原因其实并不难。因为苏格拉底走入民众之中传授自己的理念，而柏拉图却惧怕生活。他为了逃避丑陋的、令人不快的现实世界，躲进了自己臆想的王国中。柏拉图当然很清楚地知道，自己的梦想根本不可能实现。那些小小的各自为政的城邦并存的时代，不论是想象中的还是实际存在的，都已经一去不复返了。集权统治的时代已经开始，整个希腊半岛日后很快归并入马其顿帝国，成为这个从马里查河一直延伸到印度河畔的庞大帝国版图的一部分。

但是，在征服者的巨掌落下之前，这个有着多个难以驾驭的民主城邦的古老的希腊半岛上，却出现了一位傲立于群雄之上的最伟大的思想家，他使整个世界都受惠于这个已经绝灭的那一代希腊民族。

我指的当然是亚里士多德，一个来自斯塔吉拉的神童，一个在那个时代就已经通晓了许多尚不为人知的事情，并为人们的知识宝库增添了丰富宝藏的人。他的著作成为智慧的源泉，以至于在接下来的50多代人的漫长时间里，一直是欧洲人和亚洲人取之不尽的精神食粮，供人们获得充足的养分。

亚里士多德十八岁那年就离开位于马其顿的一个小山村，前往雅典来到柏拉图学园求学。他毕业后，在许多地方授课，直到公元前336年返回雅典，在阿波罗神庙附近的一座花园里开办了自己的学校。这所学院就是亚里士多德讲授哲学的地方，被称之为亚里士多德学院，它很快吸引了世界各地的学生。

奇怪的是，雅典人似乎一点都不赞成在自己的城堡里多建一些学院，那时，雅典城邦已经开始逐渐失去其传统的作为商业中心的重要作用。那些较为活跃，富有冒险精神的精力旺盛的市民大都搬迁到亚历山大港、马赛港以及南部和西部的其他城市去了。那些还留在雅典的居民，或者是太穷了，或者是太懒惰不愿费这个神。他们是那群躁动的自由民中最墨守成规的一派人的残余。他们曾经给这个苦难深重的共和国带来了荣耀，可同时也是他们导致了共和国的毁灭。他们对柏拉图所进行的一切本来就心怀不满，在柏拉图去世十多年以后，他的最著名的弟子竟然又回来了，继续讲授那些仍然不为人们接受的教义，其中不乏诸如关于世界的起源、神灵力量的局限等耸人听闻的内容。对此，那些守旧派的老顽固们煞有介事地摇起头来，低声咒骂亚里士多德，因为正是他把城邦变成了思考自由和不拘信仰的场所，从而使雅典成为思想自由和不信神的代名词。

如果这些守旧的顽固派能找出办法来的话，他们肯定就会把亚里士多德赶出希腊了。但是，他们很明智地克制了自己，只把这个念头藏在心里头。这是因为，这位眼睛近视、体格健壮的年轻绅士，这位以博览群书且衣着讲究而著称的小伙子，可不是在当时的政治生活中无足轻重的小人物，也不是籍籍无名的小教书匠，更不是靠一两个流氓打手就能随意赶出城邦的无名小辈。他的父亲是马其顿的宫廷医生，他从小就和王子们一起成长、一起接受教育。而且他刚一完成学业，就担任了王储的家庭教师。整整八年的时间，他每天都和年轻的亚历山大形影不离，彼此建立起深厚的友谊，这样，他就获得了这个亘古以来最强大君王的帮助以及庇护。在亚历山大远征印度期间，掌管希腊各省的摄政王对他倍加关照，唯恐这位帝王的挚友有个什么闪失。

然而，当亚历山大去世的消息一传到希腊，亚里士多德的生命便立刻陷入了危险的境地。他想起了苏格拉底的遭遇，不愿意再重蹈同样悲惨的厄运。于是，他像柏拉图那样，小心翼翼地，避免把哲学和现实政治混淆在一起。可是，他厌恶政府的民主制度，不信任普通民众的治国能力，这些都是众所周知的。当他看到雅典人爆发出冲天怒火，把马其顿的守卫部队赶跑了的时候，便即刻穿过尤比亚海峡，来到卡尔西斯，并在这里住了下来。不久，他在这里去世了。几个月后马其顿人再次征服了雅典，并惩治了叛乱的雅典人。

时光荏苒，现在要追根究底地找出亚里士多德被指控对神灵不虔诚的真实背景，谈何容易。不过，按照一般情况，在这个业余演说家充斥的国度，他的活动必然与政治盘根错节地纠缠在一起。他之所以不受欢迎，与其说是因为散布了骇人听闻的异端邪说，以至于会使雅典遭受宙斯的严厉惩罚，不如说是由于他对偏见很深的少数几个地方权贵采取了漠然的蔑视的态度。

不过，这些都已无关紧要了。

那些各自为政的小城邦共和国的日子已经为数不多了。

在此之后不久，罗马人继承了亚历山大在欧洲的遗产，希腊也从此变成罗马帝国众多省份中的一个。

于是那一切进一步的争论就此终止，因为罗马人在许多事情上甚至比黄金时代的希腊人还富有宽容精神。他们容许臣民们尽情地自由地思考，但是不允许人们对政治上的某些原则提出质疑，因为罗马政权之所以从史前时期就能保持繁荣安定，全都依赖于这些原则。

西塞罗同时代的人所具有的理念，与伯里克利的追随者所推崇的思想之间，存在着微妙的差别。希腊思想体系的老一辈领袖人物把其宽容精神寄于某些明确的结论上，这些结论是他们经过数世纪认真实践和苦思冥想总结出来的。而罗马人则认为，他们不用在这方面再进行研究和探讨。他们对理论问题漠不关心，还把这种态度引为自豪。他们对生活中实用的东西感兴趣，注重行动，尤其蔑视那些不着边际的高谈阔论。

如果其他人愿意坐在老橡树下，耗费一个下午的时光，讨论一些统治的理论问题，或者月亮对海潮的影响诸如此类的问题，罗马人对此是非常欢迎的。

但是，如果那些人的知识可以付诸实践，具有实用价值，那便会受到罗马人的重视。至于谈经论理，连同唱歌、跳舞、烹调、雕塑和科学等没有使用价值的东西，最好还是留给希腊人或其他外国人去费神。既然丘比特创造了他们，就是让他们去做这些正统的罗马人不屑一顾的事情。

与此同时，罗马人则把全部的注意力放在管理日益扩大的领土上。他们训练足够的外籍步兵和骑兵，以保卫边沿省份，巡查连接西班牙和保加利亚的交通要道。一般而言，为了维持数百个不同部落和民族之间的和平，罗马人不得不将主要精力投放于此。

但是，我们还是要将荣誉送给值得拥有荣誉的人。

罗马人通过精心的工作，创建了一个庞大的政治体系，这个体系以这样或那样的形式，一直延续至今，这本身就是一个很伟大的功绩。那时的臣民只要缴纳必要的赋税，表面上尊重罗马统治者定下的为数不多的行动准则，就可以享受广泛的自由。他们可以随心所欲地相信某事或不相信某事，可以信仰一个神灵，也可以信仰十几个神灵，甚至任何的神殿里摆放着各种各样的神灵，这都无关紧要。但是，不管人们信仰什么，在这个囊括四海的大帝国里，混居着的形形色色的人们必须牢牢记住，“罗马和平”的实现有赖于公正地实践了这样一条原则——“宽容地对待别人，别人也会宽容地对待自己”。在任何情况下都不得干涉别人或自己领地内的陌生人的事情，即使偶然认为自己信仰的神灵被亵渎了，也不必找官府寻求解决，因为，正如提比略大帝[①]在一次值得纪念的场合说的那样：“如果哪位神灵觉得遭受冒犯，认为必须补偿他所蒙受的损失，那他一定会自己关照好自己的。”

因了这样一句不足道的安慰的话语，法庭就可以拒绝处理所有这类案子，并要求人们不要把涉及个人主张与见解的问题带进法庭里来。

如果一群卡帕多西亚[②]商人在歌罗西[③]定居话，那么就有权利继续信奉自己的神灵，并有权在科洛西亚境内建筑起属于自己的神庙；反之亦然，如果科洛西亚人迁居到卡帕迪西亚人的领地时，也必须得到同样的权利和同等的信仰自由。

人们通常认为，罗马人之所以能够对其他民族采取一种大度的、高高在上的宽容态度，是因为他们对科洛西亚人、卡帕迪西亚人以及其他所有居住在拉齐奥以外的野蛮部族的人都持有同等的轻蔑态度。这种观点和说法可能是正确的，不过对这一点我也不能肯定。但是，不管怎样，历史事实是：在五百多年的漫长岁月里，在欧洲、亚洲和非洲那些文明和半文明的绝大部分地区，罗马人对宗教采取了一种几乎是彻底的宽容态度；并且罗马人还发展了一种统治艺术，即最大限度地减少摩擦，从而获取巨大的实际成果。

---

① 提比略大帝（公元前42年—公元37年），第二任罗马皇帝，公元14至37年在位。

② 卡帕多西亚，小亚细亚东部的一个地区。

③ 歌罗西，小亚细亚的一个地区。

许多人于是认为太平盛世已经来临，这种彼此宽容的状况将永远地持续下去。

可是没有什么是恒久不变的，至少靠武力建立起来的帝国是不能长久的。

罗马征服了整个世界，但在这个过程中也毁灭了自己。

罗马帝国年轻战士的累累白骨，被扔在数以千计的战场上。

在近五个世纪的时间里，罗马人中的精英们都把智慧和心力耗费在管理从爱尔兰海到黑海的庞大帝国这个巨大的工作之上。

所谓物极必反。终于，恶果显现出来了。

以区区一城为邦，进而统治整个世界，这根本就是不可能完成的事情。罗马人把精力和体力消耗殆尽，终致身心俱疲。

与此同时，又发生了一桩可怕的事。几乎所有的罗马人渐渐地开始厌恶生活，失去了生活的激情。

他们已经拥有了所有的都市豪宅和乡间别墅，拥有了他们希望得到的全部豪华游艇和华丽马车。

他们拥有了全世界的奴隶。

他们品尝了全世界的美酒佳肴，游遍了所有的山水风景，玩遍了从巴塞罗那到第比斯的所有女人；世间所有的文字书籍在他们的藏书室里都能找到，史上最好的绘画挂在了他们家的墙上；进餐时有世界上最卓越的音乐家为他们演奏；孩子们有世界上最出色的教授和教育家为他们上课，使他们学到了所有应该学到的知识。这些所导致的后果就是，所有的食物和美酒都失去了味道，所有的书籍都变得枯燥无趣，所有的女人都不再能吸引他们的注意力，甚至连生存本身也成为了一种负担，很多人情愿获取一个体面的机会，让自己失去生命。

到此时，他们剩下的只有一种安慰，那就是对未知的、无形的、不可见的世界的冥想和憧憬。

然而，旧有的古老的神祇已经死去多年，任何有头脑的罗马人都不会再沉迷于那些在幼儿园时歌曲里唱的对丘比特和米纳瓦的赞颂。

那时，享乐主义学派、禁欲主义学派和犬儒主义学派的哲学体系已经出现。这些哲学体系宣扬仁爱、克己和无私的美德，并推崇人的一生要有益于他人的生活态度。

但是，这些哲学思想太空洞了。这些思想在塞诺①、伊壁鸠鲁②、爱比克泰德和普卢塔克③的著作里面，倒是讲解得娓娓动听，阐述得头头是道。这些书在街头书店里比比皆是。

不过从长远的观点看，这种纯理性的“食谱”缺乏罗马人所需要的必不可少的营养成分，他们开始追求在他们的精神食粮中增加 “情感”的成分。

因此，这种纯粹哲学意义上的“宗教”(如果我们把宗教思想和追求高尚生活的愿望联系起来，这确是一种哲学色彩的宗教）只对很少的一部分人有吸引力，这些人几乎都属于上流社会，而只有他们才能得到博学多才的希腊老师对他们个别授课的特殊待遇。

对于广大的普通民众来说，这些精雕细琢、冠冕堂皇的哲学思想，如同微尘，毫无可用之处。他们的思想也发展到了这样的阶段，认为大部分古代神话，不过都是粗俗不堪、愚昧无知、偏听偏信的祖先，杜撰出来的幼稚的产物。不过他们还是不能企及那些所谓的知识精英的高度，以致能够否定神灵的存在。

---

① 塞诺，生活于公元前四世纪至公元前三世纪，希腊哲学家，禁欲主义的创始人。

② 伊壁鸠鲁（公元前341年—公元前270年）、希腊哲学家，创立了享乐主义哲学体系。其基本主张是：快乐是最高原则，是生活的主要目标；智慧的快乐高于感官的快乐，后者常常会扰乱内心的平静。

③ 普卢塔克（约42年—120年），希腊传记作家、散文家。

于是，他们的所作所为与所有知识浅薄的人在这么一种环境下会采取的行为没有什么两样。表面上，对共和国认可的官方的神灵毕恭毕敬，而背地里却拜倒在某个宗教行会的脚下，以求寻得真正的安慰与幸福。在过去的两百年中，在台伯河畔的这座古城里，这种宗教行会开始受到了真心诚意的欢迎。

我在上文中提及的“行会”一词源出于希腊，原意是一群“受到启示的”人——这些男男女女必须做到“守口如瓶”，为的是不把本行会最神圣的秘密泄露出去，而这些秘密只有他们自己才能知道。这种行会将他们紧紧地联系在一起，就像大学兄弟会和海鼠独立团的咒符一样使人们结合在一起。

其实，在公元一世纪的时候，宗教行会只不过是一种崇拜形式，一种说法，一种教派。如果一个希腊人或罗马人（这里请原谅时间上的略微混淆）离开长老教会加入基督科学教会的话，便会告诉别人他去参加“另一个行会”去了。“教堂”“英国北部教会”和“贵族院”等等这些都是后来新发明的词汇，在那个时候还没有这些词。

如果你对这个话题特别感兴趣，想弄明白当时罗马的情况，就请在下周六买一份纽约发行的报纸看一看，任何一份都行。在一份报纸上，你会看到四五个专栏在宣讲新的教义，宣传新的教派，这些教派有可能是从印度、波斯、瑞典、中国以及其他十多个国家引进的，诸如此类的广告，这些广告所登载的教派和交易内容，无一例外地给予人们以健康、财富以及灵魂得到永恒拯救的希望。

当时的罗马到处充斥着各种外来的和本地土生土长的宗教，这与现在的纽约等大都市没有什么两样。这也不可避免，这也是由于罗马的国际性地位所决定的。从小亚细亚北部爬满青藤的山坡上传来了“西比尔教”，西比尔神被弗里基亚人尊崇为所有天神之母。可是这个教派的祭神活动与一些不体面也不合乎礼仪的感情宣泄的放荡形式有关联，这使罗马当局不得不诉诸武力关闭西比尔教的神庙，最终还通过了一项严厉的法律，禁止进行任何传教活动，因为这种宗教只会鼓励集体酗酒以及其他更出格的糟糕的事情。

五六个非常怪异的天神，来自埃及这块充满矛盾和神秘色彩的古老土地。对于那时的罗马人来说，埃及的奥赛利斯、塞拉皮斯和伊西斯就像阿波罗、狄米特尔和赫尔墨斯一样被人熟知。

至于希腊人，他们在若干世纪之前就为世人提供了抽象真理和行为规范的基本体系。这时，他们又给异邦那些喜欢崇拜偶像的人们带来了一系列的“宗教行会”，其中就包括了远近闻名的阿蒂斯、狄奥尼索斯①、俄耳甫斯②和阿多尼斯等教派。就公共道德的角度而言，这些教派中的神灵没有一个是完美无缺的，不过这不妨碍他们受到人们的欢迎。

在整整一千年的时间里，腓尼基商人常常光顾意大利海岸，这就使得罗马人熟悉了腓尼基人的神灵巴尔（巴尔是耶和华的不共戴天之敌）以及他的妻子阿斯塔蒂。为了这位奇妙的女神，年老的所罗门王③命人在耶路撒冷的中心建造了一个“高坛”，这使得他忠诚的臣民们大为震惊。这位令人敬畏的女神在争夺地中海的第一把交椅的漫长苦战中，一直被看作是迦太基城的保护神。即便当她在亚洲和非洲的庙宇被摧毁之后，她又以受人尊敬的基督教圣徒的身份重新回到了欧洲。

不过还有一个最为重要的神，他在军队的士兵中极受欢迎。在从莱茵河入海口到底格里斯河的发源地，在罗马疆土的每一处断壁残垣下，都能发现他的破碎金身。

---

① 狄奥尼索斯，希腊神话中的酒神和种植神。

② 俄耳甫斯，希腊神话中的诗人和音乐家。

③ 所罗门，古代以色列的国王。

这就是伟大的密特拉[1]神。

据我们所知，密特拉原是掌管光、空气和真理的亚洲之神，在里海低地平原受人朝拜。当初我们最早的祖先占有了那片牧草肥沃的土地，使人类在山峰峡谷之间得到了栖身之所，这里以后便成为人所共知的欧洲。他们认为，是密特拉这个天神赐予了人类一切美好的东西；大家相信，这块土地的统治者只有完全依赖万能的密特拉神的恩典，才能得以行使权力并发挥力量。作为天神赐予恩典的象征，有时密特拉将始终环绕其身的天火恩赐一些给那些身居高职的人们。尽管密特拉神已经离我们远去，连他的名字也被人们忘记了，但是这位中世纪仁慈之神所笼罩的光环，依然让我们记起他那古老而悠久的传统，他的出现比基督教问世还要早上千年。

尽管密特拉受到人们极大的尊崇，而且持续了相当长的时间。但是要精确地再现他的生平却仍然是非常困难的。这当然是有原因的。早期的基督教传教士对密特拉神话恨之入骨，其憎恨程度远远超过了对其他教派的厌恶。他们清楚地明白，这位印度神灵是他们最可怕的对手。于是，他们便竭尽能事，毁掉一切可以使人们记忆起密特拉神的东西。他们做得很彻底也很有成效，以至于所有密特拉的神庙荡然无存。这个在罗马存在了五百多年、受欢迎程度和今天盛行于美国的美以美教派以及长老会教派毫无二致的宗教，就这样销声匿迹，甚至连一张文字记载的纸片都没有留存下来。

不过，那时炸药还没有问世，因此，建筑物不可能被彻底摧毁。通过仔细搜索神庙的遗址废墟，再加上从亚洲古地得到的资料，我们现在能够弥补这个空白，以至现在已经掌握了有关这个有趣天神及其轶事的相当准确的情况。

现在我们讲述密特拉的故事。很久很久以前，一天，密特拉神秘地从一块

① 密特拉，一个古老的印度-伊朗神，后来传入罗马。

岩石中诞生了。当他还躺在摇篮里时，附近的几个牧羊人就过来向他参拜，还送祭礼给他，这让密特拉很高兴。

密特拉在孩提时代就经历了各种各样稀奇古怪的冒险，其中很多经历使我们想起了赫拉克勒斯[①]这个在希腊孩子中大受欢迎的神话英雄。不过，赫尔克里斯残酷暴虐，而密特拉总是与人为善。有一次密特拉与太阳神比赛摔跤，密特拉打败了太阳神。他尽管得胜了，却表现得非常大度，这使得太阳神和他建立起亲如手足的兄弟情谊，以致旁人常常将二人混淆。

罪恶神制造了一场空前的旱灾，人类的生存受到巨大威胁。关键时刻，密特拉射出一支，击中一块岩石。奇迹出现了，水流喷涌而出，浇灌着干裂的土地。继而，艾赫里曼（这是罪恶神的名字）又想以一场可怕的洪水达到其邪恶目的。密特拉提前得知这个消息后，于是就告诉了一个人，让他建造一艘大船，并把他的亲戚和喂养的牲口家禽都带到船上。就这样，密特拉又把人类从毁灭的危险中拯救出来。密特拉竭尽全力，使人类不因自身的各种弊病而遭到恶报。最后，密特拉被召到天国，成为掌管正义和公正的天神。

如果有谁希望加入崇拜密特拉的行列，就必须经历一种繁复的入会仪式，吃一些面包并喝一点酒作为礼餐，来纪念密特拉和他的朋友太阳神一起用的那一顿著名的晚餐。接着，还必须在水前接受洗礼，然后还要做很多我们现在看来是毫无意义的事情。毕竟，密特拉教这种宗教形式早在一千五百年前就已经绝迹了。

一旦加入密特拉教，所有虔诚信徒之间享有绝对的平等。他们一起在同一个烛光明亮的祭台前祷告，吟唱同一首赞美诗，一同参加每年12月25日的盛大活动，以庆祝密特拉的诞辰。而且他们在每个星期的第一天不做任何工

① 赫拉克勒斯，希腊传说中的英雄。

作，以纪念密特拉的好兄弟——那位伟大的太阳神。直到现在，我们仍然称那一天为“太阳日”（即英文Sunday）。当信徒死后，他们的尸体被摆放整齐，等待最后审判的到来，好人得到公正的报答，恶人则被掷入永不熄灭的烈火之中。

这些种类繁多，各种各样的教派的大获成功，以及密特拉精神在罗马士兵中的深远影响，都足以说明人们对宗教是非常感兴趣的，这已经不是宗教冷漠的时代了。事实上，罗马帝国最初的几百年里，一直致力于不停地寻找能够在精神上使大家感到满足的东西。

可是到了公元47年，发生了一件异乎寻常的事。一只小船离开了腓尼基，驰向佩加城。佩加城是通往欧洲陆上通道的起点。乘客中有两个人，他们轻装简行。

他们的名字分别叫作保罗和巴拿巴。

他俩都是犹太人，不过其中有一个人持有罗马护照，而且还通晓非犹太族人的智慧。

这是一次永垂青史的旅程的开始。

基督教开始征服世界了。

第三章　禁锢的开始

基督教迅速征服了西方世界，有些人常常以此来佐证基督教的教义必定有着天赋的神性。我无意对此争辩，只是想指出，早期的传教士之所以能获得成功，固然与他们的教义本身具有真知灼见有关系，但也与当时罗马人恶劣的生活环境大有关联。

在此之前，我已经向你们介绍了罗马社会的一个侧面，这个国家的许多士兵、政治家、富商、科学家，他们幸运地生活在拉特兰山的山坡上，或坎帕尼亚山峰峡谷里，或那不勒斯的海岸，接受文明的熏陶，享受人间的愉悦与闲适。

但是，这只是罗马的一个侧面。

在城郊多如牛毛的贫民窟里，那种能使诗人欢呼太平盛世、能激发演说家把屋大维[①]比作丘比特的繁荣盛况，却是很少见的。

那里只有一排排密密麻麻、死气沉沉、臭气熏天的出租屋，里面是拥挤

① 屋大维（公元前63年—公元14年），第一位罗马皇帝。经过近百年的内战，重新恢复了罗马的统一和秩序，在其统治下，罗马进入了繁荣时期。

的无数贫民，生活对于他们来说，仅仅是永无止境的饥饿、辛劳和痛苦。他们开始相信一个木匠的故事，这个淳朴的木匠住在大海彼岸的小村庄里，用自己辛勤的双手换取食物，他因怜爱劳苦大众而被嗜血成性、贪得无厌的敌人杀害了。的确，贫苦的罗马人全都久闻密特拉、伊西斯和艾斯塔蒂的大名，但是这些神早在千百年前都死了，他们只能道听途说，而了解这些神的人也早已死了千百年了。

可是，拿撒勒的约书亚[①]，即基督耶稣，也就是希腊传教士口中的救世主，不久前还活在世上。当时的很多活着的人都知道他，在台比流斯皇帝当政时期，谁要是偶尔去过叙利亚南部，也许还听到过他的布道。

当然还有其他人，比如街角的面包师和邻街的水果贩都曾在阿皮恩大道旁边的阴暗的小花园里，和一个叫彼得的人交谈过，这个彼得是来自迦百农村的渔夫，耶稣先知被罗马总督的士兵钉死在十字架上的那个可怕的下午，他就在各各他山[②]的附近。

我们要理解人们突然热衷于新信仰的原因，就必须记住这些。

正是这种深厚的人文关怀，这种通过亲密接触而产生的亲切的感情，使基督教在众多信仰中脱颖而出。基督教的爱表达了各国深受压迫、丧失权利的人们的呼声，因而传遍了四面八方。基督的话是否与后人所用的词汇一致倒是无关紧要，重要的是奴隶们听得到，也能够理解。在美好未来的许诺前，他们颤抖着，平生第一次看到了希望的光芒。

终于有人说要给他们自由了。

① 约书亚（Joshua），即耶稣（Jesus），Jesus源自希伯来人名的音译。约书亚是一个很常见的希伯来名字。

② 各各他山，即骷髅地，耶稣受难地，在耶路撒冷。

他们不再是卑微下贱的人了，不再是世俗权贵的眼中钉了。

相反，他们现在成了上帝的宠儿。

他们要继承世界的一切。

他们还将分享那些深居在萨摩斯岛[①]别墅里的许多不可一世的达官贵人一直独霸的欢乐新信仰。某督教是使普通人得到均等机会的第一个实实在在的宗教。

当然，我并不想把基督教说成是灵魂的感受——一种生活和思考的方式——我是想说明，在腐朽的奴隶制世界里，这种教义散布开来，点燃人们感情上的熊熊烈火。但是历史除了个别情况外，是不记述普通人的精神历险的，不管是自由人的还是奴隶的。当这些谦卑的人被分为民族、行会、教会、军队、兄弟会和同盟，开始服从一个统一的指挥，积累起足够的财富来缴税，被强制入伍为征服其他民族而战时，也只有在这些时候，他们才会受到编年史家的注意和重视。因此，我们尽管对早期基督教会了解甚多，却对它的真正创始人知道得很少。这的确是憾事，因为基督教早期的发展在任何史籍里都不失为最有趣的史实。

基督教堂终于在古老帝国的废墟上拔地而起，它是两个对立利益相结合的产物，一个代表友爱慈善理想的高峰，是耶稣亲自教授的，另一个则代表狭隘的地方主义，在它的束缚下，耶稣的信徒们从一开始便与世界其他地方的人疏远了。

说得通俗一点，这种地方主义使罗马人的效率和朱迪亚人的专横融为一体，结果建立了压抑思想的恐怖统治，这种统治虽然行之有效，却又情理难容。

要搞清楚事情的来龙去脉，我们必须再次回到圣徒保罗的年代，也就是耶

① 萨摩斯岛，希腊岛屿。

稣遇难后的头五十年，我们必须牢记这样一个事实：基督教是从犹太教内部的变革中产生的，是一场纯民族主义的运动，它从诞生之日起，所威胁的不是别人，正是犹太王国的统治者。

基督在世时，当权的法利赛[①]人清楚地知道这一点。他们自然十分害怕威胁着精神垄断的鼓动宣传，因为这种垄断只是建筑在野蛮武力的基础上。为了保住江山，他们被迫赶在罗马当局插手之前，惊慌失措地把这些害群之马送上了绞刑架。

耶稣生前到底做了什么，现在已无从考证。他去世之前还没能把信徒组成一个统一的宗派，没有写下任何东西告诉后人应该怎样做。

然而这倒成了福音。

没有复杂呆板的规章条例和戒律，反而使信徒们可以相对自由地理解先师话语里的精神实质，而不是生搬硬套。如果他们被一本书束缚了，势必会把全部精力用在理论讨论上，沉湎于对句号冒号的迷人的研究中。

当然，倘若如此，那么除了几个专业学者外，就没有人会对新信仰感兴趣了，基督教就会重蹈其他众多教派的覆辙，一开始就精心制定好各种书面条文，等到最后为各种神学问题闹得不可开交时，闻讯赶来的警察就把这几个争论不休的神学家都扔到大街上。

时隔将近两千年后，当我们意识到基督教给罗马帝国带来了深重灾难时，我们不禁疑惑起来：基督教的危害不亚于匈奴人和哥特人所发起的侵略，为什么罗马当局没有采取任何实质性的镇压措施呢？他们当然知道，正是这个东方先知导致了家奴的骚动，女人们也喋喋不休地谈论上帝将要重返人间，许多老

① 法利赛，一个犹太教别，公元前2世纪至公元2世纪犹太教的一派，标榜墨守传统礼仪。

人还郑重其事地预言世界很快会被一个火球毁灭。

但穷人们为一个新的宗教领袖狂热起来，这在历史上不是第一次，当然也不是最后一次。当局必须严加看管，以防这些穷苦而又狂热的人们扰乱帝国的安宁。

事实也确实如此。

警方的确戒备森严，但没有找到诉诸武力的把柄。新的宗教追随者做事的方式无懈可击。他们并不想推翻政府，开始时有几个奴隶还期望上帝的父爱和人与人之间的兄弟之情会终止主仆之间的旧式关系，圣徒保罗赶忙来解释说，他的王国是看不见摸不着的灵魂王国，凡是尘世的人最好对一切都逆来顺受，以期在天国里得到好报。

同样，许多妻子抗争着罗马法典规定的婚姻枷锁，她们断言，基督教意味着两性的解放，意味着男女平等。这时保罗再一次站了出来，花言巧语恳求心爱的姐妹们不要走向极端，以免遭来保守的异教徒的怀疑，并说服她们继续维持半奴隶的状态，毕竟自从亚当和夏娃被逐出天堂以后，女人的命运就是如此。这些行为给足了当局的面子，因此，当局也就默许基督教传教士自由往来，按照他们自己的喜好和方式传教。

但历史多次证明，群众的宽容心不如统治者。因为他们毕竟只是穷人，没有必要把自己搞得多崇高。对品格高尚的公民而言，良心会允许他们在积累财富时做出必须的妥协退让，还能保持富足愉悦。

几个世纪以来，罗马的底层群众习惯于恣意豪饮和打架决斗，因此，他们也逃不出这条规律。当那些虔诚的信徒聚精会神地聆听有关他们的上帝的离奇故事时——耶稣，他竟然像普通囚犯一样被不体面地钉死的十字架上，有些流氓向这些教众投掷石块和脏东西，他们还为这些人大声祈祷。起初见到此情景，底层民众从中获得了不少鄙俗的乐趣。

但罗马的传教士们无法对基督教的日渐兴盛熟视无睹。

当时罗马帝国奉行的宗教是一种国教，每逢特殊的日子都会有隆重的祭祀活动，人们要为此缴纳现钱支助，而这些钱当然又流进了教士们的腰包。但当成千上万的教众离教，转而投奔另一个根本不收钱的教派时，这些教士们的收入便大大缩水了。这当然不会使他们顺心，于是他们就大肆辱骂那些目中无神的异教徒，谴责他们向外邦先知进香，背叛了祖先的神灵。

但是除了他们，城市里还有一批更加痛恨基督教的人，那是一伙骗子，多少年来，倚靠着愚昧单纯的罗马中产阶级，过着养尊处优的日子，就像印度的瑜伽修行者和那些伊西斯、伊师塔（巴比伦和亚述神话中的女神）、巴尔、西布莉等众神的大祭司一样。如果基督教与其他教派展开竞争，在给人们提供启示时也收取高昂费用的话，那么巫师、看手相的人和巫术师帮会是找不到理由抱怨的。生意场上毕竟有竞争，算命的行当让别人干一点儿也未尝不可。但是，这群可恶的基督徒却出了这么个该死的主意，居然分文不取，是啊，不光分文不取，甚至还与人分享自己的一切所有物，他们把自己的东西送给别人，给饥饿者饭吃，把无家可归的人请到家里住，这些都不求回报。这太过分了，他们肯定有一定的财富积累，只不过我们不知道罢了，要不然他们不可能做这么多善事的。

这时的罗马已经不再是自由民的罗马了，而成了成千上万来自帝国各地的破产农民的临时居留所。他们并不是安分守己的人，受约束自己行为举止的神秘规律影响，总是憎恨那些行为方式跟自己不一样的人，对无缘无故想过正派节制生活的人存有戒心。至于那些和和气气，偶尔喝上一两杯，间或也请你喝上一杯的人都还是不错的邻居。而有的人却自命清高，从不去看科利西姆的斗兽表演，看到一批批战俘在卡比托利欧山[①]的街道上游街也无动于衷，那么这

① 卡比托利欧山，罗马七山中最高的，也是最为著名的，该山有一些古迹，现在上面建起了博物馆。

样的人就被他们当作逆子，甚至是社会的公敌。

公元64年，一把大火烧毁了罗马的贫民街区，一场针对基督教徒的进攻就要开始了。

最初的传言是说，当时的皇帝尼禄皇帝一时酒后昏了头，下令将都城付之一炬，以便按他的意思，除掉贫民窟，重新规划都城。但是民众似乎把这事看得更透。这肯定是那些犹太佬和基督徒干的，因为他们总是谈论有那么一天，火球将从天而降，邪恶的人在遭到报应时，快乐的日子就要到来了。

这种说法一开始就很快引起反响。一个老妇人听到了几个基督徒与死人说话，另一个人说他们拐走小孩，割断喉咙，把血涂在稀奇古怪的上帝祭坛上。当然，没人亲眼看见这些卑鄙勾当，但这一定是因为基督徒太狡猾，已经用钱收买了警察的缘故。而这次他们双手沾满鲜血，被当场抓住了，量他们再有本事，也必须为他们自己的罪恶行径接受惩罚。

我们无从得知有多少虔诚的教徒被私刑处死，或许保罗和彼得也是受害者，因为从这以后再也没有听到过他们的名字。

不用说，这场民众性的可怕的大发泄一无所获。牺牲者接受厄运的凛然态度是对新信仰和死去基督徒的最好宣传。一个基督徒死了，却有十多个异教徒争先恐后地补上了他的位置。尼禄他在短暂无用的一生中做了唯一一件体面的事（这就是于公元68年他自杀身亡）以后，基督徒马上重振旗鼓，收复失地，一切又依然如初了。

直到此时，罗马当局才开始恍然大悟。他们有了一个重大发现，他们开始怀疑，基督徒并不仅仅是犹太人这么简单。

我们也很难责怪他们的错误，近百年来的历史研究日趋清晰地表明，犹太人集会堂其实是一个情报中转站，基督教是通过它传到世界各地的。

还记得吧，耶稣本人是犹太人，他一直不折不扣地严格遵守祖先制定的古老律法，只对犹太听众演讲。他只有一次离开过自己的国家，并且为时很短，但是他为自己制定的使命却是与犹太人共同完成的，目的也是为了犹太人。他的话中没有任何蛛丝马迹可以使罗马人感到基督教与犹太人的区别。

这正是耶稣想要做的。他已经清楚地看到祖先的教堂里充满弊病陋习，也曾经大声疾呼过，并有效地做了斗争。但是他为之奋斗的只不过是内部的改革，从来没有想到自己会成为一门新宗教的创始人。即使有人跟他提到这一点，他也会觉得这是无稽之谈。但是，就像历史上其他改革宗教的人一样，他渐渐发现自己走上了一条不归路，想妥协都不可能了。当路德[1]和其他许多宗教改革者突然发现，他们自己居然摇身一变成为一个新宗教的领袖，而其本意只是想在原来的宗教“内部”做一些改良罢了，以致茫然不知所措了。耶稣与他们不同，他的英年早逝恰恰让他逃离了这个怪圈。

在耶稣死后很多年，基督教（当时这个名字还没有形成）仅仅是某个犹太小教派，只在耶路撒冷、朱迪亚村和加里利村有几个支持者，从未跨越叙利亚省一步。

是犹太血统的罗马公民盖尤斯首先发现这个新教义有可能成为世界范围的宗教。他的饱受磨难的经历告诉了我们，犹太基督徒是怎样激烈反对这个宗教世界化的。他们只愿意它在本国享受统治地位，只允许本族人加入。他们深恨一视同仁地向犹太人和非犹太人宣扬灵魂拯救的人。保罗最后一次到耶路撒冷来的时候，如果没有罗马护照的保护，肯定会被怒火填膺的爱国同胞们撕成碎片，重蹈耶稣的厄运。

后来，半个营的罗马士兵被派往耶路撒冷，安全护送他到了一个沿海小镇，然后他又乘船回到罗马受审，但这个著名的审判从未发生过。

---

① 路德，即马丁·路德（公元1483年—公元1546年）。十六世纪宗教改革倡导者。新教路德宗创始人。

他死后没过几年，他生前经常担心而又不断预言的事情，终于还是发生了。

耶路撒冷被罗马人夷为平地。在曾经坐落过耶和华神庙的地方，建起了一座供奉丘比特的神庙。耶路撒冷这座城市的名字也一度被改为“爱利亚·卡匹托里纳”，朱迪亚也变成了叙利亚——巴勒斯坦省的一部分，归罗马统治。至于耶路撒冷的居民们，不是被杀害就是被流放，在废墟周围方圆数英里内，不准有人居住。

这座圣城给犹太基督徒带来过许多灾难，现在终于化为乌有了。在这以后的若干世纪中，在朱迪亚内地的小村子里会发现一些怪异的人，他们自称是“穷人”，正在以极大的耐心和终日不断的祷告等待即将来临的世界末日。他们是耶路撒冷老犹太基督徒的残余。我们还能时不时从十五、十六世纪的书中看到他们的情况，他们远离文明世界，形成了一套自成体系的怪诞教义，以对门徒保罗的仇恨作为宗旨。到了七世纪左右，我们就没再发现这些自称拿撒勒人（拿撒勒是耶稣的故乡）的足迹。伊斯兰教的胜利者把他们斩尽杀绝了。不过，即使他们能再苟延残喘几百年，也是无法使历史倒退的。

罗马把东西南北集于麾下，政治上中央集权，使世界接受一个统一宗教的条件已臻成熟。基督教既简单又实用，教徒可以直接与上帝讲话，因此注定会成功，而犹太教、米思拉斯教以及所有其他参加竞争的教旨肯定要落败。但不幸的是，基督教从未摆脱过某些与其初衷相违背的弊病。

一叶扁舟将圣徒保罗和巴拿巴从亚洲带到欧洲，同时也带来了希望和仁慈。

但是另一个乘客也悄悄溜上了船。

他戴着圣洁与高尚的面具。

面具下掩盖的嘴脸却是残忍和仇恨。

他的名字就是：宗教专制。

第四章　上帝的晨光

基督教教会在早期还是一个很简单的组织，当人们发现，世界末日暂时还不会降临，耶稣死后，最终的审判也没有到来，教徒们还可以在忏悔的泪水中继续苟活一段时间。于是乎在教派内确立某种管理机构便成了当务之急。

基督徒最初（由于全是犹太人）都在犹太教堂里聚会。由于犹太人和非犹太人产生摩擦，非犹太人就到某人家中集会，如果找不到能容纳所有虔诚（包括好奇）的信徒的房子，就干脆在露天或废石场集会。

最初，集会都在星期六举行。但随着犹太基督徒与非犹太基督徒之间的感情日趋恶化，非犹太基督徒便废弃了星期六安息日，把聚会改在星期日，也就是耶稣复活的那一天。

这些庄严的仪式完全体现了大众化和情绪化。没有固定的讲演和说教，没有教士，所有男女只要感到内心被圣火激励，都可以站起来剖白内心的信仰。按照保罗的描述，这些虔诚的弟兄们“以雄辩的口才”，使这位伟大的圣徒对未来担忧。因为他们当中大多数人是平民百姓，没受过什么教育，从不怀疑别人即兴发挥的劝诫是否真诚，而且往往他们的情绪会异常激动，像疯子一样失控地喊叫，教会虽然顶得住迫害，却受不了人们的冷嘲热讽。于是，保罗、彼得以及他们的继承人不得不花费力气维持秩序，平息人们因急于表达精神世界和神圣热情而引起的纷乱。

开始时，这些努力收效甚微，因为规章制度与基督教的民主精神是格格不入的。不过人们最后还是从实际出发，同意集会按照某种固定的仪式进行了。

集会以一首赞美诗开始（用以安抚可能在场的犹太基督徒）。然后，全体教徒就高唱新近为罗马和希腊崇拜者谱写的赞美曲。

唯一预先拟好的讲演是一篇倾注了耶稣一生哲学思想的著名祷文。然而几百年来，布道都是完全自发的，谁有话要说，便可以自行发表演说。

但是，随着集会次数的增加，警察开始注意他们了，警察总是对秘密组织严防死守。因此必须推选出某些人代表基督徒与外界打交道。保罗早就强调过领导天赋的重要性。他把他在亚洲和希腊走访的小团体比做惊涛骇浪中的小舟，要闯过怒涛汹涌的大海，就必须有聪明绝顶的舵手。

于是虔诚的信徒们又凑在一起，选出男女执事。他们是整个团体的“仆人”，要照顾好病人和穷人（这是早期基督徒关心的事情），管理好教会财产，还要料理所有的日常琐事。

到了后来，教会的成员有增无减，事务性管理变得复杂不堪，非有专职的执事不可，于是几位“长者”被推举担当此任。他们的希腊称呼是“长老”，按我们说法就是“神父”。

又过了几年，每个村庄和城市都有了自己的教堂，因此又有必要提出大家都要执行的共同政策。人们选出了“总监”（即主教）来监督整个教区，并代表教区与罗马政府打交道。

很快，罗马帝国的各个主要城市里都有了主教，而安提阿、君士坦丁堡、耶路撒冷、迦太基、罗马、亚历山大和雅典的主教则由受到人们广泛尊重，有权势的人担任，他们的地位甚至不亚于各省的行政和军队长官。

在开始阶段，主教掌管着耶稣当年曾经生活、受难、死去并广受尊敬的大部分地方。但是，自从耶路撒冷被摧毁，期待世界末日和天国成功的一代人从地球上消失以后，可怜的老主教在他狼藉的宫殿里被剥夺了原有的威望。

虔诚的信徒首领的位置很自然地被那个“总监”顶替了。“总监”住在文明世界的首都，守卫着西方大圣徒保罗和彼得当年殉教献身的地方——他就是罗马大主教。

这个主教与其他主教一样，也被称作“神父”或“圣父”，这是对圣职人员的通用称呼，表示热爱和尊敬。然而在以后的数世纪里，“圣父”这个头衔在人们心目中只与主教管区的首领相联系。每当人们提到“圣父”，所指的只是罗马的大主教——教皇，绝不会是君士坦丁堡的主教或迦太基的主教。这是个自然而然的发展过程。我们在报纸上看到“总统”一词时，根本没有必要再加上“美国”一词作限定，因为我们知道这里指的是国家元首和政府首脑，而不是宾夕法尼亚铁路局长、哈佛大学校长或国联主席。①

“教皇”这个名字第一次出现在正式公文里是公元258年。那时罗马还是强盛帝国的首都，主教的势力完全被皇帝所吞没。但是在以后的三百年中，恺撒的后裔时常受到外侵内乱的威胁，便开始寻找更为安全的新巢穴。后来，他们在国土的另一端找到了一座城市，名叫拜占庭②。它是根据一个传说中的英雄拜扎斯而得名的，据说特洛伊战争结束不久，拜扎斯曾经在这里登岸，它坐落在几条割开欧亚大陆的海峡之畔，虎视黑海通向地中海的商业要道，控制几家独一无二的工商业中心，在商业上享有重要地位，斯巴达人和雅典人为了争夺这个富足的要塞，曾经拼杀得你死我活。

① President存在一词多义。可以是总统（the President of the U.S.A）、局长（the President of Pennsylvania）、校长（the President of Harvard University）等。不过，the President不加任何修饰指的就是美国总统。

② 拜占庭，古代城市。大约于公元前660年由希腊殖民者建立，坐落于博斯普鲁斯海峡的欧洲一侧，包括现在伊斯坦布尔的一部分。

然而拜占庭在亚历山大时代以前一直是独立自主的。它落入马其顿之手没多久，便纳入了罗马帝国的版图。

经过一千年的持续繁荣后，拜占庭的“金角湾”[①]海港停满了来自世界各地的商船，这里即将成为帝国的中心。

罗马的居民被撇下，听任哥德人、范达尔人、天知道还有哪些野蛮人的虐待宰割。他们看到皇宫一连好几年空空如也，看到政府部门接二连三地搬迁到博斯普鲁斯海峡之滨，看到首都的居民竟要遵照千里之外制定的法律行事，都感到世界的末日已经来临了。

但是在历史的长河中，任何事情都是有两面性的。皇帝走了，留下的主教就成为市镇中地位最显赫的人物，他们是看得见摸得着的皇冠荣耀的继承人。

他们抓住这个大好时机。教会的声望和影响吸引了意大利所有最顶尖的人才，这使主教们又变成了精明强干的政治家。他们感到自己俨然是某些永恒信念的代表，因此大可不必着急，而是采取潜移默化的方法，看准时机出奇制胜。他们不像许多人因为迫于操之过急造成的压力，仓忙决断，最后乱中出错，导致失败。

不过重要的是，主教们只抱有一个目的，只向一个目标坚韧不拔地前进。他们所做所说所想的一切都是为了增加上帝的荣耀，为了使在凡世代表上帝意志的教会更为强大有力。

以后十个世纪的历史表明，他们的努力是卓有成效的。

当时野蛮部落横扫欧洲大陆，在风卷残云的冲击下，帝国的围墙一面面倒塌了，上千个像巴比伦平原那样古老的体制像垃圾一样七零八落，只有教堂坚如磐石，在各个时代，尤其在中世纪，犹如中流砥柱。

---

① 金角湾，位于博斯普鲁斯海峡南端，伊斯坦布尔的一个港口。

胜利虽然最后到手了，但是他们也付出了沉重的代价。

基督教虽然起源于马厩，却可以被允许在宫殿里寿终正寝。它本是以抗议政府起家的，然而后来自命能沟通人与神联系的神父却坚持让每一个凡世庸人做到无条件地服从，基督教本来带有变革色彩，但日后不断发展，在不到一百年的时间里竟形成了新的神权政治集团。古老的犹太国家与之相比，倒成了幸福无虑的臣民居住的温和自由的联邦。

然而这一切又合乎逻辑，不可避免。我下面要进一步说明。

大多数游览罗马的人都要去看看科利西姆，在饱经风沙的围墙里，人们可以看到一块凹地，数千名基督徒曾经在这里倒下，成为罗马专制的牺牲品。

不过尽管确有几次对新信仰倡导者追随者的迫害，却都与宗教的不宽容无关。

迫害全是出于政治原因。

基督教作为一个宗教派别，享有最广泛的自由。

但是，基督徒公开宣布自己由于宗教道德而拒服兵役，甚至当国家受到外国侵略时还大吹大擂什么和平主义，而且不分场合公开诋毁土地法律。这些教徒作为国家的敌人，被处决了。

基督徒是按照头脑中的神圣信条行事的，但普通的警方法官不管这个，基督徒极力解释自己的道德本质，可是长官大人却迷惑不解，一窍不通。

罗马的治安长官毕竟是也是人，他们突然发现，他应召而来进行审判，可是犯人陈述的道理在他看来却不过是鸡毛蒜皮的小事，弄得他简直不知所措。长期的经验告诉他，对神学中争论的问题应采取超脱态度，他还记得许多皇帝在敕令中曾经告诫公职人员，对付新教派要圆滑老练，于是他使出浑身解数，企图说理。可是当全部争论集中到一个原则问题的时候，一切逻辑方法又都徒劳无功了。

最后，治安长官就陷入了两难的境地，要么放弃法律的尊严，要么坚决捍卫至高无上的国家最高权力。显然 ，牢狱之灾和严刑拷打对于基督徒来说简直微不足道，因为他们坚信，生命只有在死亡之后才会开始，一想到可以离开这黑暗的人间，享受天堂的欢乐，便兴奋不已。

就这样，罗马当局和基督教徒之间痛苦而漫长的游击战争开始了。究竟有多少人丧生，我们没有死亡人数的官方统计资料。按照公元三世纪的著名神父奥利金[①]（他的一些亲戚在亚历山大城的一次迫害中被杀死了）的说法，“为信念而死的真正基督徒的数目还是可以统计出来的。”

我们只要仔细研究一下早期基督教圣人的生平，就会发现许多鲜血淋淋的故事；我们不禁奇怪，一个屡遭迫害杀戮的宗教怎么会留存下来呢?

不论我提供什么样的数据，肯定会有人指责我心怀偏见，是个大骗子。我且在这里持保留意见，让读者自己去下结论吧。人们只要看一看罗马德西乌斯皇帝[②]和瓦勒良皇帝[③]的一生，便可以较为清楚地了解，迫害最猖獗时罗马专制的真正本性。

如果你们还记得，就连马可·奥勒留[④]这样睿智而开明的皇帝，也不得不承认自己没有很好地处理与基督教众的关系；你们就能理解偏居于帝国一角的无名小吏们的两难处境了本想尽忠职守的芝麻官，不是必须背弃自己的就职誓词，就是必须处死自己的亲朋好友，因为这些亲朋好友不能也不愿意服从帝国政府为保存自己而制定的几项简单法令。

---

① 奥利金（约185年—254年），希腊神父代表人物之一。

② 德西乌斯皇帝（公元249年—251年在位），以煽动对基督徒的第一次全面迫害而闻名。

③ 瓦勒良皇帝（公元253年—公元260年在位），在位期间，罗马不断遭到外国的侵略。在与波斯人的交战中被俘，死于囚禁中。

④ 马可·奥勒留（121—180），罗马皇帝（公元161年—公元180年在位）。禁欲主义哲学家。在位期间，战争频繁，传染病流行。她减轻赋税，兴建学校、医院、孤儿院。

与此同时，基督徒没有受异教臣民的假惺惺的伤感的迷惑，他们还在继续稳步扩大自己的影响。

终于，在四世纪后期，罗马元老院里的基督徒上诉说，在异教偶像的阴影下面过日子实在有伤感情，请求格拉提安[①]皇帝把胜利女神像搬走。于是，这座矗立在恺撒建立的宫殿里达四百年之久的神像从此远居他乡了。几个元老曾经表示抗议，但是无济于事，反而导致了一些人被流放。

这时，远近闻名的忠诚爱国者叙马库斯[②]挥笔写下了一封流传后世的信函，信中他提出了折中的建议。

“为什么，”他问道，“我们异教徒与基督徒比邻而不能和平相处呢？我们仰面看到同样的星空，并肩走在同一块土地上，住在同一苍天之下。每个人自己寻求选择最终的真理的道路又有什么关系？生存的奥妙玄机莫测，通向真理的道路也不是只有一条。”

他并不是唯一这么想的人，也不是只有他才看到古罗马宗教宽容开放政策传统正在受到严重的威胁。与此同时，随着罗马胜利女神像的搬迁，已经在拜占庭立足的两个敌对基督教派之间爆发了一场激烈的争论。这场争论引发有史以来有关宽容的最富有才智的大讨论。哲学家忒弥修斯[③]是讨论发起人，他对祖先信奉的神灵忠诚不渝，但当瓦伦斯[④]皇帝在正统与非正统的基督徒论战中

① 格拉提安（359—383），西罗马帝国皇帝。基督教会的坚定支持者，他下令将胜利女神像移出元老院并停止对异教派别的资助，开始了使罗马共和国脱离异教的进程。

② 叙马库斯（340—402），公元373年任非洲总督。

③ 忒弥修斯（317—387），哲学家、修辞学家、政治家。终生在君士坦丁堡居住和教学，除了曾短暂在罗马逗留之外。虽是异教徒，但是公元355年得以加入君士坦提乌斯二世领导下的元老院。

④ 瓦伦斯（约公元328年—378年），东罗马帝国皇帝。

偏袒一方时，他也感到必须晓以皇帝真正的职责。

他说：“有一个王国，任何统治者休想在那里施展权威，这就是道德之国，特别是个人的宗教信仰领域。任何强制信仰的行为，都可能导致伪善，即使人们改变了原先的信仰，那也是建立在欺骗基础上的皈依。因此，统治者还是以容忍一切信仰为好，因为只有宽容才能防止公众冲突。况且，宽容乃神圣之道，上帝自己已经明确表明容忍多种宗教的意愿。上帝能够独自辨明人类用以理解神圣玄机的方法，上帝欣赏对他的形形色色的崇拜，喜欢基督徒的一种礼仪，也喜欢希腊人和埃及人的其他礼仪。”

这的确是金玉良言，但根本没人听。

古代世界连同思想和理想已经死了，任何倒转历史时钟的企图都注定失败。生活意味进步，进步意味磨难。社会的旧秩序迅速土崩瓦解。罗马的军队全是外国雇佣军组成的乌合之众，边境发生公开叛乱。英格兰及其他边沿地区则早已落入野蛮人之手。

在最后的灾难爆发的时候，数世纪以来一直从事国家公职的聪明年轻人发现，晋升之路除了一条以外都阻死了，这条路就是教会生涯。西班牙的基督主教可以操纵地方长官的权力，基督教作家只要全心从事神学主题，就能获得广泛读者，基督教外交官只要愿意在君士坦丁堡皇庭里代表罗马教皇，或愿意冒险到高卢或斯堪的那维亚博得野蛮人酋长的友情，就可以步步高升。要是当了基督教财务大臣，还可以掌管那片曾使拉特兰宫的占有者成为意大利最大的地主和财富飞快增长的领地，尤其可以大发横财。

我们在过去五年中已经见过本质相同的事情，直到到1914年，那些野心勃勃、不指望靠手工劳动过活的欧洲青年人仍想挤入政府部门供职，在不同的帝国和皇家陆军、海军中当官。他们把持法庭要位，掌管财政，或在殖民地当几年总督或军事司令官。他们并不奢望富有，但他们的官职带来了巨大的社会威望，只要聪明、勤奋、诚实，就可以赢得美满的生活和受人尊敬的晚年。

然后战争爆发了，旧封建社会的残渣余孽被一扫而空。下层民众掌握了政权。一些正式官员已经年迈，不能再改变一生形成的习惯，便典卖了自己的勋章，悲凉地死去。然而绝大多数人都顺潮流而动。他们从小接受教育，经商的人总是低人一等，上不了台面，也许生意是不足挂齿的，但人们总得选择是进办公室还是进贫民窟。为信念宁愿饿肚皮的人相对是少数，大动乱后没过几年，我们便发现大多数政府官员和军官都并非情愿地跑起生意来，而十年前他们是绝不会问津此事的。此外，由于他们中多数人的家庭世代从事行政工作，指挥别人轻车熟路，于是慢慢地，他们发现自己在新领域里混得如鱼得水，日子过得既富足又美满，大大超乎之前的预想。

今天的生意场，就相当于一千六百多年前的基督教会。

对于具有赫尔里斯神、密特拉神或特洛伊英雄血统的年轻人来说，听从具有奴隶血统的牧师的命令，似乎有点儿困难。但如果这位牧师的训导正是年轻人需要的，甚至是迫切需要的，那就另当别论了。因而，如果双方都是聪明人（也很可能是这样），便会相互虚心求教、取长补短、和睦相处了。这边是另一条奇特的历史法则：表面的变化越大，就越一成不变。

自人类形成之时起，就似乎有一条不可避免的规律，即少数部分聪明的男女统治别人，而多数不那么聪明的男女则被别人统治。两类人在不同时代中分别有不同的名字，一方代表力量和领导，另一方代表软弱和屈从，分别称为帝国、教堂、骑士、君主和民主、奴隶、农奴、无产者。但是，操纵人类发展的神秘法则无论是在莫斯科，还是在伦敦、马德里和华盛顿，都异曲同工，不受时间地点限制。它常常以怪异的或伪装的形式出现，披上拙劣的外衣，高喊对人类的爱、对上帝的忠实和给绝大多数人带来最大好处的谦卑愿望。但是在美丽的外壳下面却一直藏有并继续藏有原始法则的严酷真理：人的第一职责是生存。一些人对于人类是脱胎于哺乳动物这样的事实感到很恼火，也对这种论断很反感。他们把持有这种观点的人称作是“唯物主义者”或者“犬儒主义者”[①]，如此之类。他们一直把历史当作娓娓动听的神话故事，因此一旦发现历史也是一门科学，同样需要遵循那些操纵其他事物的无可动摇的规律时，他们就惊得目瞪口呆。没准他们也许还会反对平行线公理和乘法口诀表吧。

我奉劝他们还是遵从客观规律、接受客观事实为好。

这样，也只有这样，历史才能对人类有实用价值，而不再是某些人的帮凶和同盟了，帮助他们专门从种族歧视、部落专制以及从大多数人的愚昧无知中获益。

谁要是对此怀有疑心，便请在我几页前所写的这几个世纪的历史中寻找佐证吧。

请他研究一下公元一至四世纪之间那些基督教领袖的生平吧。

他会几乎无一例外地发现，这些宗教领袖都来自于原本属于异教徒的社会阶层，在学校里受到希腊哲学的教育，只是到后来不得不选择一个职业时才转到基督教会。当然其中有几个人是受了新思想的吸引，虔诚地接受基督的教诲，但大部分人从效忠凡世主人转变到效忠基督教的上帝，是因为晋升的机会多一些。

教会一方也通情达理，善解人意，因而并不过分细究许多新信徒是出于什么样的动机突然改奉基督教的，还认真地对所有人做到仁至义尽。有些人向往实利凡俗的生活，教会便提供机会使他们在政界和经济界大显身手。情趣不同的人对信仰情深义重，教会便提供机会让他们离开拥挤不堪的城市，在安宁中深思冥想现世的邪恶，这样他们便可以获得一定程度上的个人神圣感，而这对

① 把愤世嫉俗、行为乖张的人格行为称作“犬儒”源于古希腊。把“犬儒”奉为信仰并坚持一定的主张，持有一定的理想，实践一种生活方式则成了一种“主义”。犬儒学派是古希腊一个哲学学派，由苏格拉底的学生安提西尼创立。

实现他们灵魂永恒幸福来说是不可或缺的。

想要过这样一种思考与奉献的生活，一开始并不难。

教会在建立后的最初几个世纪里，只是一个松散的精神纽带，它将与权力和财富不沾边的劳苦大众凝聚起来。但是当教会继帝国之后成为世界的主宰、成为拥有大片土地的强大政治组织之后，隐居生活的可能性便减少了，许多善男信女开始向往“美好的往事”，那时所有真正的基督徒都可以致力于做善事和祷告。为了追寻幸福，他们便想用人为的方法创造一些条件，再现过去在自然发展中形成的局面。

他们发起的追求隐居生活方式的运动给后来一千多年的政治、经济生活带来了巨大的影响，同时，也为基督教会招纳了一大批忠实的突击部队，他们在教会与东方异教徒和异端分子的斗争中起到了重要作用。

我们对此不必惊诧。

濒临地中海东岸的国家的文明已经很古老了，那里的人们对朝代更替已经精疲力竭了。仅在埃及，自从第一个来到尼罗河谷的人开始，已有十种不同的文明在这里周而复始地兴盛与衰亡。在富饶的底格里斯河和幼发拉底河之间的平原也是这样。生活的虚无缥缈和人类努力的徒劳无益，都反映在路旁成千上万个庙宇和宫殿的废墟里，比比皆是。欧洲这个年轻的民族，精力旺盛、满腔热忱，欣然接受了基督教，将它当作对生命的迫切希望。但是，埃及人和叙利亚人对自己的宗教生活却有迥然不同的看法。

宗教对他们来说意味着解脱与希望，可以逃离生命的苦海。他们期待死亡瞬间的愉悦，这样他们便可以躲进记忆的集中营，奔向大漠，那里只有他们的忧愁、他们的上帝，无须再看现实的人生一眼。

有趣的是，改革似乎总能对军人有特殊号召力。他们比任何人都更为直接地了解到人类文明的残忍和恐怖。而且，他们还懂得，没有纪律就一事无成。为教会而战的最伟大的勇士是查理五世军队中的一个上尉。他是把精神落伍者组成简单团体的第一个人，曾在君士坦丁皇帝的军队中当过列兵，名叫帕科缪[①]，埃及人。他服完兵役后，便加入到一群隐士当中，为首的是同样来自埃及的，名叫安东尼[②]的人。他们远离城市的喧嚣，来到荒野，与豺狗为伴，过上了平静安宁的生活。但是，孤独的生活似乎给人带来了诸多思想上的折磨，造成某些过分虔诚的表现，如爬到古老的石柱顶上或荒芜的坟墓里面度日（这给异教徒以笑料，使真正信仰者悲伤），于是帕肖米厄斯决定将他们的生活变得务实一点，这样，他建立了第一个宗教制度。从那时起（四世纪中叶的某一天），住在一起的隐士们要听命于一个总指挥，即“修道会总长”，由他来任命院长，负责各个修道院，这些修道院就是上帝在人间的各处要塞。

帕克缪死于346年。在他死去之前，他的修道院思想被亚历山大时代的阿塔纳修斯[③]主教从埃及带到了罗马。数以千计的人开始借此机会逃离现实世界，逃避世间的邪恶，当然，也有人用以逃避穷追不舍的债主。

但是在欧洲，那里的气候和欧洲人的习性使帕肖米厄斯的初衷发生略微变化。不像在尼罗河谷地，欧洲的气候阴冷潮湿，饥寒交迫的滋味儿可不容易忍受。况且西方人的思想比较实际，神圣的东方理想表现出的既肮脏又邋遢，不但不会给他们以启迪，反而使他们觉得恶心。

意大利人和法国人扪心自问，“早期教会呕心沥血做的善事有什么结果呢？一群住在人迹罕至的潮湿阴暗的山洞里苦心修行，弄得憔悴不堪的热血教徒，真的能帮助寡妇，孤儿和病人吗？”

---

① 帕克缪，埃及人。公元四世纪上半叶，帕克缪首创集体隐修，在塔本西尼建起第一座修道院，把隐修士组成团体。

② 安东尼，埃及人。公元三世纪末，安东尼抛弃家庭前往荒野单独隐修数十年。苦行斋戒，冥思修炼，被称为隐修主义之父。

③ 阿塔纳修斯，基督教神学家，主教，生于埃及的亚历山大。

于是，西方人坚持换一种更合适的方式修行，这次改革，要归功于一位住在亚平宁山脉纳西亚镇的人。他叫努西亚的圣本笃[①]，总是被人们称作圣人努西亚的圣本笃。他的父母送他到罗马求学，但这座城市使他的基督心灵充满了恐怖。他逃到阿布鲁齐山的苏比亚克村，躲进了尼禄时代的一座古老的乡间行宫里。

他与世隔绝地隐居了三年，美德的盛名便在乡间传开了。愿意与他接近的人很快能名满天下，于是隐居者蜂拥而至，多得足以组建十几座修道院。

于是，努西亚的圣本笃便告别了他地牢般的行宫，开始制定欧洲的修道院制度。他首先立法，字里行间流露出他的罗马血统的痕迹。发誓遵守他制定的院规的僧人可别指望能游手好闲，除去做祝福和默祷之外，他们还要在田野里躬耕。年纪太大不能干农活的，要教育年轻僧人如何当一个好基督徒和有用的公民。他们恪尽职守，使努西亚的圣本笃修道院的教育在一千年中独树一帜，在中世纪大部分时间里，他们也承担着训练具有杰出才能的年轻人的重任。

作为报酬，僧人们得到了体面的衣服，丰富美味的食品和舒适的床铺，每天不干活不祷告的时候还能睡上两三个小时。

但是从历史的角度看，最重要的是，僧人不可只是逃离现实世界和义务去为来世灵魂做准备的凡夫俗子，而是上帝的仆人。他们必须在漫长痛苦的试用期内使自己配得上新的尊称，继而在传播上帝的美德和力量的时候发挥直接和积极的作用。

在欧洲不信教的人群中的初步传教工作已经完成了。不过，为了不使教徒的成果化为乌有，必须得到当地百姓和政府一致而长久的支持。于是，僧人们

---

① 努西亚的圣本笃（约公元480年—约公元547年），蒙德卡西诺修道院的创始人，被誉为西方修道院制度之父。

扛着铁锹，拿着斧头，带上经书，来到德国、斯堪的那维亚、俄国和冰岛的荒郊野地里。他们春播秋收，自力更生，布道传教，授业解惑，第一次给遥远的蛮荒之地带来了人们之前还仅仅只是耳闻的文明之光。

这样，基督教会的最高领袖——教皇充分利用了各种人的精神力量。

在教会里，头脑实际的人有机会让自己出人头地，同样，梦想家也有机会在静谧的丛林里寻觅快乐。人尽其才，物尽其用，没有白白浪费的。最后，教会的权利和影响力与日俱增，以至于任何一个皇帝或国王都不敢无视臣民中自称是基督教徒的那些人的意愿而随心所欲地统治国家了。

基督教取得最后胜利的方法也是很有意思的，因为它表明基督教的胜利是有确实原因的，绝不是（如一般人所认为的）心血来潮迸发出来的宗教狂热的结果。

对基督徒的最后一次大迫害发生在戴奥里先[①]皇帝统治时期。

有趣的是，在被禁卫军拥立登基统治欧洲的皇帝中，戴奥里先并不是最差的一个，但他却有个统治者经常犯的毛病——对最基本的经济学常识一窍不通。

他很快发现自己掌控的帝国就要分崩离析四分五裂了。他一生戎马倥偬，他认为，致命的弱点就在罗马的军事体制内部，这个体制把边沿地区的防卫任务交给占领地的士兵，而这些士兵早已经丧失斗志，变成了悠闲自得的乡下佬，卖白菜和胡萝卜给那些按说应该远远拒之于国门之外的野蛮人。

戴奥里先无法改变风雨飘摇的体制，为解救燃眉之急，他建立起一支新型野战军，由年轻机敏的战士组成，一有入侵便能在数周内开赴帝国的任何角落。

---

① 戴奥里先（245—313），罗马皇帝，公元284年—公元305年在位，由禁卫军部属拥戴登基，开创四帝分治局面。公元303年起颁布四项命令，大肆迫害基督徒。

这个主意倒是不错。不过，就像所有带军事色彩的好主意一样，需要的花销十分庞大，而这些钱，又不得不以税收的形式落到国民头上。不出所料，百姓们群情激愤，高呼再缴钱就家徒四壁了。皇帝答复说百姓们误解了，并把只有刽子手才有的生杀大权交给了收税官，但是一切都无济于事，因为各行各业的臣民兢兢业业苦干一年，到头来反而亏损，于是大批农民纷纷抛家弃业，拥进城内沦为流浪汉。可是皇帝陛下却一不做二不休，又颁布了一项用以解决困难的法令，这表明古罗马共和国堕入东方专制主义已达到无以复加的地步。他大笔一挥，使所有政府机关和手工业、商业都成为世袭的职业，也就是说，官员的儿子注定要做官，不管愿意不愿意，面包匠的儿子即使有从事音乐或典当业的天才也要继承父业，水手的儿子即便在台伯河划船都晕船也得在船板上漂流一生。苦力虽然在理论上是自由的，但必须在出生地生老病死，不得越境一步，与奴隶无异。

戴奥里先对自己的统治才能无比自信，想一想，他能够或者愿意容忍一小撮按照自己的意愿，只接受他一部分律令的人吗？这是不可能的。但是我们在评价戴奥里先对基督徒的粗暴时必须记住，他已经进退维谷，身不由己，他的措施让数百万人受益，但这些人却拒绝履行自己分内的责任和义务，这让戴奥里先有充分的理由怀疑他们的忠诚。

早期基督徒并没有留下什么文字记载，他们认为世界末日随时可能到来。因此，为什么要白费时间和金钱在文字工作上，不到十年的时间火球就会从天而降，到时什么都不会留下。然而新的天国一直没有到来，而耶稣的生平（经过一百年的耐心等待后）开始被人添油加醋地传来传去，到最后，连真正的信徒也难辨真伪了，于是，人们感到有必要搞一本权威性的书，把耶稣的几个短传和圣徒信件的原稿综合成一卷。这就是《新约》。

书中有一个章节叫《天启录》，它包括关于建立在“七山”之中的城市的引证和预言。人们自从罗慕路斯时代就知道罗马建立在七山之中。这个奇特章节的匿名作者的确小心翼翼地把那个城市称为他深为憎恶的巴比伦，但还是没有逃脱帝国官员的理解力。书中把那座城市说成是“妓女的母亲”和“地球的污点”，饱浸着圣人和牺牲者的鲜血，是所有魔鬼和邪恶生灵的栖身之所，是一切肮脏可憎的鸟类的卵巢，还有许多诸如此类的不敬之词。

这些言论可以被解释为出自一个可怜狂热者的胡言乱语，这位狂热者想起了五十年来被害的许多朋友，被怜悯和怒火蒙住了眼睛。然而宣读这些言论是教堂庄严礼拜仪式的一部分，要周复一周地在基督徒聚会的地方传诵，旁观者自然会认为，它表达了基督徒对台伯河畔强大城市的真实感情。我并不是说基督徒没有理由产生旁观者所说的感情，但我们也不能因为戴奥里先没有和基督徒感同身受而责备他。

然而事情到这里还没有结束。

罗马人对一个闻所未闻的概念日趋熟悉起来，这就是“异教徒”。起先“异教徒”的名字只是用于那些愿意相信某些教旨的人，或称一个“教派”。但渐渐地它的意思缩小到那些不信仰由教会权威制定的“正确”“合理”“真实”“正统”的教旨的人，用圣徒的话说即为“异端、谬误、虚假和永恒错误”的人。

从名义上来讲，那些仍然坚持古罗马信仰的少数人是不会被认定为异端分子的，因为他们游离在基督教教会之外，而且严格来讲也无须解释自己的观点。尽管如此，《新约》中有些描述的确有损帝国尊严，让这位骄傲的君主大为震怒。如“异端邪说是可怕的邪恶，犹如通奸、猥亵、淫荡、偶像崇拜、巫术、怒火、争斗、凶杀、叛乱、酗酒”，还有一些，出于礼貌，这里就不再重复了。

所有这些导致了摩擦和误解，继而产生迫害。罗马监狱里又一次挤满了基督囚徒，刽子手大大增加了基督牺牲者的数目，血流成河，却一无所获。最后戴奥里先黔驴技穷，放弃了统治地位，回到达尔马提亚海岸做罗纳的家乡，在自家后院种起了大白菜，以此消磨时光，乐此不疲。

他的继承者没有继续镇压政策。相反，他看到用武力剪除基督教已经无望，便大力从事一笔不光彩的交易，想通过收买来赢得敌人的好感。

这事发生在公元313年，君士坦丁大帝[①]第一次以官方名义承认了基督教会。

如果有朝一日我们有一个“国际历史修订委员会”，所有皇帝、国王、总统、教皇、市长，凡享有“大”字称号的，都得证明自己如何胜任这个称号。在这些选手中，有一位候选人需要我们特别注意，他就是之前提到的君士坦丁大帝。

这个狂野的塞尔维亚人在欧洲各个战场上挥舞长矛，从英格兰的沃克打到博斯普鲁斯海峡的拜占庭。他杀死了自己的妻子、姐夫和侄子（年仅七岁的小孩），还屠杀了一些地位卑微的亲戚。然而尽管如此，当他的军队遇到劲敌莫克赞蒂厄斯时，惊恐万分之际向基督教求援，竟然获得了“摩西第二”的美名，后来还在亚美尼亚和俄国教会被推崇为圣人。他表面上接受了基督教，但他从生到死都是个野蛮人，甚至在临死前还掏出蒸熟了的祭羊的内脏来占卜未来。然而人们却忘记了这些，因为他颁布了著名的《宽容敕令》，保证了他心爱的基督教臣民们“自由表达意见”和“自由集会，不受干扰”的权利。

我在前面已经反复说过，公元四世纪上半叶的基督教领导人都是些实用政治家，他们终于使皇帝签署了这个值得纪念的法令，使基督教从小教派的行列中一跃成为国教。不过，他们知道成功是怎样取得的，君士坦丁的继任者们当然对此也一清二楚，就算他们用华丽辞藻极力掩盖，但仍然掩盖不了这项交易

① 君士坦丁（约公元274年—公元337年），君士坦丁大帝，罗马帝国皇帝（公元306年—公元337年在位）。公元312年在罗马北郊大败马克森提乌斯，统一西罗马帝国。

最初的本质。

“交给我吧，强大的统治者”，内斯特主教对狄奥多西皇帝说道，“把教会的全部敌人都交给我吧，我将给你天堂。与我站在一起，把不赞成我们教义的人打倒；我们也将与你在一起，打倒你们的敌人。”

两千多年来，历史上类似的交易屡见不鲜。

但像基督教这样厚颜无耻夺权的交易还是极其罕见的。

第五章　囚禁

就在古代世界的帷幕即将落幕之前，有一个人物出现在历史舞台上，他本该有更好的命运，但却过早去世，并且背上了一个没人喜欢的“变节者”的称号。

我指的是朱利安皇帝，君士坦丁大帝的侄子，公元331年出生于罗马帝国的新首都拜占庭。公元337年，他的名声显赫的叔叔死了。于是君士坦丁的三个儿子立刻像饿狼一般扑向其遗产，并打成一团。

为了除掉任何可能争夺遗产的人，他们命令杀死住在城里和附近的所有皇亲。朱利安的父亲就惨遭毒手。他的母亲生下他后没过几年便去世了，六岁的孩子成了孤儿。他有一个体弱多病的同父异母的哥哥，俩人相依为命，一起成长，一起念书，学的内容大部分都是宣扬基督信仰的好处，讲课的是一个叫尤西比乌斯①的年长的主教，为人谦和，讲课的水平却差强人意。

孩子们在逐渐长大，大家觉得把他们送到一个更加偏远的地方去，不失

---

①　尤西比乌斯（263—339），罗马主教。因为在他的著作《编年史》和《教会史》中生动地记载了早起基督教的历史，从而被誉为基督教历史之父。

为一个明智的做法。在偏远的地方，他们不会那么引人注意，这样或许有可能避免重蹈拜占庭小王子们的厄运。两个孩子被送到小亚细亚中部的一个小村庄里，在那里，生活虽然枯燥乏味，却使朱利安有机会学到不少有用的东西，因为他的邻居都是凯帕多西亚的山里人，很朴实，仍在信仰祖先传下来的天神。

孩子在那里似乎根本没有身居要职、掌握权力的可能了。他要求能够专心致志做学术研究，结果得到了许可。

他首先来到尼科米底亚，只有在那里和其他几个屈指可数的地方还在继续教授古希腊哲学。很快他的脑子里装满了文学和科学的知识，以至于将从尤西比乌斯那儿学来的东西全都忘得一干二净。

接着他获准去雅典，得以在此继续学业，这里是苏格拉底、柏拉图和亚里士多德待过的圣地。

与此同时，他同父异母的哥哥也被暗杀了。他的堂兄君士坦提厄斯，即君士坦丁唯一活着的儿子，突然想起来他还有一个学哲学的堂弟，只有他俩那时才是皇族中仅存的活着的男性。于是，便派人把他接回来，对他很友善，还把自己的妹妹海伦娜嫁给他，然后命令他去高卢抵御野蛮人。

看来朱利安从希腊老师那儿学到的不仅仅是争辩的才能，还学到了更多实用的东西。公元357年，当阿拉曼尼人威胁法兰西的时候，朱利安在斯特拉斯堡[①]附近打垮了敌人的军队，还巧用计谋，把默兹河和莱茵河之间的国家全部纳入了自己的版图。他搬到巴黎居住，把图书室里装满了自己喜爱的作家的书。平时不苟言笑的朱利安，这次也不禁喜形于色了。

当胜利的消息传到皇帝耳朵里时，却没有点燃庆祝的火焰。相反，他们制定了周密计划，要除掉这个对手，因为他的成功有些过头，功高盖主了。

---

① 斯特拉斯堡，法国东北部阿尔萨斯省首府，纤维法国第九大城市，靠近德国边境。

可是朱利安在士兵中享有崇高威望，深受他们的拥戴。他们一听到统帅要被召回（一种客气的邀请，回去就要斩首），便立刻闯入朱利安的宫殿，宣布他为皇帝。与此同时还四处宣扬说，如果朱利安拒不接受加冕的话，就会杀死他。

朱利安是明智的，他慷慨接受了这种拥戴。

那时候，通往罗马的道路仍然畅通。朱利安以迅雷不及掩耳之势，抢先把部队从法国中部开到博斯普鲁斯海岸。但是在他到达首都之前，消息传来，他的堂兄君士坦提厄斯已经死了。

就这样，一个异教徒重新成了西方世界的统治者。

当然了，朱利安要做的是一件不可能实现的事情。不过说来也十分奇怪，这样一个聪明富于智慧的人，竟会认为那些消失的东西可以借助某种力量再度复活。只要重建一个雅典卫城，让荒芜的学院树林里重新住上人，教授们穿起古代的宽外袍，彼此之间用已经从这个世界上消失了500年的语言讲话，就可以重回伯里克利时代，再现过去的一切。

然而这正是朱利安力图要做到的。

在他执政的短短两年里，他全部的努力就是致力于恢复重建那些古老科学，而在当时大多数人对此都已不屑一顾。他竭尽全力，希望重新点燃人们研究的热情。但是这个世界却被目不识丁的僧侣把持，那些僧侣认为一切值得了解的东西都包括在一本书里，独立的研究和调查只能导致丧失信仰，引地狱之火来烧身；朱利安还试图让人们重新感受到生活的快乐，恢复人们的活力和热情。

面对来自四面八方反对的声音，朱利安陷入了四面楚歌的境地，比他更坚韧的人也会被搞得日夜不安、悲观绝望。至于朱利安本人，巨大的压力已经将他碾成了碎片。有一段时间还乞灵于祖先的真灼经验。安提阿的基督教徒们向他身上投掷石块和泥巴，可是他不肯惩罚他们。愚蠢的僧侣曾想激怒他，重演迫害的悲剧，而皇帝却一再告诫手下的官员，“不要造成任何的牺牲。”

公元363年，波斯人射出了一支仁慈的箭，结束了这个奇怪的生命。

对于这位最后、也是最伟大的异教徒统治者来说，这种结局倒是再好不过了。

如果他活得再久一些，他的忍耐力以及对愚昧的憎恶反而会使他可能变为当时最专制的人。他在医院的病床上能坦然回忆起，在他的统治下没有一个人因为与他见解不同而被处死。可是，他的基督臣民以永恒的仇恨回报了他的仁慈。他们大肆炫耀说是皇帝自己的士兵（一个基督徒军团的士兵）射死了他，还精心炮制出颂词对这位士兵大加歌颂。他们还详尽描述了这位皇帝在驾崩前是怎样忏悔自己做法的错误和承认基督的权力。为了诋毁这位一生俭朴苦行、全心全意为自己臣民谋取幸福的正人君子的名声，他们搜肠刮肚，把四世纪盛行的贬义形容词都派上了用场。

朱利安的遗体被埋葬后，基督教的主教们终于可以自诩为帝国名副其实的统治者了。他们立即开始扫荡欧洲、亚洲和非洲的每个角落，摧毁一切反对势力。

公元364年至378年，在瓦伦提尼安一世[①]和瓦伦斯两兄弟当政期间，通过了一项法令，禁止所有罗马人为旧的天神祭祀牲畜。这等于剥夺了异教教士的收入，他们必须另谋生路。

不过这些规定和西奥多西斯[②]皇帝颁布的法律相比较还算是轻的。西奥多

① 瓦伦提尼安一世（321—375），西罗马帝国皇帝，与其弟瓦伦斯共同统治罗马帝国。

② 西奥多西斯（347—395），罗马帝国皇帝。公元380年入基督教，公元392年定基督教为国教。严禁异教信仰，关闭异教神庙。

西斯皇帝颁布的法律不只是让所有臣民都接受基督教义，而且还必须按照“天主教”教会的仪式来进行祭祀；天主教垄断了人们的精神世界，而皇帝自己俨然成为天主教的庇护者。

法律颁布以后，所有固守“错误理念”的人，所有坚持“愚蠢的异端邪说”的人，所有继续忠实于“可耻教义”的人，都将为自己的固执与不服从而付出代价，自食拒不执行法律的恶果，要么被流放，要么被处以极刑。

从那以后，旧的世界走向最后灭亡的步子更快了。在意大利、高卢、西班牙和英格兰，异教徒的庙宇几乎一座也没有留存下来，不是被改造成为基督徒的会堂，就是被需要石头的建筑商拆去建造桥梁、街道、城墙和水塔。共和国建立一来，积累起来的成千上万座金制和银制的神像，或者被没收，或者被偷盗；最后残存的，也被打得粉碎。

亚历山大城的塞拉皮雍神庙[①]，六百多年以来一直是希腊人、罗马人和埃及人最尊崇的一座神庙，也不能幸免地被夷为平地。从亚历山大大帝之时起就闻名于世的一所大学，仍然留在故地，继续教授和解释古代哲学，地中海周围各个地方的学生纷纷前来求学。亚历山大主教下谕不让这所大学关闭，但是教区的僧侣自行其是。他们公然闯入教室，用私刑处死了最后一位柏拉图学派的教师希帕蒂娅[②]，并将她残缺的尸体扔到大街上喂狗。

罗马的情况更糟。

丘比特的神庙被关闭。古罗马宗教的经典《西比尔书》被付之一炬。罗马城变成了一片废墟。

在高卢，著名的图尔斯主教当权时，宣称旧的神祇都是基督教义中魔鬼的

① 塞拉皮雍神庙，亚历山大城的一座神庙，供奉埃及神塞拉皮斯。

② 希帕蒂娅，柏拉图的追随者，被视为第一位女数学家。

前身，于是所有旧的神祇的庙宇都从地球上消失了。

在边远的乡间，要是农民们起来保卫自己钟爱的天神，使其不致被破坏，那么就会出动军队，用斧头和绞架平息“撒旦的叛乱”。

在希腊，破坏活动的进展要缓慢一些。但是公元394年，奥林匹克运动会被禁止了。一旦希腊民众生活的中心一结束（不间断地进行了一千一百七十年），那么其他的事情就比较容易解决了。哲学家被一个一个逐出国境。最后查士丁尼皇帝一道命令，雅典大学也关闭了，维持大学运转的资金全部充公。最后硕果仅存的七位教授丧失了谋生之路，于是他们逃亡到了波斯。波斯国王科斯洛伊斯[①]友善地接纳了他们，让他们平静地度过余生，还让他们玩一种神奇新颖的印度游戏——棋。

到了公元五世纪上半叶，首席大主教克里索斯托穆斯[②]便确凿无疑地宣布，所有旧的哲学家和作者的书已经从地球上消失殆尽。西塞罗、苏格拉底、维吉尔[③]和荷马[④]都被遗忘在阁楼和地窖中，更不要说那些被所有基督徒憎恨的数学家、天文学家和物理学家。六百年后它们才得以重见天日，在这以前，人们只能听凭神学家的摆布，依靠那一点点在神学家高兴时所恩赐的文学艺术食量生活。

这可真是一种古怪的节食方式，但营养并不均衡。(按医学行话讲)

基督教会虽然战胜了异教徒，却没能完全摆脱困扰。那些大声吵嚷着要为自己的古老神灵进香的高卢和卢西塔尼亚贫苦农民，还是比较容易被制服的，

① 科斯洛伊斯，公元531年至579年为波斯国王。

② 克里索斯托穆斯，公元398年被任命为君士坦丁堡大主教。

③ 维吉尔（公元前70年—公元前19年），古罗马著名诗人。

④ 荷马，相传为古希腊史诗《伊利亚特》《奥德赛》的作者。

因为他们是异教徒，而法律是站在基督徒这边的。但要命的是，奥斯特罗戈斯人、阿拉曼人和朗戈巴德人为亚历山大教士阿里乌斯[1]描绘的基督真实面目的观点是否正确，而住在同一城市里阿里乌斯的死对头阿特纳修斯是否错误（或正好相反），等等问题，争执得面红耳赤；朗戈巴德人和法兰克人却在是否坚持基督与上帝“并非同类，只是相像而已”的问题上争执不休；范达尔人和萨克逊人为证明尼斯特尔所说的圣母玛丽亚只是“基督的母亲”而不是“上帝的母亲”的正确性上打得不可开交；布尔戈尼人和弗利西人为承认或否认耶稣具有二重性，即半人半神而剑拔弩张。所有这些接受了基督教义的野蛮人，虽然四肢发达、头脑简单，除了观点有误以外，他们仍然是教会的坚定不移的盟友和支持者，不能按照一般戒律革出教门，也不能用地狱炼火对其进行恫吓；必须用婉言说服他们，给出明确的教旨，让他们明白什么是正确的什么是错误的，将他们引回到具有仁爱和献身精神的信徒队伍中来。

正是这种对所有与宗教信仰有关的事物集于一统的渴求，最终促成了那次著名的集会，也就是众所周知的“大公会议”，或“普世会议”。自从公元四世纪中叶以来，这种会议就不定时地召开，来决定哪些教义是正确的，哪些教义带有异端邪说的痕迹，因而应该被指为是错误的，是谬论，是异端邪说。

第一次普世会议于325年召开，地点在特洛伊附近的尼西亚镇。五十六年之后，第二次会议在君士坦丁堡举行。第三次于公元431年在以弗所召开。后来，会议连续在查尔斯顿开了几次，在君士坦丁堡又召开了两次，在尼西亚又召开了一次，最后一次，于公元869年在君士坦丁堡召开。

从此之后，会议便在罗马或教皇指定的欧洲任何一个城市召集，因为自公元四世纪以来，人们已经普遍认为，虽然皇帝有召集会议的权利（这一特权也

① 阿里乌斯（250—336），阿里乌斯派创始人，神学家，反对三位一体教义。

迫使他为忠诚的主教出路费)，但是罗马主教提出的建议却必须予以高度重视。我们无从得知是谁主导了第一次尼西亚会议，不过可以肯定的是，以后的会议都是由教皇主持的，这些神圣会议做出的决定，若不经过教皇本人或他的代表批准，是没有任何效力的。

现在我们告别君士坦丁堡，到西部那些更舒适更宜人的地区走一走看一看。

宽容与专制之间的斗争一直就没有停止过，一方把宽容捧为人类的最高美德，另一方却诋毁它是道德观念衰弱的产物。对于纯理论层面的争论，我不想过多地关注和谈论。不过，我们必须承认，当基督教的支持者试图为残酷镇压异教徒的行径辩解时，讲得可是头头是道。

他们说："教会和任何其他组织一样，好比一个村庄、一个部落和一座城堡，必须有一名总指挥，必须制定一套明确的法规和细则，所有成员都必须遵守。所有宣誓效忠基督教的人就等同于暗自发誓效忠教皇并遵守教规。如果他们不能做到这些，那么就要受到相应的惩处，并驱逐出教会。"

迄今为止，所有这些都是正确的、合理的。

今天，如果一位牧师发现他不再信仰浸礼会教派的教义，可以转而信仰卫理公会；如果因为某种原因，对卫理公会的教旨也失去信仰，还可以转到唯一神教派、天主教派或犹太教，也可以改信印度教或土耳其的伊斯兰教。世界广阔，宗教信仰的大门是敞开的，除了饥肠辘辘的家人外，别人绝对不会对他的选择说三道四。

可是，这是一个蒸汽船、火车大行其道的年代，充满了各种各样无穷无尽的经济机缘。

公元五世纪时的世界可就不这么简单了。那时罗马主教的影响力无所不在，很难从世界上找出一个角落不受他的影响。当然，人们可以像许多异教徒一样选择前往波斯或者印度，但是路途非常遥远，生还的几率很小，这同时还意味着永远地自我流放，长期背井离乡，妻离子散，天各一方。

最终，既然人们真诚地感受到自己对基督的理解是正确的，说服教会修改一下教旨只是时间问题，那为什么还要放弃自由信仰的权利呢？

这正是整个问题的关键之所在。

早期基督徒，不管是虔诚的教徒还是持异端邪说的，都认为思想的价值理念只是相对的，而不是绝对的。

博学的神学家极力想说明无法解释的事情，把上帝的本质归纳成公式，这就像一群数学家们为x绝对值的争论把对方送上绞架一样荒唐可笑。

但是，自以为是和专制的风气弥漫了整个世界。以至于直到不久前，如果有人说“人们无法辨别孰对孰错”，并在此观点的基础上倡导宽容的话，还会有生命危险。他们只得把忠告小心翼翼地隐含在拉丁文的书本里，而能够理解他们真正含义的聪明读者却寥寥无几。

第六章　生活之纯

接下来讲一个小小的数学问题，这在一本讲述历史的书里出现，算不得离题。

把一根绳子绕成圈，如图：

图一

圆圈中各条直径当然是相等的。

AB=*CD*=*EF*=*GH*，以此类推。

但是，轻拉绳子两边，圆圈就变成了椭圆形，完美的平衡被破坏，各条直径乱七八糟。*AB*和*EF*等几条线段大大缩短了，其他线，尤其是*CD*，却增长了。

图二

现在把数学问题用到历史中。为了便于阐述，我们先假定：

*AB*代表政治；*CD*代表商业；*EF*代表艺术；G*H*代表军事。

图一是完美的平衡，所有线段都长短一致，对政治的关注与对商业、艺术和军事的关注基本相等。

但是图二（它不再是圆圈了）中，商业受到特别优待，代价是政治和艺术几乎完全销声匿迹，而军事却略长了一些。

或者使*GH*（军事）成为最长的线段，而其他的都趋于消亡。

图三

这就是解决许多历史问题的秘密钥匙。

试一下希腊这把锁。

希腊人在短时间内还能够保持各行各业的完美圆圈。但是，不同政党之间的愚蠢争吵很快愈演愈烈，无休无止的内战耗尽了国家的精力。士兵们不再被用来抵御外来侵略，保卫国家。他们受命向国人开火，因为这些人投了另一个候选人的票，或者想稍微变通一下征税法。

商业是这类圆圈中最重要的直线，它第一次感到步履维艰，最后完全走投无路，便逃向世界的其他地方了，因为生意在那里还比较稳定。

贫穷从正门大摇大摆地进城，艺术便从后门偷偷地溜走，从此不再露面。资本乘坐一百海里内最快的航船逃之夭夭。随着智力活动成为昂贵的奢侈品，好学校也维持不住了。最优秀的教师也赶忙奔往罗马和亚历山大。

剩下的都是那些二流市民，日复一日地过着守旧的生活。

这都是因为政治的线段超出了比例，平衡的圆圈遭到破坏，其他线段，艺术、科学、哲学等，都化为乌有。

如果把圆圈的问题应用于罗马，你就会发现，那条叫“政治权力”的特殊线段不停地增长，最后把所有别的都挤掉了，筑成共和国荣耀的圆圈消失了。剩下的只是一条细细的直线，这就是从成功到失败的最短距离。

再举一例。如果你把中世纪教会的历史纳入这个数学中，就会发现下面的情况。

最早的基督徒曾经极力保持一种完美的行为圆圈。也许他们忽略了科学的直径，不过既然他们对这个世界的生活不感兴趣，也就不必要求他们多么关心医药、物理或天文。他们只想为最后审判日做好准备，这个世界在他们眼里仅仅是通往天堂的前厅，有用的学科对于他们当然没有什么吸引力了。

不过，基督的其他虔诚的追随者想方设法（尽管很不完备）要过好日子，他们勤奋刻苦，慈善宽厚，大仁大义，诚实正直。

然而，众多的小社团一旦结为一个大组织，新的世界性责任和义务便无情地破坏了原来精神圆圈的完美。他们的信仰以前是建立在贫穷和无私的原则基础上的，半饥半饱的木匠和采石工人觉得遵守这样的信条还很容易。可是罗马皇位继承人、西方世界的大祭司和整个欧洲大陆最富有的财主却不能像波美拉尼亚或西班牙省镇的小执事那样过节衣缩食的生活。

用这一章的圆圈术语来讲，代表“世俗”和“对外政策”的直径伸展得太长，代表“谦卑”、“贫穷”、“无私”和其他基督教基本美德的直线已经短得微乎其微了。

我们这一代人谈论到中世纪的愚昧时总带着一种同情感，知道他们生活在一团漆黑之中。的确，他们在教堂里点蜡烛，在摇曳不定的烛光上床休息，没有几本书，连许多在如今小学和较高级精神病院里教授的东西都茫然无知。不过，知识和智力是全然不同的两回事，这些优秀的自由民很聪明，建立了我们现在仍然采用的政治结构和社会结构。

他们在很长的时间里面对许许多多对教会的恶毒诋毁似乎束手无策，我们对他们的评价还是留点情吧。他们至少对自己的信念还是充满信心的，与他们认为错误的东西还能拼斗到底，把个人舒适和幸福置之度外，还常常为此命丧断头台。

除此之外的事情我们就不得而知了。

确实，在公元后的一千年中，很少有人再为自己的信仰而牺牲。不过这不是因为教会对异端的反感不如以前强烈了，而是因为它有更重要的事情要做，无法顾及没什么危害性的持异议者。

首先，在欧洲许多地方，奥丁神（北欧神话中的主神，掌管战争、死亡、文化和艺术）和其他异教神仍然是最高的统治。

其次，发生了一件很不妙的事，几乎使整个欧洲陷于崩溃。

这件“不妙的事”就是，突然出现了一个新先知，叫穆罕默德[①]；一群人追随一个叫“真主”的新上帝，他们征服了西亚和北非。

我们孩提时读到的文学充满了“异教狗”和土耳其人残酷恶行的故事，这使我们留下印象，觉得耶稣和穆罕默德各自代表的思想是水火不相容的。

其实，他们俩是同一种族，说同一语系的方言，都把亚伯拉罕[②]奉为始祖，祖籍都可以追溯到一千年前的波斯湾。

两位大师的追随者是近亲，却彼此又怒目而视，虎视眈眈，他们之间的战争已经打了十二个世纪，到现在还没有平息。

现在再做“假如”的猜想是白费力气，但的确曾有一回，罗马的头号敌人麦加差一点接受了基督信仰。

阿拉伯人像所有沙漠居民一样，把大量时间用来放牧，因此他们有大量的时间花在沉思上。城里人可以在终年不断的乡镇市场上寻欢作乐，而牧民、渔民和农夫却只能过着隐士般的生活，渴望一种比热闹和刺激更实际的东西。

阿拉伯人期待拯救，他们还尝试过好几种宗教，不过他们明显偏爱犹太教。这原因很简单，因为阿拉伯尽是犹太人。公元前十世纪，所罗门国王的大批臣民受不了沉重的赋税和统治者的专横，逃到阿拉伯。到了五百年后的公元前586年，巴比伦王尼布甲尼撒二世[③]征服了犹太人，大批犹太人第二次涌向南部的沙漠。

犹太教由此传播开来。犹太人只追求唯一真正的上帝，这与阿拉伯部落的

① 穆罕默德（约570年—632年），伊斯兰教的先知，伊斯兰教的创立者。

② 亚伯拉罕，《圣经》中所说的犹太人的始祖。

③ 尼布甲尼撒二世（公元前630年—前561年在位），巴比伦国王，征服了西南亚大片土地。

志向和理想不谋而合。

稍微读过穆罕默德著作的人都知道，这位麦地那人从《旧约》中借用了大量至理名言。

以实玛利[①]（《圣经》中的人物，与母亲海加一起埋葬在阿拉伯中部犹太神殿中的至圣所）的后裔并不敌视这位来自拿撒勒的年轻人的改革思想。相反，耶稣说只有一个上帝，是所有人的慈父，他们也如饥似渴地相信了。他们不愿意接受拿撒勒木匠的追随者喋喋不休宣扬的所谓奇迹。至于复活，他们干脆就不相信。不过，他们还是倾向于新信仰，愿意给它一席之地。

但是，穆罕默德在一伙狂热的基督徒手里吃了不少苦头。这伙人缺乏判断力，没等他开口就斥责他是骗子，是伪先知。这件事，加上迅速广为流传的认为基督徒是信仰三个而不是一个上帝的偶像崇拜者的说法，终于使沙漠居民对基督教嗤之以鼻，他们宣布自己热爱麦地那的那个赶骆驼人，因为他只讲一个上帝，而不是抬出三个神来混淆视听，一会儿合为一个上帝，一会儿又分为三个，全凭当时形势和主持教士的眼色行事。

这样，西方世界便有了两种宗教，都说自己信奉的是唯一真正的上帝，都把其他上帝贬为骗子。

这些观点上的冲突很容易引起战争。

公元632年，穆罕默德去世了。

在不到十二年的时间里，巴勒斯坦、叙利亚、波斯和埃及相继被征服，大

① 以实玛利，根据《圣经·旧约》，他是犹太人始祖亚伯拉罕的长子，是一些阿拉伯部落的祖先。她的母亲是亚伯拉罕的妻子的侍女，母子二人被亚伯拉罕赶出家门。以实玛利在旷野中落脚，娶了一位埃及女子，成为十二支沙漠部落的祖先。穆斯林将自己看作是以实玛利的后代。

马士革成为大阿拉伯帝国的首都。

到公元656年底，北非所有的沿海国家都把真主作为自己的精神主宰，穆罕默德从麦加逃到麦地那后不到一个世纪，地中海变成了穆斯林的一个内湖，欧洲和亚洲的一切交往都切断了，直到十七世纪末期，欧洲大陆一直处于包围之中。

在这种环境中，教会要把教旨传往东方是根本不可能的。它能希望做到的只是保住已经取得的成果，它选中了德国、巴尔干各国、俄国、丹麦、瑞典、挪威、波希米亚和匈牙利作为进行深入精神开发的肥沃土地，而且总的来说大获成功。偶尔也有像查理曼那样桀骜不驯的基督徒，意图倒是不错，就是不够文明，用暴力手段屠杀了热爱自己的上帝而摈弃外来上帝的臣民。不过，基督传教士大都是受欢迎的，因为他们诚实正直，宣讲的东西简单明确，易于理解，在这个充满血腥、争斗和动荡的世界里，为人们带来了秩序、整洁和仁慈的思想，实在难能可贵。

前方捷报频传，但是教会帝国内部却祸起萧墙。（用本章开始时的数学概念讲）世俗的线段不断加长，最后教会的精神因素完全成为政治和经济思想的附庸；尽管罗马的权力日益膨胀，对以后十二个世纪的发展还有举足轻重的影响，但是崩溃瓦解的迹象已经露头，老百姓和教士当中的智者也看出了这一点。

我们现在的这些北方新教徒把教会看成一座房子，七天中有六天空荡无人，每星期日人们才去听布道和唱赞美诗。我们知道有一些教堂里有主教，偶尔主教们在城里开会，那时我们发现周围会有一群面孔和善的年老绅士，他们衣领都翻到后面。我们从报纸上得知他们或提倡跳舞，或反对离婚。随后他们就回到家里了，而周围的生活依然是那样平静幸福，无忧无扰。

我们现在极少把这种教会（即使它与我们形影不离）与我们的生死以及所有社会活动联在一起。

政府当然完全不同，它可以拿走我们的钱，如果觉得社会需要，还可以杀死我们。政府是我们的所有者，是主人，但通常所称的“教会”却是可以信赖的好朋友，即使与它发生争执也无关紧要。

但是在中世纪，情况迥然不同。那时的教会看得见摸得着，是非常活跃的组织，它呼吸着，存在着，用种种政府做梦也想不到的办法决定着人的命运。第一批接受慷慨王公馈赠的土地、放弃古老的贫穷理想的教皇，很可能没有预见到这个政策会导致的结局。起先，由基督的忠诚追随者向圣徒彼得的后裔赠送一点世俗的财产，这看上去似乎有益无害、合情合理。但是仔细想一想，从约翰格罗斯到特莱比松（土耳其北部城市），从迦太基到乌普拉沙（瑞典东南部港市），到处都有复杂的监督管理体制，有成千上万的秘书、教士和抄写员，再加上各个部门数以百计的大小领导，他们都要住房、穿衣、吃饭。还有信使横穿整个大陆的差旅费用，今天去伦敦，明天去诺夫格勒（俄罗斯西北部城市，在彼得堡东南）的外交使臣的旅行费用，以及为了保持教皇信使与世俗王公会晤时的衣着规格保持一致，也必须花大笔钱。

回顾一下教会本来代表什么，思考一下如果环境再好一些又会出现什么情况，如今的这种发展确实是极大的遗憾。罗马很快变成了巨大的国中之国，而宗教色彩却只剩下断简残编，教皇成为世界独裁者，与他相比，古代皇帝的统治反倒显得宽仁大度了。

教会的成功所向披靡，但到了一定程度，便出现了一些障碍，遏制了它统治世界的野心。

主的真正精神又一次在民众中掀起轩然大波，这对于任何宗教组织都犹如眼中钉，肉中刺。

持异议者古已有之。

一旦有了对信仰的绝对统治，也就有了持异见者，几乎与教会一同诞生。它使欧洲、非洲和西亚在数世纪内互怀敌意，虎视眈眈。

不过，撒伯里乌派（古代基督教一位论教派，反对三位一体论，主张上帝只有一位，圣父、圣子、圣灵只是统一为上帝的三种不同显现）、基督一性论者（主张耶稣基督的人性完全融入其神性，故只有一个本性）、摩尼派（3世纪由摩尼创始于波斯的二元宗教，旧译“明教”“明尊教”“末尼教”或“牟你教”）和聂斯托利教派（基督教的一个派别，因信奉君斯坦丁堡牧首聂斯托利所倡导的基督“二性二位”的教义，故名，其教义于431年被判为异端，追随他的信徒遂形成聂斯托利派）之间血腥的争斗在本书中是不值一提的。一般来讲，各个教派都是鼠肚鸡肠，阿瑞斯的追随者与雅典娜的信徒都专横暴虐，是一丘之貉。

况且，这些争执总是围绕着神学中很不起眼的只言片语，现在已经逐步被遗忘了，我不想把这些玩意儿再从故纸堆里挖出来，免得在此书中挑起新一轮的神学战火。我写下这些，是想告诉子孙后代，祖先不惜生命为之奋斗的自由理想，还想告诫他们不要重蹈覆辙，因为专横的教条主义和独断专行已经导致了过去两千年来的沉痛灾难。

可是到了十三世纪，情况大为改观。

异教信徒不再只是持异见的反对者，他们不会再为《天启录》中个别词句的误译或错拼了《约翰福音》的一个字母而与人争论不休。

相反，他已经成长为一名捍卫神圣思想的战士。古罗马皇帝提庇留大帝统治时期，拿撒勒的一位木匠曾为这一思想赴汤蹈火。而现在，他俨然已经成为真正的基督徒。

第七章　宗教裁判所

公元1198年，一个名叫洛太里奥的塞格尼伯爵继承了他叔叔保罗在位没几年的教皇宝座，他就是英诺森三世。

他就位时年仅三十七岁，是拉特兰教堂里最杰出的教皇之一。他是巴黎大学和布伦大学的优等生，他富有、聪明、精力充沛、志向远大，他在位时大展宏图，把整个世界收入囊中，而不仅仅是教会。

他把驻罗马的帝国执政官赶出城去，再次征服了由帝国军队控制的那部分巴尔干半岛，最后把皇位继承人逐出教会，使那个可怜的王子身陷困境不能自拔，乖乖地放弃了阿尔卑斯山东面的领地。这样，洛太里奥使意大利摆脱了日耳曼人的干涉。

他组织了闻名的第四次十字军东征，不过压根儿没去“圣地”，而是奔向君士坦丁堡，并在那里烧杀抢掠、无恶不作。以致后来到希腊港口的十字军士兵无不忧心忡忡，生怕被当作亡命徒送上绞架。少数基督教徒对这种令人发指的行径深恶痛绝，英诺森三世虽然也对此行径表示过不满，但他毕竟是个实际的人，很快接受了现实，并任命一个威尼斯人去当君士坦丁堡的主教。这聪明的一招使东方教会重新归入罗马教会的管辖范围，同时又赢得了威尼斯共和国的好感，从此，威尼斯共和国把拜占庭领地看成是自己的东方殖民地，在那里肆意发号施令。

在精神方面，他也显示出很高的造诣和老道的手段。

在酝酿了快一千年之后，教会终于开始插手人们的婚姻生活。他们认为，婚姻不只是男女之间的民事契约，而是一桩圣事，只有在神父当众祝福后才生效。法国的菲力浦·奥古斯特和莱昂的阿方索四世曾经一意孤行，按照自己的好恶治理国家，但很快就得到警告让他们记住自己的职责，由于他们一生处世小心，便立即按教皇的旨意行事了。

甚至在欧洲的北部高地，尽管基督教刚刚传入，人们也明确意识到谁是真正的主人。哈康四世国王（同伙海盗们习惯称他为“老哈康”）刚刚征服了一个小帝国，除了他所在的挪威外，还有苏格兰的一部分、整个冰岛、格陵兰岛、奥克尼群岛（英国苏格兰原郡名，由奥克尼群岛构成，已改为行政区）和赫布里底群岛（位于苏格兰西部，被小明奇海峡分为内赫布里底群岛和外赫布里底群岛），建国之初，为了能在特隆赫姆（挪威中部港市，临特隆赫姆海港）教堂顺利登基，他还不得不向罗马法庭交代他复杂的出身。

就这样，教会的势力越发坚固。

保加利亚国王曾一味屠杀希腊战俘，偶尔还折磨拜占庭的皇帝。他对宗教思想根本不感兴趣，但他竟千里迢迢赶到罗马，奴颜婢膝地向教皇俯首称臣。远在英格兰，几个男爵发动了一场政变，颁布了《大宪章》[①]，想要限制国王的权利。但很快，他们就被粗鲁地告知文件无效，因为这是“靠暴力取得的”。接下来，他们就因为起草了举世闻名的《大宪章》而被开除教籍。

① 《大宪章》，英国的一些男爵（没有封地的国王的家臣）反对国王约翰增加税赋，武装反对国王，后经过谈判，于1215年签署了该宪章。

所有这些都表明，无论是胸无城府的纺织工人，还是大字不识的牧民，谁要是胆敢挑战教会的权威，英诺森三世是绝不会手软的。

不过，还真有人这么大胆。

关于异端邪说这个题目实在令人伤透脑筋。

异教徒大都是贫苦百姓，没有什么搞宣传的才能。他们偶尔会用拙劣的文笔写几本小册子，阐述自己的见解，以保护自己不受敌人侵犯。但是马上就会被当时掌权的宗教法庭派出的机敏鹰犬抓住把柄，大祸临头。他们的敌人为了杀一儆百，欺世惑众，也写文章披露“新撒旦的反叛”，我们对异端邪说的了解都是从这些文章和审判记录中略知一二的。

于是，我们经常看到这样一幅场景：异教徒披头散发，衣衫褴褛，住在最下层贫民窟的最低洼的一间空荡荡的屋子里，拒不沾崇高的基督食品，一味吞嚼菜帮菜叶，只喝白水，对女人避而远之，念念有词地叨唠救世主第二次重返人间的预言，责骂教士的庸俗和邪恶，还恶意攻击万物的内在规律，让周围的人难以忍受。

当然，许多异教徒的确令人讨厌，这也许是自命不凡的人的天命。

他们中的很多人追求神圣的生活，却怀着一种近乎邪恶的热情，又脏又臭，看起来像恶魔一样。而且，他们那些关于真正基督存在的怪诞思想把乡村的平静生活搅得鸡犬不宁。

不过，他们的勇气和诚朴还是值得赞许的。

他们所获无几，却失去了一切。

一如既往，他们一事无成。

但是，这个世界上的一切都趋于组织化。最后，就连根本不相信组织的人为了有所成就也要成立一个“无组织促进协会”。喜爱神话、沉湎于感情的中世纪异教徒也不例外。他们谋求生存的天性使他们聚在一起，一种不安全感迫使他们在自己的神圣教旨外面裹上了几层玄奥莫测的礼仪。

但是，忠诚于基督教会的公众却不能区别这些教派。他们把所有异教徒混为一谈，称他们是肮脏的摩尼教[①]教徒或用其他不恭的字眼，以为这样就能一了百了。

这样，摩尼教徒成了中世纪的布尔什维克，当然我不是说当时有一个纲领明确的政党，像数年前在俄帝国建立的统治力量一样。我是指一种含混不清的谩骂，如今的人也用它来诅咒房东，因为房东如果嫌开电梯的小伙计没有把电梯停在适当位置，就要向他要房租。

在中世纪的上等基督徒眼里，摩尼教徒是最讨厌的家伙。可是他们又没有真凭实据进行审判，便以道听途说之词施以诽谤。这个方法在私下聚会中倒颇有成效，比一般的法庭审判还快一些，但常常欠准确，导致了许许多多冤案。

可怜的摩尼教徒的情况愈变愈糟，因为创始人波斯人摩尼是宽厚和仁慈的化身。他是历史人物，生在公元三世纪前叶一个叫艾克巴塔娜的小镇子里，父亲帕塔克是当地有影响的财主。

他在底格里斯河畔的泰西封[②]受过教育，他在那里度过了他青年时期。泰西封所处的环境就像如今的纽约一样，是个多种语言共存的国际性城市，既有虔诚的民众，也有不信神的人，既物欲横流，又具有理想主义 的精神。在从东方、西方、南方和北方熙熙攘攘来访美索不达米亚大商业中心的人群中，各种异端、宗教和教派都有自己的追随者，摩尼倾听着各种说教和预言，把佛教、基督教和犹太教混在一起，再掺上一点古巴比伦迷信，形成了自己的一套哲学。

---

① 摩尼教，是一种古代宗教，以其创始人波斯智者摩尼（约216年—276年）的名字命名，在几百年间是基督教的主要对手。

② 泰西封，古代美索不达米亚的一座城市，位于底格里斯河畔。

如果不考虑摩尼教徒有时把教义扯向极端，那么摩尼只是复苏了古代波斯神话中的好上帝和坏上帝的说法。坏上帝总是与人的灵魂作对，摩尼把万恶之神与《旧约》中的耶和华联在一起（于是耶和华变成了魔鬼），把万福之神看作《福音书》里的“天父”。而且，（这里可以体会到佛教的影响）摩尼认为人的血肉之躯是邪恶龌龊之物，天性可悲，所有人都应该不断磨砺体肤，忍饥缩食，以期摈除自己的凡俗野心，才能不沦入万恶之神的魔掌，不被地狱之火烧为灰烬。他恢复了一大批禁忌，这不能吃，那不能喝，给追随者的食谱只是凉水、干草和死鱼。这后一项条令也许会使我们吃惊不已，不过教徒们一直认为海里的冷血生物对人的不朽灵魂损伤小一些，比陆地上的热血亲族强，这些人宁愿死也个肯吃一块牛排，而吃起鱼来却津津有味，毫无恶心厌恶之感。

摩尼把妇女视为草芥，这也表明他是个不折不扣的东方人。他禁止信徒结婚，主张逐步灭绝人类。

至于对犹太派创立的、洗礼者约翰发起的洗礼以及其他仪式，摩尼对之深恶痛绝。因而即将就职的圣职人员不必将身子浸入水中，而是要行按手礼。

二十五岁那年，这个怪人开始向全人类解释他的思想。他首先来到印度和中国，获得相当大的成功。继而他转回故土，要把教义的祝福带给自己的邻邦。

可是，波斯教士们已经感到超凡脱俗的教义的成功使他们失去了大宗秘密收入，于是转为反对摩尼，请求对他施以极刑。起先摩尼受国王保护，但是老国王死后，新国王对宗教事务毫无兴趣，把摩尼交给教士阶层裁决。教士们把摩尼带到城墙下，钉在十字架上，还把他的皮剥下来挂在城门上示众，以此警告对这个预言家的异端邪说感兴趣的人。

经历了与当局的激烈冲突，摩尼教最终败下阵来，分崩离析。但是摩尼教思想中残留下来的只言片语就像划过天际的流星一样，在欧洲和亚洲的大地上广为传播，在以后的世纪里在朴实贫苦的民众中引起巨大反响，民众不自觉地拣起了摩尼的思想，仔细审视它，发现它很合乎自己的口味。

摩尼教是何时,怎样进入欧洲的，我也不得而知。

很可能它是经过小亚细亚、黑海和多瑙河流传过来的。继而它翻过阿尔卑斯山，很快在德国和法国享有崇高声誉。新教义的追随者给自己起了个东方名字：叫“卡特里”,即“过纯洁生活的人”。这种令教会深感痛苦的思想迅速在西欧蔓延开来，以至在整个西欧，这个词与“异端邪说”相提并论了。

不过请不要认为“卡特里”就是某个明确的宗教教派的成员，根本没人试图另立一种新教派。摩尼教的思想对许多人产生了巨大影响，而这些人却又咬定自己只是基督教会的虔诚儿子。这使这种特殊形式的异端邪说非常危险，难以察觉。

但对于那些连紫外线都发现不了的细菌，我们只有祈求上天保佑了，因为它们有可能“继承我们的地球”

用基督教的观点看，摩尼教是最危险的社会瘟病，这种不寻常的精神折磨方式使教会高层感到了前所未有的恐惧。

这些话不过是些窃窃私语，然而早期基督信仰的最坚定支持者也的确表现出了这种病的征兆。就拿圣奥古斯丁来说，这个十字军的杰出勇敢卫士曾经一马当先摧毁了异教的最后堡垒，但据说他内心里却向着摩尼教。

公元385年，西班牙主教普里西利安①被绑在柱子上活活烧死了。他因被指控倾向摩尼教，而成为反异端法的第一个牺牲品。

就连基督教会的头面人物也渐渐被可怕的波斯教义吸引。

他们开始劝告不懂神学的门外汉不要读《旧约》,最后在十二世纪还宣布

① 普里西利安，西班牙主教，公元四世纪末创立异端派别普里西利安派，深受摩尼教的影响，提倡独身，主张苦修。

了著名的条令：所有神职人员都必须保持独身。在这个波斯禁欲理想的深刻影响下，造就了一位伟大的精神改革领袖，这位令人尊敬的伟人吸收了摩尼教严格的修行理念，建立了一套新式修道院制度。这使他赢得了“西方佛陀”的美名，他就是阿西西的方济各①。

当甘愿清贫的保持谦卑灵魂的高贵精神开始逐渐向贫民阶层渗透的时候；当皇帝与教皇的又一场战争一触即发的时候；当外国雇佣军各自扛着镶有十字架和苍鹰的旗帜为地中海岸珍贵的弹丸之地拼杀得你死我活的时候；当大批十字军携带从朋友和敌人那儿掠夺的不义之财蜂拥回国的时候；当修道院长豢养一群阿谀之徒深居在穷奢极欲的宫殿的时候；当教士们乘马撞过清晨熙攘的人群去饱享狩猎早餐的时候；一桩不妙的事情已经注定要发生，而且真的发生了。

毫不奇怪，对基督教现状的不满首先产生在法国的一个地方，那里的古罗马文化传统虽然维持得最长，但野蛮却没有能够融化在文明之中。

从地图上可以找到这个地方。它叫普罗旺斯，我们可以发现，它就坐落在地中海、罗纳河②和阿尔卑斯山之间的三角地带。曾经沦为腓尼基殖民地的马赛是这个地区最重要的港口，这儿有不少富裕的乡镇和村落，有肥沃的土地、充足的雨水和阳光。

当中世纪的欧洲还在听着长发日耳曼英雄的野蛮故事时，普罗旺斯的游吟诗人就已经发明了一种新的文学形式，即现代小说的雏形。普罗旺斯人与邻邦西班牙和西西里的穆斯林有着密切的贸易往来，这使人们能够及时接触到科学

① 方济各（1182—1226），天主教方济各会的创始人。1209年经教皇英诺森三世批准，正式成立方济各托钵修会。

② 罗纳河，法国东南部的河流。

领域的最新图书，而在同时期的欧洲北部，这类出版物还屈指可数。

在这个国家，要求回归早期基督教的运动最早在十一世纪的头十年便已初见端倪。

但不管从哪个角度看，公开的叛乱都是没有的。只是某个小村子里的有些人，开始暗示牧师应该跟他们过得一样朴实简单；有的拒绝随国王征战（啊，多么令人怀念古代的烈士啊！）；有的想学一点拉丁文，以便自己能够阅读和研究福音书；有的表示反对死刑；有的否认“炼狱”的存在，而早在耶稣死后六世纪，“炼狱”就被官方视为基督天国的一部分；还有的则拒绝向教会交纳自己百分之十的收入（这是最重要的一点）。

但反对教会当局的反叛头头，教会都会尽可能地将他们揪出来。如果他们不听劝解，就会被悄悄处死。

但是邪恶之事还在继续蔓延，以至于整个普罗旺斯的主教们全被号召聚到一起，商量采取什么行动阻止这场非常危险的煽动性骚动。他们的争执一直延续到公元1056年。

这时已经清楚地表明，一般性的惩罚和逐出教会是徒劳无功的。要过“纯洁生活”的朴实乡民只要有机会在监狱铁窗里表现基督仁慈和宽厚的信条就高兴不已，如果有幸被判处死刑，他们便如温顺的绵羊一般奔赴刑场。一位殉道者死去了，还有更多鲜活的生命为了神圣的事业，义无反顾地填补他的位子，这样的例子屡见不鲜。

教会的代表坚持要采用更残酷的迫害，而地方贵族和牧师（由于了解老百姓的本意）则拒绝执行罗马的命令，他们抗议说暴力只能使异教徒以更坚定之心反对理性的声音，是白白耗费时间和精力。就这样，两方面的意见争吵了整整一个世纪。

到了十二世纪末期，这场运动受到了来自北方的激励。

与普罗旺斯隔着罗讷河的里昂，住着一位商人，叫彼得・沃尔多。他严肃，却不失慷慨、善良之心，他一心渴望追随耶稣的榜样，几乎像着魔了一样。耶稣曾经说过，想让富有的年轻人进入天堂，比让骆驼穿进针孔还难，多年以来，基督徒绞尽脑汁想弄明白耶稣说这话时的确切含意。彼得·沃尔多并没有这样，他读了这句话便深信不疑。他把自己所有的财产都分给了穷人，然后退离商界，不再积累新的财富。

有二十位教皇曾评注过这句话，并小心翼翼地规定，要在什么条件下，凡人才可以在没有教士的帮助便研读《圣经》。

但彼得·沃尔多不这么看。

既然约翰写道："汝等需自寻圣经。"

那么好吧，彼得·沃尔多就要自己读一读。

当他发现一些与哲罗姆（约347—420，教堂交付和翻译家。传统上认为他是最博学的拉丁神父，写有很多圣经评注。406年他完成拉丁文《圣经》的翻译工作）的结论不相吻合的东西，他便把《新约》译成自己的母语，把手稿散发到普罗旺斯各地。

起先他的活动并未引起很大注意。他渴望贫穷的热情似乎没有危险。很可能他会建立一种新的修道院苦行制度，以满足那些想过真正艰难生活的人，他还指责现存的修道院有点儿太奢侈太舒服了。

罗马是很会为信仰热情过盛而常常闹出乱子的人找到适当发泄场所的。

但是一切都要按照常规和先例办。如此说来普罗旺斯的"纯洁人"和里昂的"穷人"真是棘手万分。他们不仅不告诉教皇他们的所作所为，甚至还胆大包天地公然宣称没有职业教士的指点他们也能成为完美的好基督徒，罗马的主教在自己的司法权限之外没有权力告诫人们应该做什么和信仰什么，正如培尔塔利的大公爵或巴格达的哈里发也没有这种权力一样。

教会当时处于进退维谷的境地，实事求是地讲，它等待了很长时间才最后决定诉诸武力根除这些异端邪说。

但是如果一个组织基于的原则是：只有一种正确的思想和生活方式，其他的都是臭名昭著、人所不齿的，那么当它的权威受到质询时，它就必然会采取极端措施。

教会如果做不到这一点，也就无法生存，这终于迫使罗马采取果断行动，制定出一整套惩罚条例，使以后的持异见者都心怀恐惧。

阿尔比教徒（以阿尔比城命名的异教徒，该城是新教义的发祥地）和沃尔多教徒（因其创始人彼得·沃尔多得名）在国家中的政治地位并不高，因而不能有效地保护自己。他们被选中作为第一批牺牲品。

一个教皇的代表统治了普罗旺斯好几年，他把那里当作被征服的领土作威作福，结果被杀死了。这给英诺森三世的干涉提供了借口。

他召集了一支正规十字军，攻击阿尔比教徒和沃尔多教徒。

凡是参加了讨伐异端分子的为期四十天远征的十字军战士，都可以免征债务利息，赦免过去和将来所犯的一切罪孽，也可以在一段时间内不受一般法庭的审判。这些恩惠煞是可观，北欧的人正求之不得。

他们何苦远道征战巴勒斯坦？去富饶的普罗旺斯打仗就可以获得与东征相同的精神和物质奖励以及同等的荣誉，并且服役时间还要短很多。

于是，圣城暂时被人遗忘。来自法国北部、英国南部、奥地利、萨克森和波兰的贵族绅士中的败类纷纷为躲避地方官员，南下到富饶的普罗旺斯进行烧杀抢掠，还顺便充实一下亏空的金库。

被十字军绞死、烧死、斩首或大卸八块的男女老幼的数目众说不一，我也不清楚究竟有几万人送了命。各地在正式的执行大规模死刑后很少提供具体数字，通常都在两千和两万之间，视城镇大小而定。

贝济埃城被占领后，十字军士兵分辨不出哪些是异教徒，哪些不是，左右为难。这个问题被送到随军的教皇代表精神顾问那里。

这位善良的人回答说："孩子们，干吧，把他们全杀光，主自会分辨！"

当时有一个英国人叫西蒙·德·孟福尔（约1165—1218，讨伐阿尔比派十字军的法国首领，后在包围图卢兹城时阵亡），是个久经沙场的正牌十字军。他残暴无比，嗜血成性，不断变出新花样杀戮掠夺。作为对他的“功绩”的报答，他得到了大片刚被他抢掠过的土地，他的部下也按“功”分得赏赐。

有少数几个沃尔多教徒躲过劫难，逃到了人迹罕至的皮德蒙特山谷。在那里，建立了一个自己的教会，直至十六世纪的基督教改革运动。

但阿尔比教徒就没那么走运，在历经长达一个世纪的不断迫害之后，他们的名字已经从宗教法庭的庭审记录中消失了。但是，三百多年后，他们的教义稍微调整了一下形式，又重现人间，并由一个叫马丁·路德的萨克森牧师广为传播。他们将要进行一场改革，打破长达一千五百多年的教廷垄断统治。

当然，这一切都瞒过了英诺森三世的机敏眼睛，他还以为困难局面已经终止，绝对服从的信条已经成功地确立了。在《路加福音》中有一条著名的命令，讲的是一个人想举办一个晚会，他发现宴席上有空位子，几个客人还没有来，便对仆人说：“到大街上去，给我拉几个人进来！”如今，这种事情再一次发生了。

异教徒也就这样被拉进来了。

教会发愁，怎样才能让他们老实待在里面，这困扰了教会很多年，始终没得到解决。

由于地方法庭未能完成自己的使命，诸如在第一次阿尔庇教徒造反时组织的特别调查法庭便在欧洲其他首都纷纷建立起来。法庭专门审判所有异端邪说，后来人们干脆称它们为“宗教法庭”。

甚至在今天宗教法庭早已不起作用的时候，这个名字仍然使我们心惊肉跳。我们仿佛看见哈瓦那的黑牢，里斯本的刑具室，克拉科夫的生锈铁锅和烙人的刑具，黄色的头巾和黑色的面具，以及一个下额宽大的国王凝视着一排排望不到边的男男女女慢慢地走向绞架。

十九世纪后期的几部通俗小说的确描写了令人发指的野蛮行径，我们可以把其中百分之二十五的内容归于作者的想象，百分之二十五归于异教徒的偏见，即使这样所剩下的恐怖也足以证明所有秘密法庭都是难以容忍的魔鬼，在文明世界中是绝不会被容忍的。

亨利·查理利在煞费苦心写成的八卷书中讲述了宗教法庭的活动。我在这里把它缩减至两三页，要在这样短的篇幅内对中世纪最复杂的问题做一精辟解释当然是不可能的，因为没有一个宗教法庭能与如今的最高法院或国际仲裁法庭相比。

在不同的国家里有形形色色的宗教法庭，它们又都负有不同的使命。

最著名的是西班牙的皇家宗教法庭和罗马的圣宗教法庭。前者主要处理地方事务，包括监视伊比利亚半岛和美洲殖民地的异教徒。

后者的魔爪伸往欧洲各地，在大陆北面烧死了圣女贞德，在南面烧死了乔达诺·布鲁诺。

严格他讲，宗教法庭从未杀过任何人。

由教士组成的法庭宣判之后，异教罪犯便被送到非宗教的当局手里，当局可以用他们认为合适的方式处置他。不过当局如果没能判处他死刑，便会招致许多麻烦，甚至被逐出教会或失去教廷的支持。如果罪犯逃离了此难，投有被送到地方当局，这类事也曾发生过，那么他受的磨难就更大，因为他会被囚在宗教法庭的孤独牢房里惨熬余生。

相比在岩石城堡的阴暗洞穴里被慢慢逼疯，死在火刑架上更痛快。于是，许多罪犯拼命往自己身上揽各种根本就没有犯的罪行，这样可以减轻他们的痛苦。

要想毫无偏见地阐述这个问题真的太不容易。

说来令人难以相信，在整整五个多世纪里，世界各地成千上万与世无争的平民仅仅由于多嘴的邻居道听途说而半夜三更被人从床上拖起来，在污秽的地牢里关上几个月或几年，眼巴巴地等待既不知姓名又不知身份的法官的审判。没有人告诉他们罪名和指控的内容，也了准许他们知道证人是谁，不许与亲属联系，更不许请律师。如果他们一味坚持自己无罪，就会饱受折磨直至四肢都被打断，别的异教徒可以揭发控告他们，但要替他们说好话却是没有人听的。最后他们被处死时连遭到如此厄运白原因都不知道。

更难以置信的是，已经入土五六十年的男女也会被从坟墓中挖出来“缺席”判罪，以这种方式定了罪的人的后裔还要在罪犯死去半个世纪之后被剥夺财产。

但事实的确是这样，因为宗教审判官正是靠分享所有被没收来的物品来填充私囊，所以这种荒唐的事就绝非罕有，时隔两代的祖父据说干过某件事而导致孙子们被逼得一贫如洗，这种事屡见不鲜。

凡读过二十年前沙皇俄国处于全盛时期的报纸的人都记得什么是暗探。这种暗探总是以引人注目的个性和“悲伤”的样子出现，扮成地地道道的小偷或洗手不干的赌徒。他故作诡秘地使人知道他是由于创痛才参加革命的，常常能博得诚心反对帝国政府的人的信任，但他一旦探得新朋友的秘密，便向警察局告密，把报酬装进腰包，再到另一个城市重演卑鄙的勾当。

在十三、十四和十五世纪中，南欧和西欧布满了这些居心歹毒的私人暗探。

他们的谋生方式是靠告发那些据说抨击了教会或对教义中的某几点持怀疑态度的人。

如果周围没有异端邪说者，暗探就要人为地制造出几个。

他心里有数，被告不论多么清白无辜，在严刑拷打下也会承认罪名。他丝毫不会担风险，可以无止境地从事这个职业。

在许多国家中，人们可以匿名告发别人思想不端，这种制度在人们头上笼罩了恐怖。最后，就连最亲密无间的朋友都不敢相信，一家人也要互怀戒心，留神言辞。

掌管宗教法庭大量工作的托钵僧人充分利用了他们造成的恐惧，在差不多两世纪中他们搜刮了许多民脂民膏。

是的，我们可以毫无顾忌地说，宗教改革的主要原因就是广大民众对这些盛气凌人的乞丐深恶痛绝了，他们披着虔诚的外衣，闯入安分守己的公民家里，睡在最好的床上，吃最好的饭菜，嘴里还喋喋不休地说他们应该被当作上宾招待，应该活得无比舒服。他们的唯一本领就是恫吓人们，他们说，如果他们没有得到理所应当的奢侈豪华，就要向宗教法庭告发施主。

教会当然可以答复说，宗教法庭这样做完全是起思想健康检查官的作用，立誓要尽的职责就是防止错误思想在群众中流传开来。它可以举例说明对于出于无知而误入歧途的异教徒的既往不咎。它甚至还可以宣称除背教者和屡教不改的人之外几乎没有人被处死过。

可事实又如何呢?

一个鬼把戏可以把无辜的人变为死囚，也可以使他表面上悔过自新。

暗探和伪造者从来都是如影随形。

而对于这些奸细来说，伪造几份文件又算得了什么呢?

第八章　艰难的求知

现代的不宽容，就像古代高卢人一样[①]，可以分为三种：出于懒惰的不宽容，出于无知的不宽容和出于自私自利的不宽容。

第一种也许最普遍。它在每个国家和社会各个阶层都能看到，尤其在小村子和古老镇子里更为常见，而且不仅仅限于人类的范围。

我家养的那匹老马，前二十五年里在考利镇的温暖马厩度过了安定的生活，说什么也不愿意到西港的同样温暖的谷仓去，理由很简单，他一直住在考利镇，熟悉这里的一砖一石，即使康涅狄格州没有景致会吓到它，更不会打扰它平日里悠闲的散步。

我们的科学界迄今花费了巨大精力研究早已不复存在的波利尼西亚群岛的方言，却很可惜忽视了狗、猫、马和猴子的语言。不过，假如我们懂得一匹名叫“杜德”的马与从前考利镇的邻居说些什么，就能听到一场空前激烈的不宽容的大发泄。杜德已经不是小马驹，在许多年前就已定型，所以它觉得考利镇

① 《在高卢战记》中，恺撒从地理上把高卢人分为三种：比尔及人、阿奎丹尼人和克勒特人

的礼节、习惯和风俗样样顺眼，而西港的礼节、习惯和风俗则完全不对头，到死它还是这样认为。

正是这种不宽容使父母对子女的愚蠢行为摇头叹息，使人们荒唐向往“过去的好日子”，使野蛮人和文明人都穿上令人难受的衣服，使这个世界充满了多余的废活，也使抱有新思想的人总被群起而攻之。

不过即使这样，这种不宽容相对来说还是无害的。

我们大家或早或晚都要因为这种不宽容而受罪。在过去的几代中，它致使数以百万计的人背井离乡，这样一来，大片荒地变成了永久居住区，否则那里还会是荒无人烟。

第二种不宽容更为严重。

无知的人因为无知而变得危险。

但是，他如果还为自己的智力不足措辞辩解，那就更为可怕。他在灵魂里建立起了花岗岩的堡垒，自我标榜一贯正确，他站在咄咄逼人的要塞顶端，向所有敌人（也就是不苟同于他的偏见的人）挑战，质问他们有什么理由活在世上。

有这种苦恼的人既苛刻又卑鄙。他们常年生活在恐惧之中，很容易变得残酷暴虐，喜欢折磨他们憎恨的人。正是从这伙人当中首先冒出了“上帝的特选子民”的念头。况且这些幻觉的受害者总是想象他们与无形的上帝有某种关系，以此来壮胆，为自己的偏执辩护增色。

譬如，他们绝不会说：“我们绞死丹尼·迪弗尔[①]，是因为他威胁了我们的幸福，我们对他恨之入骨，只是喜欢绞死他而已。”他们是绝不会这样说的。他们凑到一起召开气氛庄严的秘密会议，一连几个小时、几天或几个星期详细研

① 丹尼·迪弗尔，英国诗人吉普林于1890年缩写的一首叙事诗中的主人公，这首诗被誉为是吉普林早期最杰出的作品之一。

究上面说的丹尼·迪弗尔的命运，最后判决一经宣布，丹尼这个也许只搞了些诸如小偷小摸的可怜虫便俨然成为犯有重罪的最可怕的人物，胆敢违反上帝的意志（这意志只是私下授予上帝的特选子民，也只有上帝的选民才能理解），对他执行判决是神圣的责任，法官也因为有勇气给撒旦[①]的同伙判罪而光宗耀祖。

忠厚老实、心地善良的人和野蛮粗鲁、嗜血成性的人一样，都很容易被这个最为致命的幻觉所迷惑，这在历史学和心理学上已经司空见惯了。

人们兴致勃勃地观看一千名可怜的牺牲者遭难，他们肯定不是杀人犯，他们是正直虔诚的老百姓，自己还觉得是在上帝面前从事一件荣耀喜人的事情呢。

如果有人向他们提到宽容，他们还会表示反对，认为这是不体面地承认自己道德观念衰退。也许他们自己就不宽容，但在那种情况下他们反倒以此而自豪，还振振有词，因为在潮湿寒冷的晨光里站着丹尼·迪弗尔，他穿着藏红色衬衣和缀满小魔鬼的马裤，一步一步缓慢而坚定地走向执行绞刑的市场。示众一结束，人们便回到舒适的家里，饱餐一顿熏肉和豆子。

这本身不就足以证明他们所想的和所做的是正确的吗？

不然他们怎么能是观众呢？怎么不和死者调换一下位置呢？

我承认这个观点是经不起推敲的，但却很常见，也难予以回击，人们只是深信自己的思想就是上帝的思想，因此根本无法明白自己会有什么错误。

剩下的第三种不宽容是由自私自利引起的，实际上它是嫉妒的一种表现，就像麻疹一样普遍。

耶稣来到耶路撒冷后教导人们，靠屠杀十几只牛羊是换不到全能上帝的垂青的，于是所有靠典礼祭祀谋生的人都诋毁他是危险的革命者，在他还没有从

① 撒旦，《圣经》中的魔鬼。

根本上危害他们的大股收入时，就设法把他处死了。

几年后，圣保罗来到艾菲西斯，宣扬一种威胁珠宝商买卖的新教义，因为当时珠宝商通过制作和贩卖当地的女神黛安娜的小塑像大发横财，为此金匠行会差一点要用私刑教训这个不受欢迎的侵入者。

一些人依靠某种已经建立的崇拜来谋生，另一些人却要把人们从一个寺庙引到另一个寺庙，他们之间一直存在着公开的战争。

我们在讨论中世纪的不宽容时，必须记住我们要对付一个非常复杂的问题。只是在极为个别的情况下我们才能遇到三种不同的不宽容中的单独一种表现。在引起我们注意的迫害案件中，常常三种情况并存。

一个组织如果拥有了雄厚的财富，掌管了数千英里的土地和统治了成千上万的农奴，它自然会不择手段地打压那些企图重建简单而质朴的“人间天国”的农民了。

这样看来，想要保证经济利益，就必须消灭异端分子，这种情况便属于第三类形式——出于自私自利而导致的不宽容。

不过还有一种人感到了来自官方禁令的压力，这就是科学家。这个问题更为复杂。

为了理解教会当局对揭示大自然奥秘的人所执有的邪恶态度，我们必须得回到若干世纪以前，研究一下欧洲头六个世纪内发生了什么。

野蛮人的入侵像一股无情的洪水扫荡着欧洲大陆每个角落。在混浊的污水中还杂乱无章地矗立着几个古罗马的国家组织。但是，城墙里面的社会已经泯灭，书籍被浪潮卷走，艺术也在新型的无知泥潭里被遗忘。收藏、博物馆、图书馆和慢慢积累起来的科学资料全都被亚洲中部的野蛮人用来点了篝火。

我们还保留着一些十世纪图书馆的书目。至于古希腊的图书（君士坦丁堡除外，那时君士坦丁堡被视为远离欧洲中心的地方，就像如今的墨尔本[①]那样远）西

① 墨尔本，澳大利亚城市。

方人所拥有的也寥寥无几。这说来似乎难以置信，但是书的确是没有了。学者为了熟悉古人的思想煞费苦心，但找到的只有亚里士多德和柏拉图著作中个别章节的翻译（译文也很拙劣）。要学习古人的语言也找不到老师教授，只有几个希腊僧侣，他们是在拜占庭的神学争吵中被迫放弃家园逃到法国或意大利避难的。

拉丁文的图书倒是不少，不过大部分是四世纪和五世纪才写成的。所剩无几的古人手稿被无数次漫不经心地转抄，如果不耗费毕生心血研究古代文学就根本无法看懂。

至于科学书籍，除去欧几里得的一些最简单的几何作图题可能幸免外，其他的在任何图书馆都找不到，更可悲的是，这些书也不再为人们所需要。

那时统治世界的人用敌视的眼光看待科学，根本不鼓励数学、生物学和动物学领域的独立钻研，更不必说医学和天文学了，它们的地位低下，不为人们所重视，丝毫没有实用价值。

要现代人来理解这些无疑是非常困难的。

二十世纪的人都信仰进步，尽管各自的角度不同，我们并不知道是否能使世界趋于完美。不过都觉得应该试一试，这是我们的神圣职责。

是的，进步已然成为一种势不可挡的趋势，有时这个信念似乎成为整个国家的信仰。

但是中世纪的人却没有也不可能有这样的想法。

希腊人曾经憧憬着这个世界将充满美好与生机，但是这个美梦最终昙花一现！政治的动荡无情地摧残了它。以后几个世纪的希腊作家都成了悲观主义者，他们凝视着曾经一度是乐土的废墟，凄惨地认为人间所做的任何努力，都只不过是一场空！

另一方面，罗马的作家从近一千年延绵不断的历史中得出了结论，从人类的发展中发现了一种蓬勃向上的潮流，罗马哲学家们，其中最著名的是伊壁鸠鲁，也兴致勃勃地为更幸福更美好的未来教育年轻一代。

这时，基督教到来了。

人们关心的中心从这个世界移到了另一个世界。几乎在一夜之间，人们又跌入万丈深渊，那里只有绝望和服从。

人是邪恶的。人的天性和偏好都是邪恶的。人在罪恶中孕育，在罪恶中生，在罪恶中活，在对罪恶的忏悔中死去。

但是新的绝望跟旧的绝望还是有差别的。

希腊人坚信自己比别人更聪明，受过更好的教育，还怜悯那些不幸的野蛮人。但是他们从来都没有因为自己是宙斯的选民，而觉得比其他种族优越。

相反，基督教从未能脱离自己的老祖宗。当他们把《旧约》吸收进《圣经》，成为他们的信仰时，他们便继承了犹太人的那条难以置信的信条，认为他们跟别人不太一样，相信只有信奉正统的教义的人才能得到救赎，其他人都注定要走向灭亡。

当然，对于那些欠缺谦虚精神，自信满满地认为自己是众生中集上帝万千宠爱于一身的人来说，这种思想是不无裨益的。正合了他们的胃口。在许多至关重要的年代里，这种思想使基督徒成为联系紧密、自成一家的整体，在异教横行的汪洋大海中超然地漂流着。

对于像德尔图良①和圣奥古斯丁②，以及其他忙着把基督教会的思想写成具体文字的作家来说，在这股向四面八方扩散的浪潮里，别的地方发生了什么，他们是漠不关心的。他们只想安全抵达彼岸，建立起上帝之城，而其他地方的人的愿望与他们毫不相干。

---

① 德尔图良（150—230），迦太基基督教神学家、伦理学家。宗教领袖，早期基督教作家。

② 奥勒留·奥古斯丁（354—430），罗马帝国末期北非柏柏尔人，早期西方基督教神学家、哲学家，曾任北非城市希波（今阿尔及利亚安纳巴）的主教，故史称希波的奥古斯丁。

因此，他们为自己创造了关于人的起源和时间空间界限的完全新型的概念。埃及入、巴比伦人、希腊人和罗马人发掘的秘密丝毫引不起他们的兴趣。他们真诚地相信，随着基督的诞生，一切过去有价值的东西都已土崩瓦解。

譬如关于地球的问题。

古代科学家认为地球是数十亿星球中的一个。

基督徒从根本上反对这个观点。在他们看来，他们借以生存的小圆地盘就是宇宙的中心。

地球是为一群特殊的人专门创造的临时栖身之所。它的来龙去脉很简单，在《创世纪》第一章描写得一清二楚。

到了需要确定上帝偏爱的人在地球上生活了多久的时候，问题就更复杂了。因为在各个方面都能找到远古时代的证据，比如深埋地下的城池，灭绝的怪兽和早已石化了的植物。不过这些都不足为据，可以被忽视，或被矢口否认。这一切做完后，再决定创世纪的具体日期就易如反掌了。

在这样的宇宙里，一切都处于静止状态，它从某年某月某时开始，又在某年某月某时结束。地球的目的仅仅是为了一个独一无二的目的，根本没有数学家、生物学家、化学家以及诸如此类的人探索求知的任何余地，因为这些人关心的只是一般规律和时间空间的永恒和无限，

的确，许多科学家抗议说，他们在内心里是上帝虔诚的儿子。不过正牌的基督徒都更明确地认为，一个人如果真心诚意地主张要热爱和忠诚于信仰，就不会知道得那么多，也不会有那么多书。

有一本书就足够了。

这本书就是《圣经》，里面的每个字、每个逗号、每个冒号和每个感叹号都是由受到神示的人写下的。

伯里克利时代的希腊人如果要是知道世上存在这样一本所谓的圣书，里面包括一鳞片爪生涩难懂的民族史、感情混漠的爱情诗、半疯半痴的先知描绘的

虚无缥缈的梦幻和对出于某种原因而惹恼了亚洲许多部落神灵的人连篇累牍的恶意痛斥，那他们是不会感兴趣的。

但是，三世纪的野蛮人却对“文字”拜服得五体投地，在他们看来，这便是最神秘的文明形式。经过他所在的教会多次召开会议后，才向他推荐这本书，并告诉他，这是一本完美无缺的书，没有任何错误、疏漏和缺陷。他便欣然接受了这本非同寻常的奇书，把他当作人类已经掌握并且希望掌握的所有知识的总和，还和作者一道，咒骂并迫害那些研究范围胆敢超出摩西和以赛亚所规定的界限之外，公然藐视天国的人。

甘愿为原则去死的人毕竟有限。

不过，有些人对知识的渴望是无法压抑的，积蓄已久的精力必须有发泄的地方才行。结果，求知与压制的矛盾冲突导致产生了另一株弱小乏味的智力幼苗，人们后来称它为“经院学派”[①]

这要回溯到八世纪中叶。法兰克国王矮子丕平[②]的妻子伯莎生了一个儿子，和路易[③]国王相比，这个孩子[④]更有理由被称作是法国民族的恩主圣人。因

① 经院学派，中世纪神学和哲学的主要形式，始于11世纪的神学和哲学运动，既是一种方法论，同时也是一种体系，其主要目标是调和基督教神学与以亚里士多德及其追随者为代表的希腊哲学之间的矛盾。

② 丕平（714—768），曾任巴黎市长，公元751年—768年为法兰克国王。公元754年接受教皇迪芬二世的加冕。是查理曼大帝的父亲。

③ 路易，指路易九世（1214—1270）。法兰克国王（1226—1270），被尊称为圣路易。他参加了十字军第四次东征。后在巴勒斯坦滞留四年，1254年回到法国。1270年他参加另一次十字军远征，死于北非的突尼斯。

④ 指丕平国王的儿子查理曼大帝（724—814），公元768—814年为法兰克国王，他将法兰克王国的疆域扩大到西欧和中欧的大部分地区，他征服了意大利。公元800年，罗马教皇里奥三世替他加冕为西罗马帝国皇帝，与都城在君士坦丁的东罗马帝国分庭抗礼。

为为了路易的自由，国民不得不交付了约八十万土耳其金币的赎金，可是他对国民的回报，却是在自己的国家建立起一个宗教裁判所。

这孩子受洗礼时起名叫卡罗鲁斯，在许多古代宪章的结尾处都能看到他签的名字。他签字有些笨拙，不过他对拼写一向是马马虎虎的。他幼年时学过法兰克文和拉丁文，但他的手指由于在疆场上同俄国人和摩尔人搏斗而患了风湿病，很不听使唤，最后他不得不打消了写字的念头，请来当时最好的书写家当秘书，替他签字。

这个久经沙场的老兵在整整五十年里只穿过两次“城市服装”（罗马贵族穿的外袍），还以此而自豪，不过他真正了解学习的价值，把王宫变成了私立大学，教授他的孩子和其他官员的子女。

这个西方的新皇帝周围簇拥着当时的许多名人，他自己也很津津乐道于同他们消磨业余时间。他极为崇拜学院式的民主，甚至把礼节都放弃了，还像大卫兄弟那样积极参加各种讨论会，允许地位最低下的学者与他辩论。

但是，我们在审度他们在讨论中感兴趣的问题时，自然会联想到田纳西州任何一所乡间中学的辩论小组选中的题目。

这些人至少是很天真的。如果说公元800年的情况的确如此的话，那么公元1400年的情况也不例外。这并不能责怪中世纪的学者，应该说他们的头脑和二十世纪的后人一样敏捷。他们的处境和现代化学家和医师有雷同的地方，可是他们尽管享有调查研究的充分自由，但所作所为和主张却不能违反1768年的第一版《大英百科全书》，其原因很简单，那时的化学还是一个不大为人知的科目，外科也常常与屠宰相提并论。

结果（我有些混淆了自己的比喻），中世纪的科学家尽管有非凡的智力和能力，但试验的范围却很窄，就像在一辆旧汽车的底盘上安一台劳斯莱斯牌的现代引擎，一踏油门便会出现一连串故障。等他能安全操纵、按规定和交通规则驾驶这台古怪的新玩意儿时，已经变得荒唐可笑了，即使费上天大的牛劲，也无法到达目的地。

当然，面对这不得不遵守的限速规定，这一群精英很绝望。

他们想方设法摆脱教会鹰犬的无休止监视。他们写下了长篇大论，试图证明与自己的真实想法相悖的东西，以此来遮掩自己的真正思想。

他们做出各种掩人耳目的假象：穿上奇装异服，屋顶上挂满了鳄鱼，架子上摆满了装有怪物的瓶子，在炉子里烧些气味难闻的草药以便把左邻右舍从前门吓跑，这样便得到一种声誉，说他们是与人无害的神经病患者，可以随心所欲地胡说八道，不必对自己的思想负很大责任。渐渐地他们形成一整套科学的伪装，甚至在今天我们也难以判断出他们的真正意图。

若干个世纪以后，新教徒也和中世纪教会一样对科学和文学毫不宽容，不过这里就不多谈了。

大宗教改革家们可以痛痛快快地大声疾呼和咒骂，却从没能把恫吓转化为反抗的具体行动。

罗马教会却不然，它不仅有致异己于死地的威力，而且一俟时机成熟便加以施展。

对于那些喜欢抽象地思考宽容和专横的理论价值的人，上面所说的差别倒无足轻重。

然而，对于那些必须从当众放弃信仰和当众受鞭笞做出选择的可怜人来说，这可就是个大问题了。

而有时他们不敢说出真话，宁愿把时间花在用《天启录》中的动物名字组成的填字游戏上，我们倒也不必太苛求他们。

我敢肯定，假如倒退六百年，我也不敢写现在这本书。

第九章　向印刷文字开战

我发现现在写历史越来越困难了。这就像我从小就是拉小提琴的，到了三十五岁时，别人突然给我宜家钢琴，要我像钢琴大师一样以此为生，它们不都是“乐器”吗？我已经学会了某个领域的技巧，却必须从事另一种完全不同的某个领域的技巧，我必须用一种既定的秩序，来审查过去发生的事，这个秩序是由皇帝、国王、大公和总统来统治，议员、财政大臣来辅佐的世界。另外，在我年轻的时候，上帝还默认是世间万物的主，理应受到推崇和爱戴。

但战争打响了。

旧秩序被打翻在地，皇帝和国王被废黜，负责的大臣被不负责任的秘密委员会取代，在世界许多地方，天国的大门被不经议会同意而颁布的敕令关闭了，一个已死的经济学雇佣文人被官方认作古往今来所有先知的继承人。

当然所有这些并不会长久，但却使文明再过几世纪才能赶上来，而到那时我早就不在人世了。

我必须充分利用现有的一切，但这并不容易。就拿俄国的情况来说吧。大约二十年前我在这个所谓的“圣地”住了一段时间，那时我们得到的外国报纸中总有整个四分之一的篇幅被涂抹得漆黑一片，技术上称之为“鱼子酱”。这次涂抹是为了擦去一些内容，因为小心翼翼的政府不愿意让心爱的臣民们知道。

整个世界把这种监督看作是“黑暗时代”[①]的复苏，令人难以容忍，而我们这些伟大的西方民主国家的公民们保留了不少涂有“鱼子酱”的美国报纸，把这些滑稽的玩意儿展示给国民看，原来那些远近闻名的俄国人是如此的封闭落后。

随后，爆发了俄国大革命。

在那接下来的七十五年间，俄国的革命者高呼人民生活困难，政治高压，根本谈不上“自由”，还举出证据，说宣扬社会主义的报刊都要接受严格审查。但到了1918年，原本受压迫的人占了上风。然而事情后来怎么样？曾经主张自由的那一方，在得胜之后真的取消了书报审查制度了吗？万万没有！凡是没有为这个国家的新主人说好话的报纸、杂志社，统统关门歇业，还抓了许多编辑，把他们流放到西伯利亚和阿尔汉格尔斯克（俄罗斯西北部港市），可以选择的地方不是很多。与沙皇手下的那些广遭诟病的大臣和警察们相比，他们的宽容心还不及其百分之一。那位沙皇被称为“白袍小神父”。

我是在较为开明的社会环境中长大成人的，这个社会信仰弥尔顿[②]的格言：“最高形式的自由是按照自己的良心自由地了解、自由地阐述和自由地辩论。”

“开战了！”，正如电影里演的，我记得《登山宝训》（《新约·马太福音》中记录的宗教教义和耶稣发表的伦理演说，这是耶稣对其门徒和许多人做

① “黑暗时代”，十八世纪左右开始使用的一个名词，指西欧历史的中世纪早期；具体地说，指西方没有皇帝的时期（476—800）；更通常的说法是指公元约500—1000年之间。

② 弥尔顿（1608—1674），英国诗人。他的文章多讴歌和捍卫民权与宗教自由。被认为是英国继莎士比亚之后最伟大的诗人。

的训诫）被宣布是德国的危险文件，不允许在千百万王国臣民中流传，编辑和印刷商要是出版了它就会被罚款或坐牢。

鉴于这些，似乎放弃研究历史，搞短篇小说或搞房地产更明智些。

但这是服输认栽，我要坚持自己的工作，尽量记住在秩序井然的国度里，每个正直的公民都应该有权表白、思考和陈述自己认为正确的东西，只要不干涉他人的幸福、不破坏文明社会的礼仪和不违背当地警察局的制度就行。

当然，这使我备录在案，成为所有官方出版审察的敌人。依我之见，警方应该追查的倒是那些为了私利而印刷的色情杂志和报纸。至于其他的，谁愿意印什么就由他去印吧。

我讲这些并不是说我是理想主义者或改革家，我很讲实际，最憎恶浪费精力，也很熟悉过去五百年的历史。这段历史清楚地表明，对文字和言论的任何暴力压服都没有过任何益处。

胡言蠢话就如同炸药，只有放在狭小密封的容器里，再加上外力的打击，才会产生危险。如果放任一个可怜虫去讲演，他至多只能招来几个好奇的听众，他的苦心只会成为大家的笑柄。

同一个人，如果被目不识丁的粗鲁的地方长官戴上手铐，送进监狱，再判处三十五年的单独囚禁，那他就会变成大家同情的对象，最后还会被誉为烈士。

但是要记住。

既有为好事献身的烈士，也有为坏事送命的亡命徒，后者手段狡猾，人们无从知道他们下一步要干什么。

因此我主张，由他们去说去写吧。如果说的是至理名言，我们就应该知道，如不然，也会很快被忘记。希腊人似乎意识到了这一点，罗马人在帝国时代之前也是这样做的。但是一俟罗马军队总司令成为帝国半神半人的人物、成为朱比特的远亲、远远地离开了普通民众，一切就都改变了。

“欺君犯上”的滔天罪名被炮制出笼。这是一种政治罪，从奥古斯都[①]时代到查士丁尼当政时期，许多人仅仅由于上谏直言稍有冒犯，便被投入监狱。但如果人们把罗马皇帝束之高阁不去搭理，也就没什么谈话题目可忌讳了。

到了教会统治世界的时候，快乐的时光一去不复返了。

耶稣死后没几年，善与恶、正统与异教之间便有了明确的分界线。一世纪后期，圣徒保罗在小亚细亚的以弗所[②]附近周游了很长时间。那个地方的护身符和符咒是闻名已久的。保罗四处传教，驱逐魔鬼，获得极大成功，使许多人承认了自己的异教错误。作为忏悔的象征，人们在一个晴空万里的一天，带着魔法书聚在一起，把价值一万多美元的秘密符咒付之一炬，你在《使徒行传》第十九章可以读到这些记载。

不过这完全是出于忏悔罪人的自愿，《使徒行传》上并没有说保罗曾经禁止过其他依弗索斯人阅读或藏有这些东西。

直到一个世纪以后，才迈出了这一步。

以弗所城的一些主教发出命令，凡载有圣徒保罗的书都是禁书，忠诚的信徒不应当阅读。

在以后两百年中，被禁封的书籍很少，因为问世的图书也寥寥无几。

但是在325年召开尼西亚[③]会议以后，基督教成为罗马帝国国教，对文字的审查随之成为教士日常工作的一部分。某些书是绝对禁止的。还有些书则被称为“危险品”，并有警告说，阅读这类书的人都要冒身家性命的危险。作者在出

---

① 罗马帝国的奠基人奥古斯都·恺撒是历史上举足轻重的伟大人物之一。他结束了公元前一世纪期间使罗马共和国陷入混乱的内战，重新组建了罗马政府，因此他的国家内部出现了长达两个世纪之久的太平盛世。

② 以弗所，古希腊小亚细亚西岸的一重要贸易城市。

③ 尼西亚，小亚细亚西北部的古城。

版作品之前，最好还是先获得当局的批准，以保平安，这形成了一种制度，作者的手稿必须送当地主教审批。

即使如此，作者也不总能担保著作可以久存于世。这个教皇宣布这本书无害，而他的继承人却会宣布它不正派。

不过总的来说，这个办法倒也较为有效地保护了撰写人免于与自己在羊皮纸上的作品一起被烧为灰烬。那时的图书还靠手抄相传，出版一套三卷本需要五年时间，所以这项制度甚为奏效。

然而这一切都被谷登堡（约1395年—约1468年，德国发明家。1455年完成杰作42本《圣经》，这是欧洲最早的活字印刷品）的发明改变了。他的别名叫约翰·弗莱士。

从十五世纪中叶以后，有魄力的出版商在不足两星期内便可以出版四百至五百本之多的图书，在1453年至1500年的短暂时间内，西欧和南欧的读者竟获得不下四万册不同版本的图书，这相当于当时较大的图书馆历代积累的全部藏书。

图书数量出乎意料地迅猛增加，使教会忧心忡忡。明知一个异教徒在阅读自抄的《马太福音》，却不能轻易逮捕他，不然的话对拥有两千万册编辑整洁的图书的两千万异教徒又该如何处置呢？他们对当权者的思想构成了直接威胁，看来必须指派一个特别法庭审查以后所有的出版物，决定哪些可以出版，哪些永远不能见天日。

这个委员会经常公布一些书目，认为这些书含有“犯禁知识”，由此产生了臭名昭著的《禁书目录》。其名声与宗教法庭的名声一样狼藉。

有人认为对印刷出版的监督是天主教会独有的。其实这并不公正。许多国家的政府也害怕出版物像雪崩一样突然压下来，威胁国家的安宁。他们早已强迫出版商把书稿送到公共检察机关，凡是没有盖上官方批准大印的书都不得出版。

不过除罗马外，没有一个国家把这种做法延续至今，即使罗马的情形也与十六世纪中叶迥然不同。这也是势在必行。出版工作的进展迅猛澎湃，红衣主教是为审查各类印刷品而成立的“《禁书目录》委员会”，也就是红衣主教会议，很快就应接不暇、力不从心了。除图书以外，还有小册子和油印文稿，以报纸、杂志和传单的形式，如汹涌洪水冲击过来，再勤勉的人也休想在两三千年内通读一遍，更不用说审查分类了。

统治者对不幸的臣民施以了恐怖专横的手段，但自己也因为专横而大吃苦头。

公元一世纪罗马帝国的塔西佗[①]就曾宣布自己“反对迫害作者”，认为“这种愚蠢的做法无疑给本来不会引起公众注意的书做了广告。”

“禁书目录”证实了这个论断。宗教改革刚一成功。目录上所列的禁书马上就成了希望掌握流行文学的人的便利指南。可还不止这些。十七世纪时，德国和低地国家[②]的精明书商还专门派代表到罗马，专门搜集被禁止或被删节的最新书目，到手后便由特别信使跋山涉水越过阿尔卑斯山和莱茵河谷，以最快速度送到赞助人手里。继而德国和荷兰的印刷厂着手工作，夜以继日抢印特别版，以高价卖出，由大批职业书贩偷偷运往禁令森严的国度。

不过偷运过境的书毕竟有限，而且在一些国家，如意大利、西班牙和葡萄牙，“禁书目录”不久前还在执行，其镇压影响仍在发挥显著作用。

如果这些国家在发展竞赛中落后了，这是情有可原的。大学的学生们无法接触到国外的教材，只能使用国内质量低劣的教科书。

---

① 塔西佗（56年—约120年），历史学家，古罗马元老院议员。主要著作有《历史》《编年史》等。

② 低地国家，指荷兰、比利时、卢森堡。

最可悲的是，“禁书目录”使人们心灰意冷，没有心思再搞文学和科学了，因为头脑健全的人不愿意辛辛苦苦写下一本书，却被无能无知的检查官“修正”得七零八落，或者被无学无识的宗教法庭调查委员会校订得面目全非。

他情愿钓钓鱼，或者去化装舞会和酒馆消磨时间。

当然，也有人选择默默地坐下来，在对自己和民族的彻底绝望中，坐下来写出了堂吉诃德[①]的故事。

① 堂吉诃德，西班牙作家塞万提斯所著同名小说及其主人公。

第十章　历史写作的普遍性与本书的特殊性

我热忱地向你们推荐伊拉斯谟[①]的信札，尤其是已经读腻了现代小说的人们。这位博学的求知者当年收到了许多比他更为胆怯温顺的朋友的来信，其中不乏老生常谈的警告。

“听说您正在考虑写一本关于路德派之争的小册子。”某位行政长官写道，“请注意掌握火候，因为您非常容易冒犯教皇，而教皇希望您能万事平安。”

又或者：“某君刚从剑桥回来，他告诉我，您正在筹备出版一本散文集。看在上帝分上，千万不要惹皇帝陛下不高兴，他有权有势，触怒了他会让您吃不了兜着走。”

一会儿是鲁汶[②]的主教，一会儿是英格兰国王，一会儿是索邦神学院[③]教师，一会儿又是剑桥大学可怕的神学教授，四面八方都得考虑周全，不然作者

① 伊拉斯谟（1466—1536），荷兰文艺复兴时期学者，罗马天主教神学家。其作品主要包括《基督教骑士手册》和《愚人颂》。

② 鲁汶，比利时中部的一个城市。

③ 索邦神学院，巴黎大学的前身。

就会失去收入，丧失官方保护，还会落入宗教法庭的魔掌，在刑车轮下被辗成碎块。

如今，作为刑具的轮子（除作为运载工具外）已经降格放在老古董博物馆里了，宗教法庭在近百年里已经关门闭户，对致力于文学的人来说，官方保护没有一丝实用之处，历史学家聚在一起时更缄口不谈“收入”二字。

但是，一旦提到我要写一部《宽容的历史》时，另一种形式的警告和忠言便纷至沓来，拥入我那与世隔绝的小住所。

“哈佛大学已经拒绝黑人女学生入住宿舍”，一个书记官写道，“请务必在书中提一下这件令人非常遗憾的事情。”

又或者：“马萨诸塞州弗拉明戈市的一家食品店老板公开宣称加入了罗马天主教，当地三K党已经开始联合抵制他，您在撰写宽容故事的时候一定会就此谈几句吧。”

诸如此类，不胜枚举。

毋庸置疑，所有这些事情都十分愚蠢、非常无聊，理应受到指责。不过他们似乎不属于论述宽容的著作范畴之内。这些只是恶劣做派和缺乏高尚的公共精神的体现，他们与官方形式的不宽容形式有很大不同。官方的不宽容是与教会和国家的法律紧密联系的，它使对安分守己的百姓的迫害成为神圣的职责。

正如白芝浩[①]所说，历史应该像伦勃朗的蚀刻画一样，对那些选定的最美好最重要的事物，应该用生动的光线来表现，至于其他的，则隐没在黑暗中，别去看吧。

现代的不宽容精神也曾经发疯般地爆发过，新闻报道如实地记录下了这一切，但即使从这样的报道里面，我们也能看到充满希望的未来。

① 白芝浩（1826—1877），英国经济学家，报纸编辑。

许多事情在老辈人眼里或许合情合理，附上“一直如此”的批语，本应理所当然地被接受下来，可在今天却要引起激烈的争论。对那些我们的父辈和祖辈认为是荒诞不经和不切实际的思想，我们身边的一些人常常会拍案而起，挺身而出，为之辩护，并加捍卫。而且，在与某些甚为可恨的群氓思想的斗争中，他们通常还能取得胜利。

本书力求简明扼要。

生意兴隆的当铺老板之自私势利，独霸一方的北欧人之逐渐削弱的自豪感，边远地区的福音传教士之愚昧无知，乡村教士和巴尔干拉比（犹太法学博士）之偏执顽固，所有这些我都不会费力去讨论。这些人，人品倒是不错，只是思想糟糕得很，这样的人我们周遭有很多。

不过只要没有官方支持，他们相对来说倒也无害，在大多数开明的国度里，已经杜绝了这种可能。

个人的不宽容是个非常讨厌的东西，它导致社团内部的极大不快，它所带来的危害比麻疹、天花和饶舌妇人加在一起的还要大。但是，个人的不宽容不能采取刑罚手段。如果允许不宽容的人充当刽子手的角色，就像有些时候某些国家发生的情形那样，那就超出了法律的限度，成为警方关注的对象。

个人的不宽容不操纵监狱，也不能将其思想上升为国家意志，规定和限制人们的思想、言论以及吃喝等日常生活。如果真要这么做，就必然会招致所有正派的安分守己的民众的强烈不满，以至新的法令就会成为一纸空文，即便在哥伦比亚地区也无法执行。

简言之，个人的不宽容是有限度的，即只能以自由国家的大多数公民不介意为极限，不得超越。然而官方的不宽容却不然，它可以权力浩大，无所不及。

它不承认任何高于自己的权威。

官方的不宽容专横跋扈、蛮不讲理，对给无辜者造成的损害，从来不予以任何形式的补偿，且不容分说，不听任何理论。它还求助于“神灵”来支持自己的决定，承担起解释上天旨意的职责，似乎打开生存之谜的思想钥匙为那些刚刚在大选中获胜的人所独有。

如果本书的“不宽容”一词总是意味着“官方的不宽容”的意思的话，如果我对个人不宽容的关注度不够的话，那还请充分谅解。

我一次只能做一件事情。

第十一章　文艺复兴

在我们国家有一个知识渊博的漫画家，他总是喜欢问自己这样一个问题，台球、十字填充游戏、大提琴、浆洗的衬衫和门前的擦鞋垫是怎样看待这个世界的呢?

不过，我想知道的是那些接受命令去操纵大型现代攻城炮的人是什么样的心理反应。战争期间，许多人做着形形色色奇怪的工作，但是还有比发射贝尔塔巨炮[①]更加荒诞可笑的工作吗?

其他士兵或多或少都知道自己在干什么。

飞行员可以从飞腾而起的红光中判断是否击中了煤气工厂。

潜艇指挥员在返航两三个小时后，可以通过残骸漂浮物的多少来判断战果如何。

趴在壕沟里的可怜虫，凭借自己还坚持在某个堑壕里，便知道是守住了阵地，心里也沾沾自喜。

即便是那些野外的炮兵，在向看不见的目标射击后，也可以拿起耳机，向他那藏在七英里以外一颗枯树上的同伴询问，所要摧毁的教堂塔尖是否有倒塌

① 贝尔塔巨炮，第一次世界大战期间，德国人研制出的专门用于攻克堡垒的大炮。大炮长7米，直径420毫米，炮身连同炮车重达120吨，能将1吨重的炮弹发射至14.5公里外。

的迹象，是否需要调整角度再打一次。

但是，那些操作使用贝尔塔巨炮的弟兄们却生活在奇怪虚假的孤独世界中。他们冒冒失失地把炮弹射往天空，即使有资深弹道学专家的帮助，也无法预见炮弹的命运是什么。炮弹也许真的击中了目标，也许落在了兵工厂或要塞中心。然而它也会击中教堂或孤儿院；或者安静地潜入河底，又或者扎入石坑沙砾中，没有造成任何的伤害。

依我看来，作家在许多地方与攻城炮兵有相同之处。他们也在操纵一门重型火炮，他们的文学炮弹也许会在最意想不到的地方引发一场革命或是引起一场大的火灾。不过一般发射的只是可怜的哑弹，无声无息地静卧在附近的田野里，最后被当作废铁，或者制成雨伞架和花盆。

的确，历史上没有哪一个时期像众所周知的“文艺复兴”时期那样，在非常短的时间内，消耗了这么多的纸浆。这个时代就是通常说的“文艺复兴”。

意大利半岛上的每一个托马索、里卡多和恩里格，条顿大平原上的每一个托马修斯博士、里卡都斯教授和多米尼·海因钦，都急匆匆地印刷出版自己的作品，所用的纸张最小也是十二开的。更甭说模仿希腊人写的动人的十四行诗的托马西诺，以及参照罗马祖先的佳篇文体写颂歌的里卡蒂诺了。还有那些不计其数的人，热衷于收藏古钱币、雕塑作品、肖像画、作家手稿和古代盔甲。他们用近三百年的时间，每天都忙于把刚刚从前人的废墟里挖掘出来的东西分类、整理、制表、登记、存档和编纂，用无数对开纸印出集子，再配上美丽的铜版和精制的木刻。

人们的这种求知热，无疑使弗罗本、阿尔杜斯、爱提恩尼以及其他新印刷公司发了财，他们靠着古滕堡[①]的发明大捞油水。（而此项发明却使古滕堡公

① 古滕堡，德国活版印刷的发明人。

司破产）不过，文艺复兴时期的作品并没有在当时的世界——艺术家们生活的十五、十六世纪——产生巨大的效果。贡献出新思想的杰出人物，也只是为数不多的几个手握鹅毛笔的英雄，他们像那些开巨炮的朋友一样，并没能亲眼看到自己取得多大成功，也无法知道自己的作品对社会造成了多大的毁坏。但是，他们毕竟是铲除了进步道路上的种种障碍。我们应当感谢他们，是他们干净彻底地清扫了堆积如山的精神垃圾，没有他们，这些垃圾还会在我们的思想领域里碍手碍脚。

不过，严格地讲，文艺复兴起先并不是一次“复古”的运动。它鄙视刚刚消失的过去，称上一代人的著作为“野蛮”之作（或“哥特式的野蛮”之作，因为哥特人曾一度和匈奴人一样声名狼藉）。文艺复兴的主要志趣在艺术品上，因为艺术品里蕴藏着一种叫“古典精神”的物质。

如果非要说文艺复兴为人的良知自由，为宽容事业或为建立一个更美好的世界，起到推动和振兴作用的话，那也不是这场运动的领袖们最初的本意。

早在此之前，便有人提出质疑，罗马主教有什么权力强行规定波希米亚农民和英格兰自由民必须用哪国语言祈祷，应该用什么精神来解读耶稣的教诲，应该为自己的放纵行为付出什么样的代价，又应该读些什么书以及怎样教育子女。他们公开对抗这个超级王国的强权，却被它打得粉身碎骨。即使他们以民族事业的名义而战，还是难逃失败的命运。

伟大的约翰·胡斯[①]余火未熄的骨灰被耻辱地掷入莱茵河，这显然是对全世界的警告：教皇的统治仍然是至高无上的。

威克利夫[②]的尸体也被官方行刑人焚烧了，似乎是在昭告莱切斯特郡卑微

① 约翰·胡斯，捷克宗教改革者，受火刑而死。

② 威克利夫，英国神学家，欧洲宗教改革的先驱。

的下层农民，枢密院和罗马教皇还能把手伸到坟墓里。

显然，正面攻破是不可能的了。

“传统”这座坚固的堡垒，是在一千五百多年的漫长岁月里，用巨大的权威逐渐精心地建立起来的，单靠外力是无法攻破的。在这神圣的高墙壁垒之中，也不乏许多丑闻。三个教皇之间争战不休，谁都说自己是合法的，是圣徒彼得的唯一继承人；罗马和阿维尼翁[①]教廷腐败至极，制定的法律，只要肯花钱，就可以购买而随意践踏；修道士的生活完全糜烂堕落；还有一群贪财谋利之人，利用人们对炼狱与日俱增的恐怖心理，从死去孩子的可怜的父母那里敲诈大笔钱财，因为没有父母愿意自己的孩子遭受炼狱之苦。所有这一切，尽管大家都心知肚明，但却又丝毫无碍于教会的存在和安全。

但是，也有一些人对基督教事务毫无兴趣，对教皇和主教也没有什么不满，然而，他们无意间胡乱地开了几炮，却最终导致这座陈旧的大厦轰然倒塌了。

那个来自布拉格的“身材瘦弱而面容苍白的人”（指约翰・胡斯），有着向往基督美德的崇高理想，可他没有完成他应该完成的任务，但却被一群混杂的平民百姓实现了。这伙人别无他求，于生于死（最好是能享尽天年）只想能诚心地为世界做诸般善事，做教会的虔诚弟子。

这些人来自欧洲的各个角落，代表各行各业的人群。如果当时的历史学家指出他们的所作所为的真实本意，他们也许还会非常恼火。

以马可・波罗为例。

我们都知道，他是一个伟大的旅行家，他一生见过无数美妙绝伦的风光。然而，每当他向人们说起，他看到的金色御座有塔那么高，大理石墙的长度犹

---

① 阿维尼翁，坐落在巴黎和蓝色海岸之间，也是普罗旺斯省的必经之门。它是法国最美丽的城市之一，十四世纪时曾是教廷所在地，当时的宫殿保留至今。

如从巴尔干到黑海的距离，总是引得他们捧腹大笑，并调侃地称他为“百万美元的马可”，因为他们一辈子都局限在西方城市的狭小地域内，从来就没有见过什么大世面。

这个小个子也许有些手足无措，然而不管怎样，他在历史发展的进程中扮演了一个很重要的角色，起了非常重要的作用。他的文笔并不好，他和与他同时代同阶层的人一样，对文学也怀有偏见。他们认为，一个真正的绅士（即便是对复式记账法再熟悉不过的威尼斯绅士）应该挥舞宝剑而不是摆弄鹅毛笔，因此马可先生不愿意成为作家。然而，一场战争使他进了热那亚的监狱。为了打发枯燥的铁窗时光，他把自己一生的经历和奇遇，讲给同监室的一个可怜的文人。靠这种间接的途径，欧洲人终于了解了许多过去一无所知的事情。

马可·波罗是个头脑简单的家伙，他坚信他在小亚细亚见过有座山被一个虔诚的圣人挪动了两英里，因为圣人想告诉异教徒“真正的虔诚的信仰有多大的力量”；他也轻易地相信了许多广为流传的故事，比如“没有脑袋的人”和“三只脚的鸡”。但是他讲述的游历经历对推翻教会的地理学理论的作用，胜过此前一千三百年中所发生的一切。

当然，马可·波罗一直到死都是教会虔诚的信徒。如果有人试图将他和与他几乎是同时代的著名的罗吉尔·培根相提并论的话，那他肯定会怒不可遏。因为培根是个地地道道的科学家，他为了追求知识，忍痛整整十年没有写作，还在监狱里关了整整十四年。

不过，这两个人相比较，还是马可·波罗更具危险性。

因为，会跟随培根追逐天上的彩虹，琢磨那些颠覆当时神圣观点的进化理论的人，恐怕十万个人中最多只有一个；而每一个只学过ABC的平民百姓，却可以从马可·波罗那儿了解到，世界上竟然还存在着《旧约》作者想都没有想到过的东西。

在这里，我并不是说在世界尚未获得一丝一毫的自由之前，仅靠出版一本书就能引起对《圣经》的权威性的反叛。大众的启蒙教化，从来都是历经数百年艰苦准备的结果。但是，探险家、航海家和旅行家们那些通俗易懂的解释和说明，人们更容易理解和接受，这就为怀疑论精神的兴起，起了重大推动作用。怀疑论是文艺复兴后期的特点。有了这种怀疑精神，人们开始去说去写那些以前从不敢触碰的东西和话题，而在这之前不久，发表这些言论就足以使其落入宗教裁判所的魔爪。

以薄伽丘①的奇特故事为例。他的朋友们从佛罗伦萨出发，进行充满趣味的长途旅行，旅行的头一天便听到了这些故事。故事里面讲到，所有宗教体制都可能有对有错。可是如果这个说法成立，所有宗教体制都对错参半，那么许多观点就无法证实或否定，既然如此，持各种观点的人为什么还要被判处上绞刑架呢?

读一读像洛伦佐·瓦拉这样著名学者的探险经历，会更加让人称奇。他生前曾是罗马教会机构中受人尊崇的高级官员。可是，他在钻研拉丁文时，却无可辩驳地证明了，传说中“关于君士坦丁大帝曾把罗马、意大利以及西部所有省份赠送给西尔敏斯特教皇”的说法（从这以后的历代教皇都以此为依据，以为自己是整个欧洲的最高统治者）完全是一场拙劣的骗局，只不过是在皇帝死去几百年后，由教廷里一个一文不名的小官杜撰编造出来的。

再回到更加实际一点的问题上来，看看一直受圣·奥古斯丁思想熏陶的那些虔诚的基督教徒。圣·奥古斯丁曾教导他们说，谁要是相信在地球的另一端也有人存在，谁就是在亵渎神灵，是异端分子，这些卑贱的人是不可能见到基督第二次降临的，因而根本没有理由活在世上。然而，当1499年达·伽马首航

① 薄伽丘（1313—1375），意大利作家，人文学者。历史上最伟大的作家之一，其最著名的作品《十日谈》。

印度群岛归来，描述了他在地球另一端发现的人口稠密的王国的时候，这些虔诚的信徒又该如何看待圣·奥古斯丁的教义呢?

这群头脑简单的人一直被灌输这样的思想，我们的世界是平面的圆盘，耶路撒冷则是宇宙的中心。然而，当“维多利亚”号轮船环球航行平安返回，告诉人们《旧约》中的地理学理论有许多相当严重的错误，那么这些人又应该相信谁呢?

在此我重申，文艺复兴并非一个自觉钻研科学的时代，在精神领域中也缺乏真正的志趣，这一点令人感到十分遗憾。在这三百年间，对一切事物起主导和支配作用的，是人们追求美和追求享乐的欲望。虽然教皇通常会对一些臣民所持的异端邪说暴跳如雷，但是如果这些反叛者碰巧十分健谈或者懂一点绘画和建筑的话，他倒也十分乐于邀请他们共进晚餐。而那些美德的热情鼓吹者，如萨伏那洛拉[①]，以及不可知论者，则都有牺牲生命的危险，年轻的不可知论者很聪明，在他们的诗歌和散文中，用严厉的措辞而非平和的语言，猛烈地抨击了基督信仰的基本观点。

人们表露出的是对生活的新的向往，但是毫无疑问这里面却蕴藏着一种潜在的不满，那是对现行制度的不满，对拥有无上权力的教会严酷束缚人类理性发展的不满。

从薄伽丘到伊拉斯谟，中间差不多有近两个世纪的间隔。在这两百年里，抄写工和印刷商从未清闲过。除了教会自己出版的图书外，所有重要的著作几乎无一不间接地暗示，这个世界已经陷入了无可救药的困境，由于野蛮人的入侵造成的混乱局面取代了希腊和罗马的古代文明，西方社会落入了无知的僧侣

① 萨伏那洛拉（1452—1498），意大利宗教改革家。主张重整社会道德，提倡虔诚修行生活。

掌管之下，世界便陷入了极为悲惨的灾难境地。

与马基雅维利[①]和洛伦佐・美第奇[②]的同时代的人对伦理学并不是很感兴趣。他们都是讲究实际的人，善于利用现实世界。他们表面上与教会和平共处，因为他们知道那是一个组织强大、影响深远的庞大机构，如果和它作对，有可能会对自己造成很大的伤害；因此，他们从不有意识地参加任何改革的尝试，或对管辖他们的制度提出质疑。

但是他们对于过去发生的事情永不满足的求索之心，对新的激情的不断追求，那不肯安稳下来的极度活跃的思想，这一切的一切，都促使人们从笃信的“我们知道”，转而开始提出了这样的问题：“我们真的知道吗？”

而这些，要比彼特拉克[③]的所有十四行诗以及拉斐尔[④]的所有绘画作品更值得后人纪念。

---

① 马基雅维利（1469—1527），意大利政治理论家，主张为达到目的可以不择手段，著有《君主论》。

② 洛伦佐・美第奇（1449—1492），意大利银行家和政治家，文艺复兴时期艺术和学术的主要支持者。

③ 彼特拉克（1304—1374），意大利诗人和人文学者，被认为是最早的现代诗人。

④ 拉斐尔（1483—1520），意大利著名画家，也是“文艺复兴后三杰”中最年轻的一位，代表了文艺复兴时期艺术家从事理想美的事业所能达到的巅峰。

第十二章　宗教改革

现代心理学教会了我们几件有用的东西，其中之一就是，我们极少出于一种单一的动机而做一件事情。我们不论是向一所新大学解囊捐赠一百万美金，还是连一个铜子也不愿意给饥饿的流浪汉；不论是宣称只有在国外才能得到真正的精神自由，还是发誓永远都不离开祖国；不论是坚持把黑的叫作白的，还是坚持把白的叫作黑的，我们做出这些决定时，总是出于几种不同的动机，我们内心深处也明白，这的确是真的。但是，我们要是真敢对自己和周围的人老实承认这一点，那我们在大庭广众之下的形象可就寒碜可怜了。出于天性，我们总要从各种动机中挑选出最值得钦佩、最有价值的一项，修饰一番以迎合公众口味，然后公之于世，称它是“我们做某件事的真正理由”。

不过这虽然可以在大多数场合下蒙骗住大家，却从来没有一个方法能蒙骗自己，哪怕是蒙骗一分钟。

大家都清楚这条使人尴尬的真理，因为自从有了文明以来，人们便狡黠地达成默契，在任何公共场合里都不得戳穿它。

我们内心怎样想，这是自己的事。只要外表保持一幅道貌岸然的样子，心里便会感到满足，因此就很乐于遵守这样的原则：“你相信我的谎话，我也相信你的。”

大自然却没有礼仪之限，它在我们的一般行为准则中是个绝大的例外，因此它极少能被允许跨入文明社会的神圣大门。由于历史迄今只是少数人的消遣之物，所以名叫克利俄[①]的可怜女神至今一直过着枯燥无味的生活，尤其与不如她体面的姐妹们相比更是如此。她的姐妹们自从开天辟地以来就可以自由地唱歌跳舞，还被邀请参加每一个晚会，这当然引起了可怜的克利俄的无比愤恨，她不断施展微妙的手腕，以图报复。

报复纯属人的天性，却又很危险，在人类的生命和财产中常常索价高昂。

每当这个老妇人向我们揭露数世纪流传下来的成套的谎言时，整个安宁幸福的世界就陷入动荡之中，狼烟四起，上千个战场包围了世界。骑兵团开始横冲直撞，漫山遍野的一队队步兵慢慢地爬过大地。以后，所有的人都回到各自的家舍或墓地，整个国家一片荒凉，不计其数的金银枯竭到最后一文钱。

如前所述，我们的同行现在已经开始认清，历史既是科学，也是艺术，大自然的法则没有什么事物能够逃脱，在化学实验室和天文台里要遵守它，在历史领域也同样如此。因此，我们开展了卓有成效的科学普及运动，希望对子孙后代造福匪浅。

这终于把我带到了本章开始时的题目，那就是：基督教改革运动。

直到前不久，对这场社会和思想的大变革只有两种观点，一种是全盘肯定，一种是全盘否定。

前种看法的支持者认为，它是一次宗教热情的突然爆发，一些品行高尚的神学家对教皇龌龊的统治和受贿大为震惊，自己就建立起独立的教堂，向真心

① 克利俄，希腊神话人物中九位古老的女神之一。这九位女神代表是传统的音乐和舞蹈、即时的和流传的歌所表达出来的传说。她们是海林肯山的泉水的水仙。在罗马时代，人们认为每一位缪斯掌管一门艺术，克利俄掌管历史。

诚意要当真正基督徒的人传授真正的信仰。

仍旧忠于罗马的人绝没有这么高的热情。

按照阿尔卑斯山另一端的学者的说法，宗教改革是一场既可憎又可恶的反叛，几个卑鄙的王公贵族不想结婚，还希望得到本该属于教会圣母的财产，于是便开始阴谋闹事。

一如既往，双方都对，可又都错了。

宗教改革是形形色色的人出于形形色色的动机造成的。直到最近我们才开始明白，对教会的不满只是这场大动乱的一个次要原因，实际上它是一场不可避免的社会和经济革命，神学的作用在这里显得微乎其微。

如果教导我们的子孙，使他们相信菲利普亲王[①]是个开明统治者，他对改革后的教义很感兴趣，这当然要比向孩子们说明一个无耻政客如何通过狡猾诡计，在向其他基督徒开战时接受了异教的土耳其人的帮助要容易得多。于是几百年来，新教徒便把一个野心勃勃的年轻伯爵打扮成慷慨大度的英雄，却只字不提他实际上是想看到现在掌权的哈布斯堡家族（欧洲最古老的王室家族，其成员从1273—1918年当过神圣罗马帝国、西班牙、奥地利、奥匈帝国的皇帝或国王）被其对手黑森家族（旧时德国中西部一个地区）所取代。

另一方面，如果把克雷芒主教比做是仁慈的牧羊人，他把日益衰竭的最后精力都徒然地用在保护羊群不跟随错误头领误入歧途上，这要比把他描写成典型的美第奇家族[②]的王子更易于理解，因为美第奇家族把宗教改革看成是一

① 菲利普亲王，这里指德意志新教领袖。十六世纪二十年代宗教改革运动席卷整个德国，他站在路德一边，后来和德意志北部和东部的一些公爵结成防御联盟，并成为该集团的领袖。曾因重婚罪受到皇帝的审判。

② 美第奇家族，意大利贵族家庭，出了三个教皇、两个皇后。

群酗酒滋事的德国僧人的不光彩吵闹，并运用教会的力量扩展意大利祖国的利益。因此，如果我们看到这个传说中的人物在天主教的课本里对我们微笑，我们丝毫不必惊讶。

这种历史在欧洲可能是必要的，不过我们既然在新世界上幸运地落了脚，就不必坚持欧洲大陆祖先的错误，而应该自由自在地得出自己的结论。

黑森的菲利普是路德的挚友和支持者，他虽然怀有强烈的政治抱负，却不能说在宗教信仰上不虔诚。

绝不是这样的。

1529年他在著名的《抗议》上签字时，他和其他签名者都知道，他们会“遭到猛烈暴风雨的严酷打击”，还会在断头台上了却一生。他如果不是具有非凡的勇气，就不能扮演他实际上扮演了的角色。

不过我要讲明的是，历史人物受到启发做了一些事情，也被迫放弃一些事情，但如果不深入了解他的各种动机，要对他（或者对我们所熟悉的人）做出公允的评判是下很困难的，也可以说是不可能的。

法国有句谚语：“了解一切即宽恕一切。”这个解决方法似乎过于简单。我想做一点补充，修改成：“了解一切即理解一切。”善良的主在数世纪前已经把宽恕的权力留给了自己，我们还是让他去尽宽恕之职吧。

我们也谦虚一些，尽量去“理解”，这对于人类有限的能力来说已经足够了。

现在我还是回到宗教改革上来，这个题目使我把话题扯开了一些。

据我的“理解”，这个运动起初是一种新精神的体现，它是前三个世纪里经济和政治发展的结果，后来被人称为“民族主义”，因此它与那个外来的国上之国是不共戴天的敌人。前五个世纪的欧洲各国都被迫要看那个国上之国的眼色行事。

要是没有同仇敌忾，就不能使德国人、芬兰人、丹麦人、瑞典人、法国人、英国人和挪威人紧密团结为一体，形成强大的力量，足以摧毁长期监禁他们的监狱围墙。

如果各自怀有的险恶嫉妒之心没有由于一个伟大的理想而暂时收敛，超脱私人的仇视和野心，宗教改革也绝不会成功。

反之，宗教改革就会变为一连串小规模的地方起义，只需一支雇佣军团和几个精力旺盛的宗教法官就可以轻而易举地把它们镇压下去。

改革领袖便会重蹈胡斯的厄运，追随者们也会像从前被杀的韦尔多教派[①]和阿比尔教派[②]的人一样被处死。教皇统治又一次轻易得胜，接踵而来的便是对“违反纪律”的人们施以施雷克里克式的恐怖惩戒。

改革运动虽然胜利了，但成功的范围却小到了极点。胜利一到手，对反抗者生存的威胁一解除，新教徒的阵营便瓦解成无数个敌对的小山头，在已经大大缩小了的范围内重演敌人当权时的所有错误。

一个法国主教（很遗憾我忘记了他的名字，他是个绝顶聪明的人）曾经说过，我们必须热爱人类，不论人类处于什么境况。

我们从局外人的角度回顾一下，在近四个世纪的时光里，人们曾充满希望，但同时也陷入更大的绝望。多少男男女女怀着崇高的勇气，在断头台和战场上为了理想抛弃了生命，而理想却从未实现过。我们也看一看数以百万计默默无闻的小市民，他们认为某些东西是神圣的，便为之牺牲；还有新教徒的起义，他们本想建立更自由更开明的世界，却一败涂地。这都会使人们的博爱之心受到异常严峻的考验。

直言不讳地讲，新教徒奉行的主义从这个世界上剥夺了许多美好、高尚

① 韦尔多教派，原为十二世纪起源于法国的宗教运动，现指流行于法意边境地区的瑞士基督教派。

② 阿比尔教派，十二世纪和十三世纪法国南部的新教徒教派成员，在中世纪宗教法庭活动期间作为异教派而遭到根除。

和美丽的东西，又加进了不少狭隘、可憎和粗陋的货色。它不是使人类社会更简朴、更和谐，而是使它更复杂、更无秩序。不过，与其说这是宗教改革的过错，倒不如说是大多数人本身具有的弱点造成的。

他们从不慌慌张张。

他们根本跟不上领导者的步伐。

他们并不缺乏善良的愿望，最终他们会跨过通往新世界的天桥。但是他们要选择最好的时机，而且还不肯放弃祖宗留下来的传统。

宗教大改革原想在基督徒和上帝之间建立一种完全新型的关系，摈除过去的一切偏见和腐败，可是它完全被追随者们头脑中的中世纪包袱搞得混乱不堪，既不能前进也不能后退，很快便发展成为一个与它所深恶痛绝的教廷组织毫无二致的运动。

这便是新教徒起义的悲剧，它无法超越它的多数支持者平庸的才智。

结果，西欧和北欧的人并没有像所期望的那样取得长足的进步。

宗教改革运动未能产生一个所谓一贯正确的人，却贡献了一本书，据说是完美无瑕的。

不是出现了一个至高无上的当权者，而是涌现了无数个小当权者，每一个都想在自己的范围里充当领袖。

它不是把基督世界分为两部分，一半是占统治地位的，一半是占非统治地位的，或者一半是虔诚的教徒，一半是异端分子。而是制造出无数个意见分歧的小团体，彼此毫无共同之处，还深恨所有与自己意见不同的人。

宗教改革后，并没有建立起宽容的统治，而是效法早期教会，一旦获得权力，便依靠不计其数的宗教手册、教旨和忏悔筑起了一道坚固的防线，便公然宣战，无情打击不赞同他们社团的官方教义的人。

但是在十六、十七世纪的思想发展中，这是无法避免的。

要形容像路德和加尔文这样的领袖的勇气，只有一个词，说来还相当吓人：胆大包天。

德国边远地区的不毛之地有一所靠近海岸的大学，里面的一位教授是一个朴实的多明我会[1]修道士，他公然烧毁了教皇谕旨，用自己的叛逆思想狠狠敲击了教会的大门。还有个体弱多病的法国人，他把瑞士的一座小村镇变成了堡垒，完全不把教皇的力量放在眼里。这些事例展示了人们的刚毅坚韧，堪称超世绝伦，现代世界无一可与之媲美。

这些胆大包天的造反者很快找到了朋友和支持者，只不过这些朋友都抱有个人目的，支持者也只是为了浑水摸鱼捞一把，好在这不是本书探讨的问题。

这些造反者为了自己的良知以性命赌博的时候，并不能卜测出世界将会怎样，也没能预见到北部大部分民族最后会云集到自己的旗帜之下。

但他们一旦卷入自己引起的大漩涡，就不得不随波逐流了。

不久，怎样使自己保持在水面上这个问题就耗去了他们的全部力气。教皇在千里之外的罗马终于了解到，这场人所不齿的动乱要比多明我会和奥古斯丁修道士之间的争吵严重得多。它是一个法国牧师的阴谋。为了赢得众多资助人的欢心，教皇暂时停建了心爱的大教堂[2]，开会商讨发动战争。教皇的训谕和逐出教会的命令飞送到四面八方，帝国的军队开始了行动。造反的领袖们无路可退，只好背水一战。

伟大的人物在你死我活的冲突中丧失了公允判断的能力，这在历史上不是第一次。同一个路德曾经疾呼，“烧死异教徒是违背圣灵的”，可是几年后，他

① 多明我会，又译为道明会，也称“布道兄弟会”，天主教托钵修会的主要派别之一。会士均披黑色斗篷，因此称为“黑衣修士”，以区别于方济各会的“灰衣修士”和加尔默罗会的“白衣修士”。

② 指罗马圣彼得大教堂。

一想起邪恶的德国人和荷兰人竟然倾向于再洗礼教派[1]的思想，就恨得咬牙切齿，似乎达到了疯狂的程度。

这个无畏的改革者在开始时还坚持认为，人们不应把自己的逻辑体系强加于上帝，而到了最后却烧死了理论明显比他更高一筹的敌人。

今天的异教徒到了明天就成为所有持异见者的大敌。

加尔文和路德总是谈论新的纪元，那时黑暗之后终归会出现曙光，然而他们在有生之年却一直是中世纪传统的忠实后裔。

在他们眼里，宽容从来就不是也不可能是什么美德。他们在没有容身之地的时候，还心甘情愿乞灵于信仰自由的神圣权力，以它作为攻击敌人的论点。一旦仗打赢了，这个深得信赖的武器便被小心翼翼地放在新教徒的废品仓库的墙角，和其他很多善良的意愿一起被当作不实用的东西扔掉。它躺在那里，被忽略，被遗忘，直到许多年后才从盛满旧式说教的木简后面被翻找出来，人们捡起它，擦去污迹，又一次走向战场，但是使用它的人的本质已经改变，与十六世纪初期奋战的人截然不同。

不过，新教徒革命也为宽容事业做出了巨大贡献。这倒不是革命本身取得的，这方面的收益的确很小。但是宗教改革的结果却间接地促进了各个方面的进步。

首先，它使人们熟悉了《圣经》。教会从未严令禁止人们读《圣经》，但也没有鼓励普通凡人研究这本圣书。现在每个正直的面包匠和烛台制造师终于可以拥有一本圣书了，可以在工棚里独自研究它，得出自己的结论，完全不必担心在火刑柱上被烧死。

熟悉可以消除人们在面对一无所知的神秘事物时的敬畏和恐惧。在宗教改革

① 再洗礼教派，又称重浸派、重洗派，是在欧洲的宗教改革运动发生时，从瑞士苏黎世的宗教改革家茨温利所领导运动中分离而出的教派。

后的两百年里，虔诚的新教徒相信自己从《旧约》中读到的一切，无论是巴兰[①]的驴，还是约拿[②]的鲸鱼。那些敢于质疑哪怕一个逗号的人（博学的亚伯拉罕·科洛威斯的“带有启发性的”元音点）知道最好别让他人听到他们怀疑的窃笑。这倒不是因为他们仍然害怕宗教法庭，而是因为新教牧师有时会使他们的生活很不愉快，众口纷纭的责难所导致的经济后果即使不是毁灭性的，也会十分严重。

实际上这本圣书是一个由牧民和商人组成的小民族的历史，但是长期不断地研究它却逐渐产生了一些后果，这是路德、加尔文和其他改革者未能预见的。

假如他们预见到了，我肯定他们会和教会一样，讨厌希伯来文和希腊人，小心谨慎地不使《圣经》落入凡世俗人之手。到头来，越来越多的治学严谨的学生只是把《圣经》当作一本有趣的图书来欣赏，在他们看来，里面的许多描写残忍、贪婪和谋杀的鲜血淋漓令人发指的故事绝不会是在神示下写成的，根据内容的性质判断，那只能是处于半野蛮状态的民族的生活写照。

从这以后，许多人当然不去再把《圣经》看成是唯一的智慧源泉。自由思考的障碍一旦扫除，被阻塞了近一千年的科学探索潮流便沿着自然形成的渠道奔腾而去，一度中断了的古希腊和古罗马哲学家的成果又从二十个世纪以前丢下的地方重新捡了起来。

其次，从宽容的角度来看，还有一点更为重要。宗教改革把西欧和北欧从一个权力专制中解脱了出来，这个专制尽管披着宗教组织的外衣，但实际上却是罗马精神专制的不折不扣的翻版。

信仰天主教的读者肯定很难苟同于这些观点，但他们也会对这场运动怀

① 《圣经》中的先知，被派去诅咒以色列人，在遭到自己所骑驴子责备后，反而祝福了以色列人。

② 约拿，《圣经》故事人物，以色列的先知。

有感激之情，因为它虽说是无法避免的，但对他们的天主教信仰也有好处。本来，天主教会这个一度神圣的名字已经沦为贪婪和暴虐的代名词，所以教会才绞尽脑汁，千方百计扫清这些指责。

天主教在这一点上取得了相当辉煌的胜利。

十六世纪中叶以后，梵蒂冈不再容忍博尔吉亚家族[①]的人了。诚然，教皇和从前一样，仍然都是意大利人，要改变这种规矩实际上是不可能的，就如同古罗马时期受信任的大主教们在选举教皇时要是挑上一个德国人、法国人或其他任何一个外籍人，下层百姓非把城市闹得天翻地覆不可。

新教皇的选举万分慎重，只有最德高望重的人才有希望当选。新主人由忠诚的耶稣会[②]会士辅佐，一上任便要进行大清洗。

放纵胡为的事情不再有市场了。

修道院的神职人员必须研究（也就是服从）修道院创始人定下的规矩。

在文明城市里，行乞的僧人踪影全无。

大家对宗教改革的不屑一顾态度已经消失，继之而来的是热切向往圣洁有益的生活，做善事，竭力帮助那些无力承担生活重担的不幸的人。

即使如此，教廷还是未能收回已经失去的大片疆土。按地理概念讲，欧洲北半部人信奉新教，只是在南半部保留了天主教。

不过，如果我们把宗教改革的成果用图画来说明，那么欧洲实际发生的变化就更为清晰。

在中世纪，有一座精神和思想的监狱，它包罗万象、无所不能。

① 博尔吉亚家族，定居于意大利的西班牙世袭贵族家族。

② 耶稣会，又称耶稣连队，天主教的主要修会之一，主要任务是教育与传教，在欧洲兴办许多大学，培养出的学生，除了是耶稣会人才外，也活跃于政界与文化界。

新教徒的起义摧毁了旧的建筑，并用现成的材料建立起自己的监狱。

1517年以后，出现了两座地牢，一座专为天主教徒，另一座是为新教徒。

至少原定的计划是这样的。

可是新教徒没有经受过几百年的迫害和镇压，少了这种训练的优势，便没能建立起对抗反对者的监狱。

大批桀骜不驯的囚徒从窗子、烟囱和地牢的大门逃跑了。

不久，整座监狱已成残骸。

到了夜晚，异教徒便整车地搬走石头、大梁和铁棍，次日早晨用它们建造了一座自己的小堡垒。它的外表很像一千年前格里高利一世和英诺森三世建造的监狱，但缺乏必要的内在力量。

堡垒一旦投入使用，新的规定和制度一旦被张贴在门上，大批心怀不满的信徒便蜂拥出走了。他们的上司，即现在的牧师教长由于从未掌握过旧式执行纪律的方法（逐出教会、酷刑、处决、没收财产和流放），只好无可奈何地站在一旁观望着已经下定决心的乱民。这帮叛逆按照自己的神学偏好建起了一道防卫木桩，宣布了一套暂时能迎合他们信仰的全新教旨。

这一过程经常往复，最后在不同的禁地之间形成了精神上的“无人区”，求知者可以在这里自由闲逛，诚实的人则可以自由思考，不会受到阻碍和干扰。

这就是新教为宽容事业所做的杰出贡献。

它重建了人类的尊严。

第十三章　伊拉斯谟

在写每一本书的过程中，作者都会有那么一段危机时期，有时出现在前五十页，有时却直到稿子快要结束时才冒出来。的确，一本书如果没有危机，就像一个孩子没有出过天花一样，也许这正是问题的所在。

这本书的危机在几分钟前出现了，因为想在1925年撰写论述宽容思想的著作似乎相当荒谬，也因为我迄今为这部基础研究而花费的那么多宝贵时光和艰辛劳苦可能徒劳无益了。我很想用伯里、莱基、伏尔泰、蒙田和怀特的书点燃篝火，也想把我自己的著作丢进火炉付之一炬。

这该怎么解释呢?

有很多原因。首先，作者长久地思考一个问题，难免会出现倦怠情绪。其次，我还真有点儿担心这类书写出来没有一点儿用处。最后，我怕这本书发表之后，有不宽容之人断章取义，从本书中摘取某些表面内容为自己的不正当利益作支撑。

可是除去上述问题（在大多数严肃图书中这些问题也的确存在），这本书还有一个无法克服的困难，即它的“结构”。

一本书要获得成功，必须要有开头和结尾。这本书倒是有个开头，但是能漂亮地收尾吗?

这正是我所担心的。

我可以举出许多骇人听闻的罪行，它们表面上打着公正和正直的旗号，实际上却是不宽容的结果。

我可以描述那些痛苦的日子不宽容被抬举到了至高无上的地位。

我可以痛斥和嘲弄不宽容，直到读者异口同声地大声疾呼："打倒专制，宽容你我！"

但是有一件事我做不到。我说不清怎样才能达到我奋力追求的目标。现在有各种各样的手册向我们讲述世界上的许多事情，从饭后的闲谈到如何表演口技。上星期日我看到一张函授课程广告，不少于二百四十九个题目，学院保证学生的水平能登峰造极，而且费用很少。但是至今没有人提出如何用四十（或四千）个课时讲明白"怎么做到宽容"。

历史据说是能解开许多秘密的钥匙，但却无法帮助我摆脱这种危急情况。

的确，人们可以写出大部头的专业著作，谈谈奴隶制、自由贸易、死刑和哥特式建筑，因为这些问题是非常明确具体的。即使任何资料都没有，我们至少还可以研究在自由贸易、奴隶制和哥特式建筑中大显身手或大力反对的男男女女的生平。从这些优秀人物讲述他们的命题的方法中，从他们的个人习惯上、社会联系上，从他们对食品、饮料和烟叶的嗜好上，甚至从他们穿什么样的马裤上，我们都可以对他们热情赞助或恶毒诋毁的理想得出某些结论。

可是从没有人把宽容作为自己的职业。一些从事这项伟大事业的人只是出于很大的偶然性。他们的宽容只是一个副产品。他们所追求的是别的东西。他们是政客、作者、国王、物理学家或谦虚的美术家。在国王的事务中，在行医和刻钢板中，他们有时间为宽容美言几句，但是为宽容而奋斗却不是他们的毕生事业，他们对宽容的兴趣就像对下象棋和拉小提琴一样。这伙人非常怪异混杂（想一想斯宾诺沙、弗雷德里克大帝、托马斯、杰弗逊和蒙田竟会是好朋友），要发现彼此性格中有共同之处几乎不可能，尽管一般来说，从事共同工作的人都有共同的性格，不论这个工作是从戎、探测还是使世界免于罪孽。

因此，作家很想求助于警句。世界的某一处有一句警句，能应付各种进退维谷的困境。但是在这个特殊问题上，《圣经》、莎士比亚、艾萨克·沃尔顿[①]和老贝恩哈姆都没有给我们留下什么东西。也许乔纳森·斯威夫特[②]（按我的记忆）接近了这个问题，他说，大多数人都用足够的宗教信仰做依据憎恨旁人，却不能爱别人。遗憾的是，这条真知灼见还不能完全解决我们目前的困难。有些人对宗教的熟悉不逊于任何人，也从心底里仇恨别人。有些人全无信仰宗教的天性，却对野猫、野狗和基督世界的人类倾注了真挚感情。

不行，我必须得出自己的答案。经过必要的思考（但是没有多少把握），我要讲述一下我自己所认为的真理。

大凡为宽容而战的人，不论彼此有什么不同，都有一点是一致的，他们的信仰总是伴随着怀疑；他们可以诚实地相信自己正确，却不能使自己的怀疑转化为坚固的信念。

在如今这个国家利益高于一切的时代，我们总是热情地叫嚷要百分之百地相信这个，百分之百地相信那个，但是我们不妨看一看大自然给我们的启示，它似乎一直对标准化的理想很反感。

纯粹依靠人喂大的猫和狗是人所共知的傻瓜，因为如果没人把它们从雨里抱走，他们就会死亡。百分之百的纯铁早已被抛弃了，取而代之的是混合金属：钢。没有一个珠宝商会费尽心思地去搞百分之百的纯金、纯银首饰。小提琴无论多好，也必然是由六七种不同木材组成的。至于一顿饭，如果是百分之

① 艾萨克·沃尔顿（1593—1683），英格兰文学家。

② 乔纳森·斯威夫特（1667—1745），生于都柏林，讽刺文学大师，以《格列佛游记》《一只桶的故事》等作品闻名于世。

百全是蘑菇，非常感谢，鄙人实难领教。

一句话，世间绝大多数有用的东西都含有不同成分，我不明白为什么信仰要例外。我们“肯定”的基础里要是没有点“怀疑”的合金，那我们的信仰就会像纯银的钟一样总是叮当作响，或像铜制的长号一样刺耳。

宽容的英雄们正是由于深深赞赏这些，才与其他人分道扬镳了。

在人品的正直上，诸如对信仰的真诚，对职责的无私忠实，以及其他人们所共知的美德，他们中大多数人本来可以被清教徒法庭视为十全十美的完人。我想讲得更深一些，他们中至少有一半人活着和死了以后本可以进入圣人行列，可是他们的特殊意识逼迫他们成为某一个机构的公开可怕的敌人，而这个机构自称只有自己才有权力把普通百姓加封为圣人。

这些英雄怀疑天国的神灵。

他们知道（一如前辈古罗马人和古希腊人），自己所面临的问题浩瀚无际，头脑正常的人绝不期望能够解决。他们一方面希望并祈祷自己所走的路能最终把他们引向安全的目的地，另一方面又不相信这条路是唯一正确的，其余的全是歧途，更不会认为那些引诱单纯的人们上道的都是通向地狱之路。

听来这与《宗教问答手册》和伦理学教科书上的观点截然相反。这些书宣传由绝对信念的纯洁火焰照耀的世界具有绝对的美德。也许是这样。但是整整几个世纪里，尽管那团火焰一直以最强的亮度熊熊燃烧，但普通大众却不能说是幸福美满的。我并不想搞激烈的变革，但是为了变换一下，不妨试一试别的光亮，宽容行会的兄弟们靠着它一直在审度着世界的事情。如果这试验不成功，我们还可以回到父辈的传统里。似是如果新的光亮能把一缕宜人的光芒照射在社会上，多带来一点仁慈和克制，使社会少受丑恶、贪婪和仇恨的骚扰，那么收获一定会很大，我肯定，所花的代价也会小得多。

在介绍完这条我认为有价值的建议后，我必须回到历史上来了。

当最后一个罗马人被掩埋后，世界的最后一个公民（取其最佳、最广泛的意义）也泯死消亡了。古代世界充满了人道的古老精神，这是当时先进思想的特点，只是过了很长时间，它才平安地重返大地，社会才又一次有了安全的保障。

我们知道，，这发生在文艺复兴时期。

国际贸易的复苏为西方贫穷的国家带来了新的资本。新的城市平地而起，出现了新的阶层。他们资助艺术、解囊购书，还投资给随着繁荣而兴起的大学。一些“人道思想”的支持者大胆地以整个人类作为对象进行试验，高举叛旗，打破旧式经院哲学的狭小局限，与旧的虔诚之徒分手了，因为后者把他们对古人智慧和原理的兴趣看作是邪恶肮脏的好奇心的体现。

一些人站在了这一小队先驱的前列，这本书以后的部分全是他们的故事，其中最可称赞的要算那个温顺的灵魂：伊拉斯谟。

他固然很温顺，却也参加了当时所有的文字大论战，并且精确地操纵了各类武器中最厉害的一种——幽默远程大炮，从而使自己成为敌人的眼中钉肉中刺。

炮弹里装着由他的智慧制成的芥子气，径直射往敌人的国土。伊拉斯谟式炮弹种类繁多，很危险。一眼看去似乎毫无害处。它没有劈啪作响的明显导火索，倒像是绚丽多彩的花炮，可是，上帝保佑那些把这些玩意儿拿回家让孩子玩的人们吧。毒气肯定会进入幼小的心灵，而且根深蒂固，整整四个世纪都不足以使人类免除后遗症。

这样一个人，竟出生在北海淤泥沉积的东海岸的一个索然无味的小镇子，也颇为奇怪。十五世纪时，这些被水浸透的土地还没有达到独立富足的全盛时期，只是一群无足轻重的小公国，处于文明社会的边缘。他们长年累月闻着鲱鱼味，因为鲱鱼是他们的主要出口品。即使招徕一个客人，也只能是个走投无路的水手，他的船在阴沉的岸边触礁沉没了。

这样讨厌的环境会形成童年的恐惧，但也会刺激好奇的孩子奋力挣扎，最后摆脱出来，成为那个时代最知名的人物。

他一生下来就事事不顺当。他是个私生子。中世纪的人们与上帝和大自然亲密无间，诚挚友好，对这种事情比我们现在要计较得多。他们为之甚感遗憾。这种事既然不应该发生，他们当然也就很不赞同。不过除此之外，他们的头脑过于简单，没有想到要去惩罚摇篮里的小生命，因为这不是孩子的过错。伊拉斯谟的不正规的出生情况并未对他造成很大不便，它只是表明他的父母太糊涂，根本没有能力应付局势，只好把孩子和他的哥哥留给了不是笨蛋就是流氓的亲戚照看。

这些叔叔和监护人不知道怎样打发他们的两个小监护对象，母亲一死，两个小家伙就无家可归了，首先他们被送到代芬特尔[①]的一所负有盛名的学校，那儿的几个教师加入了“共同生活兄弟会”[②]，不过我们如果读一读伊拉斯谟后来的信件，便可以判断出，这些年轻人只是在共同生活这个词的完全不同的意义上“共同”。继而，两个孩子分手了，弟弟被带到豪达[③]市，置于拉丁文学校校长的直接监督之下。校长是三个被指定管理孩子继承的微薄产业的监护人之一。如果伊拉斯谟时代的学校像四个世纪以后我参观过的学校那样糟，我只能为这可怜的孩子感到难受。更糟糕的是，三个监护人这时已经挥霍掉了孩子的每一分钱，为了逃避起诉（那时荷兰法庭对这类事情毫不通融），他们急忙把他送进修道院，让他出家修行，还祝他幸福，因为“现在前途有保障了。”

历史的神秘磨盘终于从这些可怕的经历中磨出了具有伟大文学价值的东西。中世纪末期，所有修道院中半数以上的人都是只字不识的乡巴佬和满手老

① 代芬特尔，荷兰中部城市。

② 共同生活兄弟会，中世纪后期的一个修道团体，由戈洛特（1340—1384）和拉德文（1350—1400）创办。

③ 豪达，荷兰西部城市。

茧的种田人，这个过于灵敏的年轻人形孤影单，多年被迫与这些人住在一起，一想起来真觉得不是滋味。

幸运的是，施泰恩修道院纪律松弛，使伊拉斯谟能把大部分时光用在前任修道院长收藏的拉丁文手稿上，这些手稿搁置在图书馆里早已被忘记了。他吸吮着卷帙浩繁的著作，最后成为古代学问的活的百科全书。这对他以后有很大的帮助。他总是在活动，很少去参考图书馆的书。不过这倒没关系，因为他可以凭借自己的记忆加以引用。大凡读过收有他著作的十大本卷宗或是只通读了其中一部分的人（因为现在人的命太短促了），一定会对十五世纪所说的“古典知识”大加赞叹。

当然，伊拉斯谟最后还是离开了那个古老的修道院。像他这样的人是不会被环境左右的，这样的人造出自己的环境，而且是用根本不成器的材料创造的。

伊拉斯谟的余生完全自由了，他没完没了地要找一个清静的地方，以便使工作不受慕名来访的客人们的干扰。

可是直到他行将辞世，对童年时代“活生生的上帝”的缅怀使他的灵魂陷入死亡的沉睡中的时候，他才饱尝了一会儿“真正的清闲”。这对于紧步苏格拉底和齐诺[①]后尘的人来说，一直是极少有人得到过的最美好的佳境。

这些过程经常被描写，我就不详细赘述了。每当两个或更多的人以真正智慧的名义凑在一起时，伊拉斯谟或早或晚一定会出现。

他在巴黎学习过，是个穷学者，差一点在饥寒交迫中死去。他后来到剑

① 齐诺，东罗马帝国皇帝。为了消除一性论造成的宗教摩擦，于482年发表题为《和谐》的布告，意图统一互相争斗的派系，却遭到了教皇菲利克斯二世的否定，促成了东西教会的第一次大分裂。

桥任教，在巴塞尔印过书，还想（几乎是徒劳无功）把启蒙之光带进远近闻名的卢万大学，冲破壁垒森严的正统偏执。他在伦敦度过很长时间，获得都灵大学神学博士学位。他熟知威尼斯大运河，咒骂起泽兰①的糟糕道路来就像咒骂伦巴第②一样熟悉。罗马的天国、公园，人行道和图书馆在他的头脑中留有深刻的印象，就算遗忘河③的水也无法抹去他对这座圣城的记忆。他只要还在威尼斯，便可得到一笔慷慨的年金，每当威尼斯兴办一所新大学，他肯定会被请去，担任他选中的任何课程的教授，即使他不愿任教，只要偶尔光临一下校园也会被视作莫大恩惠。

但他坚定地回绝了诸如此类的邀请，因为这里面含有一种威胁：束缚和依赖。万事之中他首先要自由。他喜欢一间舒适的屋子，而不是条件糟糕的屋子；他喜欢有趣的同伴，而不是愚钝的人，他知道布尔根迪的美味佳酿和亚平宁的淡色红墨水之间的区别。但所有这些都必须以自由为前提，如果任何人强迫他叫“主人”，他肯定不干了。

他为自己选定的角色做了一盏地地道道的知识探照灯。在时事的地平线上，无论出现什么情况，伊拉斯谟立即让自己的智慧明光照在上面，尽力让旁人看清那东西的真面目，剥光它的装饰，戳穿它的愚蠢和他所痛恨的无知。

伊拉斯谟在历史的最动乱时期能这样做，既避开了新教狂热者的愤怒，又不惹恼宗教法庭的那帮朋友，这是他的一生中最常被人们指责的一点。

后代子孙似乎一提起古人，便对殉道牺牲者有真挚情感。

“这个荷兰人为什么不挺身支持路德、不拼出性命与其他改革者站在一起

① 泽兰，荷兰省名，为荷兰西南部一农业省。

② 伦巴第，意大利北部的一个行政区。

③ 遗忘河，希腊神话中冥府里的五条冥河之一。亡魂须饮此河之水以忘掉人间事情。

呢？”几百年来，许多仁人志士总爱纠结于这个问题。

诉诸暴力并不是伊拉斯谟的本性，他也从来没有把自己看成是什么运动领袖。他也绝不会像有些人那样自以为是，教导世人应该如何迎接千禧年[①]。这确是一大特色。此外，他还认为，我们每次觉得有必要重新布置住所时，不一定非得把旧房子拆掉。的确，地基亟待整修，下水道也过时了，花园里杂乱不堪，很久以前搬走的人家扔下了许多破烂。可是，如果房主兑现了诺言，花些钱做些立竿见影的改进，容貌便会焕然一新。伊拉斯谟所要做到的也仅限于此。尽管他像敌人讥讽的那样“中庸”，但成功却不亚于（也许高于）那些“激进派”，世界上原来只有一个暴君，激进派却带来了两个。

伊拉斯谟像所有真正的伟人一样，对制度毫无好感。他相信世界的美好在于每个人的努力，改造好每一个人，便是改造了世界。

于是，他走到人群中间，向广大民众呼吁，将矛头指向时弊，但他的方法非常巧妙。

首先，他写了很多信，寄给国王、皇帝、教皇、修道院长、骑士和恶棍。他写信给每一个想接近他的人（那时信封上尚无需盖邮戳和写上发信人的地址），一拿起笔就洋洋至少八页。

第二，他还校正了大量古籍，这些古文常常被传抄得十分糟糕，已经文不达意。为了搞好编辑，他不得不学习希腊文，他煞费苦心要掌握这门被教会禁用的语言文法，致使许多虔诚的天主教徒指责他内心里与真正的异教徒一样坏。这听来未免荒诞无稽，但却是事实。在十五世纪，体面的基督徒绝不会梦想学会这门禁用的语言。会一点希腊文会使人陷入无数困境。它会诱惑人拿福音书的原文与译文做比较，而这些译文早已得到保证，说它是原文的忠实再

① 千禧年，又名千福年，其概念源于基督教教义，可以简单地理解为1000年。

现。这才是个开头。不久他便会到犹太区去，学会希伯来文法，差一点就要公开反叛教会的权威了。在很长时间里，一本画得稀奇古怪歪歪扭扭的文字书，便可以成为秘密革命倾向的物证。

为了查禁这些“违禁品”，教会当局常常会突然闯入人们的住所，进行搜查。一些拜占庭难民为了谋生私下教一点本国语言，便常常被赶出借以避难的城市。

伊拉斯谟克服了这些障碍，学会了希腊文。他在编辑西普里安[①]、屈梭多模[②]和其他教会神父的书时加入了一些注释，里面巧妙地藏匿了许多对时事的评论，这些话如果作为一本小册子的主题，是断不会给印出来的。

但是，注释的顽皮精灵在伊拉斯谟创造的另一种全然不同的文学形式中出现了，我是指大家都知道的他的希腊和拉丁文成语收藏。他把成语归到一起，以便使当时的孩童都能学会古文，变得高雅。这些所谓的“格言”中充满了精妙的评论，在保守派看来这肯定不是出于教皇的好友的手笔。

后来，他又写了一本书，可以算是时代精灵所孕育的最怪异小书中的一本。这种书其实是为了几个朋友一笑而作的。却在古典文学史中占据了一席，连作者本人也没有想到。这本书叫《愚人颂》，而我刚好知道它是怎样写成的。

那是在1515年，一本构思精巧的小册子震惊了世界。没有人知道它是在攻击修道士，还是为修道院生活辩护。封面上没有姓名，但对作者有些了解的人

---

① 西普里安（约200年—258年），早期基督教神学家，拉丁神父，曾任迦太基主教，其著作《论恩宠》和一些书信是了解北非基督教的重要资料。

② 屈梭多模，古代基督教希腊神父。生于叙利亚境内安提阿。

认了出来，它出自一个有些古怪的人之手：乌尔里希·冯·胡滕[①]。他们猜得对，因为这个有才干的年轻人、桂冠诗人[②]、奇怪的城市游民在这本大作中起了不小的作用，写了有用的滑稽部分，他自己也颇为之自豪。他听说连英国新学领袖托马斯·莫尔都称赞了他的书，便写信给伊拉斯谟，请教他一些细节。

伊拉斯谟对冯·胡滕没什么好感。他的头脑有条有理（表现在他生活的有条理），厌恶邋里邋遢的条顿人，这些人在上午和下午都为启蒙事业疯狂地挥舞笔和剑，晚上则到附近的小酒馆里喝得酩酊大醉，暂时忘却现实的黑暗。

不过，冯·胡滕的确是个很有天赋的人，伊拉斯谟的回信也彬彬有礼。他写着写着，就对他伦敦的朋友托马斯·莫尔[③]的美德赞不绝口，并描绘了托马斯爵士一家和睦美满的景象，足以成为所有家庭的永久楷模。在这封信里，他提到莫尔这个作用非凡的幽默家怎样赋予了他写《愚人颂》的最初灵感，很可能正是莫尔创立的善意的闹剧（一个真正的挪亚方舟，有儿子、儿媳、女儿、女婿、鸟、狗、私人动物园、私人业余演出和业余小提琴乐队），启发他写出了使人兴奋的并使他一举成名的作品。

这使我隐约想起了英国木偶剧《庞奇和朱迪》，在好几个世纪里，它是荷兰儿童唯一的娱乐节目。《庞奇和朱迪》木偶剧中有大量粗俗的对话，却又保持了一种格调严肃高雅的气息。用空洞嗓音说话的“死神”出现在舞台上。演员们一个挨一个来到这位衣衫褴褛的主角面前，自我介绍一番。接着，死神拿

① 乌尔里希·冯·胡滕，德国诗人和人文学者曾被授予桂冠诗人的称号。他热情鼓吹日耳曼爱国精神，极力支持马丁·路德的宗教改革运动。

② 桂冠诗人，欧洲中古世纪，在皇帝的侍从队伍内也有诗人，他们的工作就是写下纪念某事或某节庆的诗歌，这种诗人在英国就称之为桂冠诗人，其职位由国王任命。

③ 托马斯·莫尔，文艺复兴时期英国空想社会主义者，以其名著《关于最完美的国家制度和乌托邦新岛的既有益又有趣的全书》而名垂史册。

了根又大又粗的木棍，敲打他们每个人的脑袋，然后把他们扔到假设的垃圾堆里，这始终是孩子们最爱看的一幕。

在《愚人颂》中，整个时代的社会面纱被仔细地剥去，而“愚人”就如一个受到感化的验尸官，始终站在劳苦大众这边，用他的评论为大众说话，且他想要点评的人一个都不能逃脱。整个“中世纪主要街道”里的合适形象被搜集一空。当然，当时的野心家和那些满口胡诌要拯救人类的僧侣，自然都没有被落下，他们假装虔诚地游说、无知和空洞浮夸的言辞也一同被写进书里，遭到严厉的抨击。

教皇、红衣主教和主教这些与加里利的贫苦渔民和木匠南辕北辙的后裔，也出现在人物表里，占据了好几章的篇幅。

不过，伊拉斯谟撰写的“愚人”相对于其他幽默文学作品中搞怪的形象来说，更切合实际。在整本小书中（其实在他所写的一应文字中），他都在宣扬自己的一套哲理，人们不妨称它为“宽容的哲学”。

他希望人们都能宽以待人；他坚信信奉神圣律法的精髓，而非死扣原著的字句；他主张人们将宗教以道德的方式来接受，而非某种统治的形式。这些使得伊拉斯谟成为一本正经的天主教徒和新教徒攻击的对象，说他是“不信上帝的流氓”，还把他列为教会的敌人，因为他在嬉笑怒骂中，隐藏有“亵渎上帝”的真实意图。

攻击（一直持续到伊拉斯谟去世）没有起任何作用。这个尖鼻子的矮个子一直活到七十岁，而那时有谁想从官方既定的文字里增加或减少一个字都会导致绞刑。他对风靡一时的英雄毫无兴趣，也公开这样讲。他从不希望从剑和火绳枪里得到任何东西，因为他清楚地知道，如果神学上的一点争执便导致世界范围的宗教战争，那么世界将要冒多么大的危险。

于是，他像个巨大的海狸，日夜不停地筑造理智和常识的堤坝，惨淡地希望能挡住不断上涨的无知和偏执的洪水。

他当然是失败了。要挡住从日耳曼山峰和阿尔卑斯山上冲来的邪恶意图和仇恨的洪水根本不可能。他死后没几年，他的书也全部被冲走了。

不过，由于他的杰出努力，许许多多沉船的骸骨又冲到了后代人的岸边，成为永远无法制服的乐观主义者们的好材料，他们相信，总有一天，我们会建起长堤，切实挡住洪水。

伊拉斯谟于1536年6月与世长辞了。

他到死也一直保持着他那独有的幽默感。他死在他的出版商家里。

第十四章　拉伯雷

社会的动荡变革总会制造出一些奇怪的同盟者。

伊拉斯谟的名字可以堂而皇之地印在一本受人尊敬，并可供一家老小阅读欣赏的书上；但是若在公共场所谈及拉伯雷[①]，则被认为是有伤大雅。确实，这个人很危险，以至于国家都通过了一项法律，禁止天真的儿童触及他的那些“邪恶”的作品，在很多国家里，他的书只能从胆量更高的书贩那儿得到。

当然，这还只是那些骗人的官僚，利用恐怖统治强加于我们的许多荒唐事情中的一件。

首先，拉伯雷的书对二十世纪的普通民众来说，就像《七个尖角的阁楼》和《弃儿汤姆·琼斯》一样枯燥无味。很少有人能读完冗长繁琐的第一章。

其次，他的作品中也并没有什么寓意和启发性。拉伯雷用的词汇在当时很通俗，如今却不常用了。然而，在那一片碧蓝的田园时代，那百分之九十的人口靠土地为生的年代，因此“铁锹”(Spade）就是“铁锹”，母狗(Lady-dog)也

① 拉伯雷，(约1493年—1553年)，法国作家，以辛辣讽刺的作品著称。

不会被理解为“贵夫人的狗”。[①]

不过，人们目前针对这位出色的外科大夫的著作的反对意见，不仅仅限于反对他那丰富但有些过于直率的用词，而是比这深刻得多。这是因为，许多杰出人物对于那些对生活拒绝持绝望态度的人的观点感到无比恐惧。

在我看来，人可以划分为两大类：一种是对生活说“是”的人，另一种则是对生活说“不”的人。前一种人接受生活，勇敢地和生活争斗，并充分利用命运所赐予的一切。

后一种人也接受生活（他们又怎能不接受呢？），但是对命运的赐予嗤之以鼻、抱怨不休。就好比一个小孩本想要木偶玩具或小火车，结果却得到了一个小弟弟。

一方面，“是”派的同胞们，很乐意接受那些郁郁寡欢的邻居对自己的评价，并注意处处宽容忍让他们，即使“不”派将悲伤的情绪弥漫整个大地，或者因对生活感到失望而到处修建起可怕的纪念碑，等等举动，“是”派的人也不会去阻拦。另一方面，“不”派的伙伴却极少向“是”派的人给予和前者相同的待遇和情怀。

事实上，如果可能的话，一旦有机会，“不”派便会立即把“是”派从这个星球上清除干净。

然而，要做到这一点，可不是一件容易的事。于是“不”派为了满足他们灵魂深处的嫉妒之心，便会无休止地迫害那些主张“世界是属于生者的而不是属于死者”的人。

拉伯雷大夫属于第一种人，他的病人，或者他的思想，从未向往过墓地。

①　英文中“spade”这个词还有扑克牌“黑桃”的意思，“lady-dog”则既有“母狗”也有“贵妇狗”之意。

当时这无疑是件憾事。但是，似乎人们也不可能都去做掘墓人。这个世界必须要有一些像波罗尼厄斯[①]这样饶舌的人物；不然的话，如果世界上到处都是哈姆雷特式的人物，那该有多恐怖。

至于拉伯雷的生平，倒也没有什么特别神秘之处。由他的朋友撰写的关于他生平的著作里，有些许情节被遗漏了，但可以在他敌人撰写的大量作品里找到，因此，我们可以对他一生的经历有一个相当准确地了解。

拉伯雷所处的时代是紧随伊拉斯谟之后的一代，但他生活的世界仍被僧侣、修女、执事和各种类型的托钵僧们把持。他出生在法国芝农，父亲不是药剂师就是酾剂商（十五世纪这两种职业并不相同），家境富裕，因此有足够的钱供儿子在好的学校念书。在那里，年轻的弗朗索瓦结识了杜贝拉·兰格家族的后裔。那个家族在当地颇有些名气，那些男孩子像他们的父亲一样，具备写作的天赋，偶尔也能打仗。他们“老于世故”——这个词常常被曲解，我这里取其褒义。他们是国王的忠诚侍从，担任很多社会要职，而仅一个头衔便可以把他们打入众多责任和义务、但极缺乏乐趣的生活。他们有的成为主教，有的成为红衣主教，有的则是大使；他们翻译古典文字作品，编撰炮兵、步兵训练手册，出色地完成了贵族应做的许多事务。在那个时代，一个贵族头衔带来的不是充满乐趣的快乐生活，而是无尽无休的责任和义务。

从杜贝拉家族后来对拉伯雷的友谊可以看出，拉伯雷并不只是一个陪他们饮酒作乐的有趣的食客。在他人生遭遇坎坷与挫折之时，总能得到他那旧时同窗的帮助和支持。不管何时他和他的上司产生矛盾，发生了纠纷，杜贝拉家族古堡的大门都会向他敞开，为他排忧解难；假如偶尔在法兰西这片土地上出现

① 波罗尼厄斯，莎士比亚戏剧《哈姆雷特》中的人物，是一个多嘴的大臣，一个乐天派。

了对这个年轻执着的道德学家什么不利的情况，便总会有一个杜贝拉家族的人恰好奉命出国，并急需一位既懂点医术又有拉丁文造诣的学者做秘书。

这个细节不容忽视。不止一次，我们这位博学大夫的生涯似乎就要在不幸中突然终结，而他那颇具影响力的老朋友的势力干预，又将他从索邦神学院的愤怒中或加尔文主义者的怒火中解救出来。那些加尔文主义者对他感到非常失望，因为本来他们已经把他看作是他们中的一分子，但是他却在大庭广众之下无情地嘲讽加尔文派大师偏执的宗教热情，认为他狂热、偏见、残忍，和他在枫蒂南和马耶萨斯那些三杯酒下肚就将神圣和圣洁什么的完全抛在脑后的同僚没有什么两样。

两个敌人中，索邦神学院当然更具危险性。加尔文可以随心所欲地大声斥责，但一超出细小而狭长的疆界，他的雷霆之怒就会像爆竹一样，没有什么威力了。

而索邦神学院就不同了。它和牛津大学一道，顽固而坚定地支持正统派和“旧的学说”，一旦有人胆敢挑战或质疑它的权威，它绝不会对这些人手下留情，并且，法兰西国王和他的刽子手也会心照不宣地予以鼎力合作。

唉！拉伯雷一毕业，就成了“引人注目”的人物。这并不仅仅因为他喜欢喝上等的美酒，也不是他喜欢讲那些僧侣同伴的有趣故事。他所做的事情比这些更加糟糕，那就是他无可救药地迷上了邪恶的希腊文。

这消息一传到他所在的修道院的院长那里，上司便做出了搜查他住所的决定。在他的住所，他们发现了许多的违禁书籍，其中包括一本《荷马史诗》，一本《新约》，还有一本希罗多德[①]的书。

这可真是个可怕的发现。虽然他的那些朋友权大势强，但也是费尽周折，

① 希罗多德（公元前484年—前425年），古希腊历史学家，被称为历史学之父。

多方活动，才使他得以解脱困境，逃过一劫。

在教会发展史中，这一阶段是一个非同寻常的奇妙的阶段。

起初，正如我前面所提到的，修道院是社会文明的先行者，僧侣和修女在促进教会利益方面付出了无法估量的努力。不止一位教皇曾预料到，如果一个修道院的势力发展得太过强大，那将是十分危险的。但是，和以往一样，明明所有人都知道应该对修道院采取某些措施，最终却还是什么也没有做，迟迟不见有所行动，其结果就是任其越发壮大。

在新教徒中似乎有这样一种看法，认为天主教会是个稳定的组织，该组织由少数傲慢的贵族平稳地、自然而然地把持着，内部不应该有任何动乱；而其他所有由普通平民组成的组织则必然与内讧如影随形。

然而，事实并非如此。

也许正如前面提到的一个原因，之所以会有这种看法，有可能是因对某一个词的错误解读而造成的。

在一个热衷于民主理想的世界，很容易就会被一个“一贯正确的人”的观点给吓唬住了。

因此也就产生了这样一个流行的观点和说法，“一个庞大的组织，假如只是一个人说了算，而其他所有人只需跪下来高喊‘阿门’表示服从，那么管理起来就会容易得多。”

对一个在新教国家长大的人来说，要对这个错综复杂的问题形成一个正确、公正、全面的理解和认识，那真是难上加难。然而，如果我没有弄错的话，教皇“一贯正确”的言论就像美国的宪法修定案一样，少之又少。

此外，重大决策的形成，总是要经过充分酝酿和讨论；而做出决定之前的最后那场争论，常常会动摇教会的稳定。因此，通过这样的程序而产生的决议或宣言是“一贯正确”的，正如同我们的宪法修正案也“一贯正确”一样，因为它们是“最终”的决议，一旦明确地写进了国家的最高法律之中，那么其他任何争执都已经没有什么意义了，一切都到此结束。

如果有人声称，要统治管理美国是一件很容易的事情，因为一旦发生了什么紧急状况，所有的人都会坚定地站在宪法的一边，那么他就大错特错了。这无异于就是在说，既然所有虔诚的天主教徒在有关信仰的重大问题上，都承认教皇的绝对权威，那么，他们一定是一群温驯的羔羊，心甘情愿地把拥有自己独特想法的权利都放弃了。

假如真是这样，那么居住在拉特兰教堂和梵蒂冈宫殿里的人就大可以高枕无忧了。但是，只要对最近一千五百年来的历史稍加研究就会发现，事情恰恰相反。那些主张宗教改革的人，常常会在他们的著作中反映，罗马当权者对路德、加尔文和茨温利[①]满怀仇恨谴责的那些罪恶似乎全然不知晓。由于他们过于追求美好的事业，其实他们自己才真正不知道事情的真相，或者看问题有失公正，不能处理好他们对美好事业的热情。

这些人，如阿德里安六世[②]和克雷芒七世[③]，很清楚他们的教会在很多方面存在着致命的问题。不过，能够指出丹麦王国里腐败堕落的现状是一回事，而能改正弊病挽救局面则是另一回事，就连可怜的哈姆雷特最终也意识到了这一点。

那个不幸的王子（指哈姆雷特）是美好幻觉最后的一个受害者，他以为靠一个正直诚实之人的无私的努力，那几百年的错误统治便会在一夜间得到纠正。

也有许多聪明的俄国人知道，统治他们帝国的旧式官僚机构已经腐败不

① 茨温利（1484—1531），瑞士宗教改革家。

② 阿德里安六世（1459—1523），1522—1523年为教皇，是唯一当选为教皇的荷兰人。

③ 克雷芒七世，瑞士籍伪教皇，1378—1394年在位。为历时四十年的西方教会大分裂时期的第一代伪教皇。

堪，效率低下，对国家与民族的安全已经构成巨大的威胁。

他们也曾做出了如暴风雨般巨大的努力，推行改革，到最后依然是以失败告终。

那些曾经也有那么一刻思考过这个问题的美国人，又有多少能清楚地看到这一点：若是建立民主式的政体而不是代议式的政体（正如共和政体的创立者们所向往的那样），最终会导致社会陷入一系列的混乱啊！

可是，即使看到这一点，他们又能怎么样呢？

这些问题最终引起人们关注的时候，已经变得极其复杂了，除非经历一场社会大动乱，不然是很难得到解决的。然而这种社会大动乱是极为可怕的事情，大多数人都力求避免其发生。这些人认为，与其走极端，不如对陈旧的和衰老的机器（体制）做一番修补，并祈祷奇迹发生，让它再次运转起来。

由许多宗教教派建立和维持的专横的宗教以及社会专制制度，是中世纪末期最臭名昭著的罪恶。

历史无数次地显示出“树倒猢狲散”（主帅一跑，军队也跟着主帅一起逃跑）的局面。说得更直白一些，这种形势已经完全脱离了教皇的掌控。他们所能做的就是稳住自身阵脚，改善加强组织内部的管理，同时尽力阻止像那些托钵僧（他们共同的敌人）遇到的那样糟糕厄运的到来。

伊拉斯谟就是频频受到教皇保护的学者之一。不管是鲁汶刮起狂风暴雨还是多明我教会暴跳如雷，罗马总是不加理会，并指着这个无视命令的人无奈地表示：“由着这个老头子去吧！”

经过上述的介绍，我们对下面叙述的情况便不会感到惊讶：头脑敏捷但桀骜不驯的拉伯雷，经常在他的上司要降罪于他的关键时候，总是能得到罗马教廷的帮助；并且，当他的研究工作接连不断受到干扰而无法进行下去，生活也不堪忍受的时候，他也总能顺利地得到教廷的许可而离开修道院。

因此，他长长地松了一口气，掸去脚上马尔塞斯的尘土，转而前往蒙彼利埃[1]和里昂学习医学课程。

他的确才智、能力非凡。在不到两年的时间里，这个昔日本笃会[2]的独身僧人就成为里昂市医院的内科主治医生。不过，在他获得这些荣誉以及头衔之后，他那不安分的灵魂便又开始寻找新的乐园栖息地。他没有扔下药粉和药片，但是除去学习解剖学（这绝对是一项新的研究学科，其危险程度与研究希腊文不相上下）之外，他还开始摆弄起了文学。

位于罗纳河峡谷中心地带的里昂市，对致力于纯文学的人是个理想的城市。而且毗邻意大利。只需轻快地走上几天，就可以到达普罗旺斯。在那里，虽然特鲁巴杜尔[3]的古代乐园在宗教裁判所的手中化为狼藉，但是那伟大古老的文学传统还没有完全丧失。而且，里昂的印刷技术也以质量上乘而远近闻名；书店里，各种最新出版的书籍、刊物应有尽有。

当地一个叫塞巴斯蒂安・格里弗斯的大印刷商，他要找人编辑中世纪经典作品文集，理所当然地想起了这个新来的、被称为学者的医生。他雇用了拉伯雷为他做这项工作。拉伯雷先是整理了盖仑[4]和希波克拉底[5]那博大精深的医学论文和著述，紧接着又整理历书和注释的集子。正是从这样一个不起眼的开端中，产生出了这部奇特的大卷本，它使编辑者成为当时最受欢迎的名作家。

拉伯雷追求新奇事物的这种天赋，不仅使他成为著名的执业医生，还成为

---

① 蒙彼利埃，法国南部城市。

② 本笃会，亦称本尼狄克派，是天主教隐修会之一。

③ 特鲁巴杜尔（Troubadours，或译行吟诗人）。 普罗旺斯诗人称为特鲁巴杜尔。骑士抒情诗俗称“普罗旺斯抒情诗”，主题多是讴歌骑士之爱。

④ 盖仑，公元二世纪古罗马名医。他继承和发展了古希腊名医希波克拉底的体液说提出的关于人类气质类型的理论。

⑤ 希波克拉底（约公元前460年—约前377年），古希腊著名医生，被尊为“医学之父”。

成功的小说家。他做了许多以前少有人敢做的事情，开始用普通大众的语言写作。他打破了千年的旧传统，因为传统的写作条例规定，有学之士写书必须用那些普通民众看不懂的文字。而他偏偏反其道而行之。他用法语写作，并且还用的是1532年那个时间民间通用的、不加任何修饰的地方话。

关于拉伯雷脑海里何时何地，如何构思出他那两个心爱的主人公——巨人卡冈杜亚和庞大固埃，这我就不得而知了，我倒是很愿意把这个问题留给那些研究文学的专家们去探讨。说不定，这两人是异教的神灵，凭借本性，经受住了一千五百年来基督教的迫害和鄙视。

还有一种可能，就是拉伯雷是在一阵令人狂喜的灵感中发现这两个人物的。

无论如何，不管是什么促使拉伯雷写这两个人物，他都给各个民族带来了巨大的欢乐，对于一个作家来说，不可能再获得比“他的作品大大增多了人们的笑声”更高的赞誉了。然而，他的作品绝非现代意义上的庸俗的所谓“趣味书”；它有其严肃深刻的一面，通过对人物的讽刺描写，为宽容事业打出了勇敢的一记重拳。这些人物是宗教恐怖统治的罪魁祸首，而正是这种恐怖统治造成了十六世纪上半叶不计其数的苦难。

拉伯雷是一个训练有素的神学家，他避免用直白的语言进行攻击性的评论，这样会给自己招惹麻烦。他秉持的原则是：监狱外面一个活泼的幽默家，胜过监牢里面一打子脸色阴沉的改革者。因而，他避免了过分表露他那极不正统的观点。

但是，他的敌人非常清楚地知道他的意图。索邦神学院很明确地斥责了他的书，巴黎的国会也把他的书列入了黑名单。没收并烧毁一切在其管辖范围内所能找到的任何一本他写的书。但是，尽管刽子手们迫不及待地要销毁这些书（他们是当时官方指派的有权销毁书籍的人），拉伯雷的这本《巨人传》仍然是畅销的经典作品。差不多四百年以来，它不断地给那些能够从善意的幽默和讽刺的智慧的作品中汲取乐趣的人们以启发；并且还总是让那些认为“真理女神嘴边一旦挂出一丝微笑，就不再是个好女人”的人感到烦恼不安。

至于作者本人，他在过去是，现在仍然是被看作　“一本书而闻名天下”的人。他的朋友杜贝拉家族自始至终都对他非常忠诚。不过，拉伯雷一生都很谨慎，虽然他的“十恶不赦”的作品是在这些权贵朋友的“特别关照下”才得以发表，但是他从来都是和他们保持一个礼貌的距离。

拉伯雷冒险去了一次罗马，在那里，他非但没有遇到任何麻烦，相反却受到了热忱的欢迎。公元1550年，他回到法国，住在默顿，三年后离开人世。

然而，我们无法准确衡量这样一个人到底给世界带来了多大的影响。他毕竟是个人，不是电流，也不是一桶汽油。

有人说他仅仅是在摧毁。

也许是这样的吧。

可是，在他从事这项工作的年代里，正是人们大声疾呼迫切需要有一支能摧毁旧的社会的队伍的时候，也恰恰需要伊拉斯谟和拉伯雷这样的人来领导。

他们打算建立起新的大厦来取代旧的，但是这些新的大厦和旧的一样丑陋不堪、龌龊难看，这是人们始料未及的。

不管怎样，那是下一代人的过错。

他们才是该受到责备的。

他们本来有机会重起炉灶、改弦易辙，要知道这样的机会不是经常会出现的。

然而，他们却错失了这个良机；愿上帝宽恕他们吧。

第十五章　旧世界的新招牌

伟大的现代诗人认为世界就是一片汪洋大海，海面上有无数船只在航行。每当一只船撞上另一只，便产生“美妙的音乐”，人们称它为历史。

在这里我借用海涅[1]提及的大海来做一个比喻，以阐明我的想法。我们在孩提的时候喜欢向水池里扔石子，觉得好玩。石子溅起美丽的水花，漂亮的涟漪形成不断扩大的圆圈，很好看。如果手边有砖头（有时正好有），还能用核桃壳和火柴做成“无敌舰队”，让它陷于壮观的人为风暴之中。沉重的投掷物可别让人失去平衡，不然会把离水太近的小孩摔下去，弄得他事后躺在床上，连晚饭都吃不了。

在专门为成人保留的世界里，同样的消遣并不是无人知晓，但结局却远为惨痛。

一切都平静安然，阳光明媚，滑冰者欢快地摇摆着。突然，一个胆大的坏孩子抱着块大石头来了（天晓得他是从哪儿找来的），别人还没来得及拦住

① 海涅（1797—1856），德国诗人。代表作有《诗集》《新诗集》《德国，一个冬天的童话》，论集《论德国的宗教和历史》《论浪漫派》等。

约翰问道："自由能做什么？"她们回答迥然相异。

"自由将带领你踏上发现美的旅程！"，文艺复兴回答。

"自由会引领你走向真理！"，宗教改革告诫他。

"自由去探索过去，那时的世界是真正属于人类的。自由去实现诗人、画家、雕塑家和建筑家曾一心一意追求的理想。自由去把整个宇宙囊括在你的永恒的实验室里，使你知道它的一切奥秘，"文艺复兴许诺道。

"你可以自由地研究上帝的箴言！这样你的灵魂将获得救赎，罪恶也会得到宽恕！"，宗教改革警告道。

说完，她们便扬长而去，留下可怜的约翰·多伊独享新的自由。但是，和过去的束缚相比，这新自由却更令他难受。

不管是万幸还是不幸，文艺复兴很快与既定的秩序携手和好了。菲狄亚斯[①]和贺瑞斯[②]的后继者发现，对上帝的信仰和表面上对教会法规的顺从大相径庭，一个人要是既想作异教的画，写异教的十四行诗，又不想受到惩罚，就必须先把赫拉克勒斯说成是施洗者圣约翰，把天后赫拉叫作圣母玛利亚。

就像去印度观光的游客，只要遵守一些当地的规章制度，即使这些规则在他们看来毫无价值，就可以自由进出当地的寺庙，自由自在地旅行，也不会扰乱当地治安。

但在路德的真诚追随者眼里，最小的细节也会成为无比重大的事。《申命记》[③]中错了一个逗号便意味着流放。要是在《启示录》里用错了一个句号，就会立即处死。

① 菲狄亚斯（约前490年—前430年），古希腊雕刻家、画家和建筑师。

② 贺瑞斯，罗马抒情诗人、讽刺作家。

③ 《申命记》，《圣经·旧约》第五卷，一般认为是摩西作品。

这种人以极其严肃的态度对待宗教信仰，在他们看来。文艺复兴的轻松的折中精神是懦夫的行为。

结果，文艺复兴和宗教改革分手了，再也没有联合。

于是宗教改革单独抵挡整个世界，穿上“正确”的铠甲，准备保卫它最神圣的财产。

开始时，反叛的军队几乎全是日耳曼人。他们骁勇善战，负隅顽强。但是，相互嫉妒是灾祸之根，北方各国间的争吵很快抵消了他们的努力，最后被迫接受停战。导致最后胜利的策略是由一个完全不同的天才提出来的。路德让位给了加尔文。

早该如此。

就在那所让伊拉斯谟度过不少郁闷时光的法国大学，有个蓄着胡子的年轻西班牙人（指罗耀拉，1491—1556，西班牙军人和天主教士）。他的腿有点儿瘸（拜高卢的子弹所赐），梦想着有朝一日，能够率领一支主的新军，铲除所有异端分子。

只有极端分子才能对抗极端分子。

也只有像加尔文这样坚韧不拔的人，才能打败罗耀拉[①]的计划。

我很高兴没有生活在十六世纪的日内瓦。不过同时，我也深感庆幸十六世纪有日内瓦存在。

没有它，二十世纪的世界会更为糟糕，我这样的人很可能会锒铛入狱。

这场光荣之战的英雄，著名的约翰·加尔文，比路德年小几岁。出生日：

① 依纳爵·罗耀拉（约1491年—1556年），天主教耶稣会创始人。出生于西班牙，后从军，1521年被法军炮弹击伤右腿，终生残疾。1528年至1535年在巴黎大学深造，在此期间邀集一批同道，创建了耶稣会。

1509年6月10日。出生地：法国北部诺扬城。出身：法国中产阶级。父亲：低级的圣职人员。母亲：酒馆老板之女。家庭成员：五个儿子，两个女儿。少年受教育的特点：敏捷、单纯、做事有秩序、不吝啬、细致、有效率。

约翰是二儿子，家里本打算让他当教士。父亲有一些有势力的朋友，可以把他安排在好教区。他没满十三岁就在城里的教堂做事，有一小笔固定收入，这笔钱被用来送他在巴黎的好学校读书。这孩子很出众，和他接触过的人都说："留神这个小伙子！"

十六世纪的法国教育制度能够培养这样的孩子，尽量发挥他的才能。十九岁时，约翰被批准布道，他做一个称职的副主祭的前程似乎注定了。

但是家中有五儿两女，教堂的晋升又很缓慢，而法律却能提供更好的机会。况且那正是宗教动乱之时，前途难测。一个叫彼尔·奥利维坦的远亲刚刚把《圣经》译成法文。约翰在巴黎时经常与他在一起。一个家庭里有两个异教徒就无法相处，于是约翰便拿起行李前往奥尔良，拜一个老律师为师，以便学会辩护、争论和起草辩护状的业务。

在巴黎发生的事在这里也发生了。到了年底，这个学生变成了老师，教那些不够刻苦的同学补习法学原理。他很快掌握了所需要的一切，可以出师了。他的父亲高兴地希望儿子有朝一日能成为著名律师的对手，那些律师发表一点意见就能得到一百个金币，还能坐着四轮马车到遥远的贡比涅[①]去接受国王的召见。

可是这些梦想从未实现，约翰·加尔文根本没有当过律师。

相反，他卖掉了法律文献和法典，回到自己最初的爱好上。他费尽心思收集了成套的神学著作，专心致志地搞起了研究。就是这项工作让他成为过去二十个世纪以来最重要的历史人物之一。

---

① 贡比涅，法国中北部城市。

不过那几年学的罗马法典为他以后的活动打下了深刻的烙印，再让他用感情看问题是根本不可能了。他对事物很有感受，而且入木三分。请读一读他写给追随者的信吧，这些人后来落入天主教会手里，被判处用火活活烤死。在无望的痛苦中，他们依然把他的信视为世间最优美的佳作，信中表达了对人的心理的入微理解，致使那些可怜的受害者在临死前还在为一个人祝福，而正是这个人的教诲使他们陷入危境。

可加尔文并不像他的敌人所说，是一个薄情寡义之人。他只是把生活看为一种神圣的职责。

他竭尽全力对上帝和对自己诚实，因而他必须把每一个问题化简为基础的原则和教义，再把它交付人类感情的试金石检验。

当教皇庇护四世[①]得知他的死讯时说："这个异教徒的力量在于他视金钱为粪土。"如果这句话是称赞他毫无个人的私欲，那教皇就说对了。加尔文一生清贫，并拒绝接受最后的一笔季薪，因为"疾病已经使他无力完成与薪金相匹配的工作了。"

但是他的力量却表现在另一方面。

他只怀有一个信念，一生只有一个强大的推动力：认清《圣经》中体现的绝对的真理，当他最后得出的结论在他看来已经能够经得起所有的争辩和反对时，他就把它纳入到自己的生活准则中。从此他按照自己的想法行事，完全无视自己的决定会引起的后果，成为不可战胜、不可阻挡的人。

然而这个品质直到许多年后才表露出来。在转变信念后的前十年，他不得不竭尽全力对付一个平庸的问题：谋生。

"新学"在巴黎大学获得的短暂胜利，关于希腊文词尾变化、希伯来文的

① 教皇庇护四世，罗马教皇，1499—1565年在位。

不规则动词和其他受禁的知识的几次授课，全部引起了反响。连坐在著名的博学宝座上的教区长也受了有害的日耳曼新教义的污染，于是人们采取措施，清洗那些现代医学会称为“思想传播者”的人。据说加尔文曾经把几篇最会引起异议的讲演稿交给教区长[①]，于是他的名字出现在嫌疑犯名单的前列。他的房间被搜查，文章被没收，还有人签署了逮捕他的命令。

他闻讯藏到了朋友家里。

诚然，小小学院里的风浪不会持久，但在罗马教会里供职已经不可能了。到了做出明确决断的时刻。

1534年，加尔文与旧信仰决裂了。几乎与此同时，在俯瞰法国首都的蒙特马特山上，罗耀拉和他的几个学生也庄严起誓，誓言没多久就被写进了耶稣会的章程中。

接着，他们都离开了巴黎。

罗耀拉往东而去，但一想到自己第一次进攻耶路撒冷时的不幸遭遇后，便折回罗马，在那里开展了一系列活动，使他声名远扬（又或许臭名远扬吧）。

加尔文则是另外一种类型，他的理想抱负不受时间和地点的局限。他四处漫游，希望能找到一席安静之地，用余下的时间阅读、思索和平静地宣讲他自己的观点。

不巧的是，在通向斯特拉斯堡的路上，一场战争在查理五世和弗朗西斯一世之间爆发了。这迫使他绕道瑞士西部。在日内瓦他受到威廉·法洛尔[②]的欢

---

① 1533年，加尔文的挚友尼古拉斯·科布出任巴黎大学校长，加尔文帮助他起草就职演说词时，强调宗教改革是大势所趋，被法国王室认为是异端。

② 威廉·法洛尔，法国宗教改革家，生于加普。1509年在巴黎大学学习，后任多种神职，为逃避当时对宗教改革者的迫害，前往瑞士，1532年赴日内瓦。

迎，他是法国宗教改革中的海燕，是从长老会和宗教法庭的牢笼里逃出来的杰出人物。法里尔张开双臂迎接了他，告诉他在小小的瑞士公园里可以完成的业绩，并请他留下。加尔文要求有时间考虑，然后他留下了。

就这样，因为一场战争，新天国就注定要修建在阿尔卑斯山脚下。

那是个奇怪的世界。

哥伦布本想去印度，缺意外地发现了新大陆。

加尔文只希望找到一块适合读书、研究和冥想的清静之地，却阴差阳错地晃荡到了一个三等的瑞士小镇，使之后来成为新教的精神之都。新教徒受其影响，不久便把大部分天主教管辖下的领土变成了庞大的新教帝国疆土。

读历史既然能达到包罗万象的目的，为什么还要读小说？

我不知道加尔文家里的那本《圣经》是否仍被保存着。如果有，人们会发现，载有但以理①的书的第六章磨损得特别厉害。这个法国改革家是个有节制的人，但他常常要从一个坚定不移的上帝仆从的故事里获取安慰，那个人被扔进狮穴，后来他的清白救了他，使他没有悲惨地过早死去。

日内瓦不是巴比伦。它是个令人起敬的小城，居住着体面的瑞士裁缝。他们严肃地对待生活，却比不上这位新宗教领袖，他像圣彼得一样在讲坛上滔滔不绝地布道。

况且，有一个叫尼布甲尼撒②的人，他是萨沃依公爵③。被恺撒征服的阿珥

---

① 但以理，《圣经》故事人物。以色列著名先知。

② 尼布甲尼撒（约前630年—前561年），巴比伦国王，攻占并焚烧了耶路撒冷，捉住了但以理。

③ 萨沃依，萨沃依家族是意大利的一个皇族，1416年在罗马皇帝的支持下首次获得公爵领地。1536年，撒萨沃伊公爵对日内瓦的统治权被终止，法国国王弗朗西斯一世接管了萨沃伊家族的全部领地。

罗卜若革斯人①的后裔，正是在与萨沃依家族的无休止的争吵中决定和瑞士的其他地区联合起来，加入宗教改革运动。日内瓦和威登堡的联合犹如相互利用的婚姻，是建立在共同利益而不是相互爱慕基础上的结合。

但是，日内瓦改奉新教的消息一传开，所有热衷于各种新的千奇百怪的教义的传教士——它们不下五十个——都涌到了莱蒙湖②畔。他们干劲儿十足，开始宣讲迄今活人所能想出的最怪诞的教义。

加尔文打心底憎恶这些业余预言家。他深知他们只会对自己所标榜的事业带来危险，他们是热情的战士，但走错了路。他休息了几个月后，做的头一件事便是尽可能准确、简练地写下他希望新教民能够掌握的对与错的界线。这样，谁也不能挪用老掉牙的借口："我不知道呀。"他和朋友德里尔亲自把日内瓦人分为十人一组进行检查，只有宣誓效忠这个奇怪的宗教法才能享有全部公民权利。

接着，他为年轻人编写了一本庞大的教义问答手册。

他又说服了市议会，把所有仍然坚持错误的旧观点的人赶出城去。

为下一步行动清扫了道路之后，他按照《出埃及记》和《申命记》中政治经济学家制定的规范，开始建立一个公国。加尔文像其他许多大改革者一样，不是现代基督徒，倒更多像个古典犹太人。他嘴上崇拜上帝耶稣，但心里却向往摩西的耶和华。

当然，在感情压力很大的时候常会出现这种现象。耶稣这个卑贱的拿撒勒

① 阿珥罗卜若革斯人，古代高卢凯尔特人部落。生活在今天法国、瑞士的边境，包括日内瓦。

② 莱蒙湖，即日内瓦湖。欧洲最大的湖泊，面积约583平方公里，横跨瑞士—法国边境一带。

木匠对仇恨和斗争的看法明确无误，以至于在他的见解和暴力办法之间不可能找到折中物。两千年来，各个民族、每一个人都想以暴力达到目的。

所以战争一爆发，所有有关的人便都默许了；人们暂时合上福音书，在血泊和雷鸣中兴高彩烈地打滚，沉迷于《旧约》的以眼还眼哲学之中。

宗教改革的确是场战争，而且很凶残。没人乞求生命保障，也没有饶恕，加尔文的公国实际上是个军营，任何个性自由的表现都逐一被压制了。

当然，这一切的取得并非没有阻力。1538年，社会上倾向于自由的势力压倒了加尔文的统治，他被迫离开了日内瓦。但到了1541年，他的支持者又一次掌权。在一片钟声和教士们响亮的赞美声中，乔安尼斯行政长官又回到了罗讷河的城堡。从此他成为日内瓦没有王冠的国王，在以后的二十三年中致力于建立和完善神权形式的政府，这自从以西结①和以斯拉的年代以来还没人见过。

按照《牛津大辞典》的解释，“纪律”一词意为：“使受控制，训练服从和执行。”它最好地表达了加尔文梦想中的整个政治宗教结构的实质。

路德的本性和大部分日耳曼人的一样，是感伤主义者。在他看来，只有上帝的话才足以向人们指出通向永恒世界的道路。

但这实在太模棱两可了，根本不对这位伟大的法国宗教改革家的口味。上帝的话可以是希望的灯塔，但是道路漫长黑暗，还有能使人忘记自己目的的各种诱惑。

然而这个新教牧师却不会走弯路，他是个例外。他知道所有陷阱，也不会被收买。如果偶尔要走出正道，每周的教士例会就很快能使他认清自己的责任，在会上，所有名副其实的正人君子都可以自由地相互批评。因此他是所有

① 以西结，以色列先知。《圣经·旧约》中有一卷《以西结书》，共四十八章，传为先知以西结所作。

真切追求拯救的人心目中的理想人物。

我们爬过山的人都知道，职业导游偶尔可能成为不折不扣的暴君。他们知道一堆岩石的险处，了解一块看起来很平坦的雪地的危险，他们对自己所照顾的旅行者有完全的命令权，哪个傻瓜胆敢不听命令，批评的话便会劈头盖脸泼下来。

加尔文的理想公国中的教士也有同样的责任感。对那些跌倒了、要求别人扶起来的人，他们高兴地伸出援助之手。但是，一意孤行的人只要想离开已经开辟好的道路，要做迷途羔羊，那么牧师伸出去的手就会先缩回来，再立马变成拳头，给予他又快又狠的一击。

在其他许多宗教组织里，教士也喜欢使用同样的权力。但是地方长官嫉妒他们的特权，极少允许教士与法庭和行刑官抗衡。加尔文知道这些，在他的管辖区，他建立了一种教会纪律，实际上超过了法律。

大战之后出现了许多怪异的错误历史概念，还流传甚广，但其中最令人吃惊的是说法国人（与它毗邻的日耳曼族相比）是热爱自由的民族，憎恨所有的管辖。数世纪以来，法国一直在官僚体制的统治之下，很庞杂，却比战前普鲁士[①]政府的效率低很多。官员们上班迟到早退，领子也系得不周正，还抽着劣等纸烟。要不然他们就乱搞一顿，引起人们反感，像东欧的政府官员一样，而公众却很温顺地接受官员们的粗鲁，这对于一个醉心于反叛的民族来说真是使人惊讶。

就热衷于集权这一点来看，加尔文是个典型的法国人。他在某些细节上已经接近了拿破仑成功的诀窍。但他不像那个伟大的皇帝，缺乏个人的雄心大志，他的胃口很差，也没有幽默感，只是个严肃得可怕的家伙。

① 普鲁士，位于北欧，1701年起成为王国，1871年成立了统一的德意志帝国。

他为了寻找适应于他那个耶和华的词句，翻遍了《旧约》，然后让日内瓦人接受他对犹太历史的解释，把它作为上帝意愿的直接体现。一夜之间，罗讷河的这座迷人城市变成了悲哀的罪人云集之地。由六个教士和十二个长者组成的城市宗教法庭日夜监听着市民的私下议论。谁被怀疑有“受禁的异教观点”的倾向，就会被传讯到长老会法庭，他的所有论点将被检查，他要解释是从哪里、怎样得到那些向他灌输有害思想使他迷失路径的书的。被告如果有悔过表示，使可免刑，判处他到主日学校[①]旁听。如果他固执己见，便要在二十四小时内离开城市，不许再在日内瓦联邦管辖区内露面。

但是与所谓的“教议会上院”发生矛盾，并不只是因为缺乏一点正统感。下午在邻村玩一玩滚木球，如果被控告（常常会这样），便有理由被狠狠责骂一番。而开玩笑，不管有用没用，都被认为是极恶劣的行径。婚礼上搞一些智力题目就足够锒铛入狱了。

渐渐地，这个新天国里充满了法律、法令、规则、命令和政令，生活变得无比复杂，失去了昔日的风采。

不许跳舞、不许唱歌、不许玩扑克牌，当然也不许赌博。不许举办生日宴会，不许举办乡间市场，不允许有丝绸和所有外表华丽的装饰品。允许的只是去教堂，去学校，因为加尔文是个思想主张鲜明的人。

胡乱的禁止可以免除罪孽，但不能强迫人热爱美德，美德来源于内心的启迪。于是建立了优秀的学校和第一流大学，鼓励一切治学活动。还建立了有趣的集体生活，以吸引大家的剩余精力，使人忘记苦难和限制。加尔文的制度如果完全不考虑人的情趣，就不能存在下去，也就不会在近三百年历史中起到决

① 主日学校，基督教教会最初为了向儿童灌输宗教思想，在星期天开办的儿童班，后来对象则扩大到各年龄人士。

定性的作用。不过，所有这些要归功于一本论述政治思想发展的书。现在我们感兴趣的是日内瓦为宽容事业做了些什么，结论是，新教徒的罗马一点不比天主教的罗马强。

我在前面几页历数了可以减轻罪孽的情况。那个时代有圣巴托罗缪日大屠杀[①]，不少荷兰城市被夷为平地，所以，不必指望一方（而且还是弱势一方）能实行宽容政策，那无异于自取灭亡。

但这并不能开脱加尔文煽动法庭杀害格鲁艾和赛尔维特的罪责。

在第一个人的案件中，加尔文尚且可以说，雅克·格鲁艾有重大嫌疑煽动市民暴动，是图谋推翻加尔文主义的政党。但是，塞尔维特[②]很难说是否对社会安全，也就是对日内瓦构成了威胁。

若参照现代护照的规则，他只是“过境者”，再过二十四小时就离境，但他误了船，为此丧了命。这是个耸人听闻的故事。

麦格尔·塞尔维特是西班牙人，父亲是受尊敬的公证人（这在欧洲有法律依据，不只是拿着盖章机看人家签了字便索取两毛五的年轻人）。麦格尔也准备从事法律工作，被送到图卢兹[③]大学。那是个幸福的时代，所有课程和国际接轨，都用拉丁语教学，只要掌握了五种词尾变化以及一些不规则动词，就可以把全世界的知识都收入囊中。

塞尔维特在法国大学里认识了胡安·德·金塔那。金塔那不久成为查理五世皇帝的忏悔教父。

---

① 圣巴托罗缪日大屠杀，1572年8约23日从巴黎开始的屠杀法兰西胡格诺派教徒人士的惨案，发生于8月24日圣巴托罗缪日前夜，故名。

② 塞尔维特（1511—1533），西班牙医学家、神学家，出生于西班牙北部纳瓦尔的都城。

③ 图卢兹，法国南部城市。

中世纪的皇帝加冕很像现代的国际展览会。1530年，当查理在博洛尼亚[①]举行加冕仪式时，金塔那把塞尔维特带去做秘书。这个聪明的年轻西班牙人看到了所有的一切，他像当时的许多人，有永远满足不了的好奇心，在以后的十年里接触了各种各样的学科，有医学、天文学、占星术、希伯来文、希腊文，还有最要命的神学。他是个很有潜力的医生，在研究神学时产生了血液循环的想法。这可以在他的反对三位一体教义的第一本书第十五章中找到，检查过塞尔维特著作的人竟没有看出他的这样一项最伟大的发现，这充分说明十六世纪神学思想的偏执。

塞尔维特要是坚持医学研究该有多好啊！他可以活到老年平安死去。

但他简直不能避开那时被激烈争论的紧要问题。他认识了里昂的印刷厂，便开始对形形色色的题目发表自己的看法。

如今一个慷慨的百万富翁可以说服一所学院把“三位一体学院”改成一种流行烟草的商标，而且还安然无事。宣传机器说，“丁古斯[②]先生如此大方解囊，难道不好吗？”大家便说：“阿门！”

今日的世界似乎已经不再对亵渎神明这种事情感到震惊，因而要想描绘过去的情况——在那时，仅仅怀疑一个市民对三位一体说了些不敬之言，便足以使整个社会陷入惊恐——这的确不是件容易的事。但我们要是不充分体会这些，就不能理解十六世纪上半叶塞尔维特在善良的基督徒心目中所造成的恐怖。

他根本不是激进派。

他是我们现在所称的自由派。

他抵制新教徒和天主教徒都承认的三位一体旧信仰。由于他坚信自己的看

① 博洛尼亚，意大利城市。

② 丁古斯，原指一种叫不出名字或一时忘了名称的东西，用在此有诙谐含义。

法正确，便给加尔文写信，建议到日内瓦和他进行私人会晤，彻底讨论整个问题。他写信是犯了极大的错误。

他没有被邀请。

其实他也不可能接受邀请，里昂的宗教法庭大法官已插手此事，塞尔维特入狱了。法官早已风闻这个年轻人的亵渎行为，因为他秘密收到了受加尔文指使的日内瓦人送来的一封信。

不久，又有一些手稿证实了对塞尔维特的控告，也是加尔文秘密提供的。看来加尔文并不在乎谁绞死这个可怜家伙，只要他被绞死就行。可是宗教法官玩忽了圣职，赛尔维特跑掉了。

他首先想穿越西班牙边境，但他的名字人所共知，长途旅行穿过法国南部很危险，于是他决定绕道日内瓦、米兰、那不勒斯和地中海。

1553年8月一个星期六的黄昏，他来到日内瓦。他本想搭船到湖对岸去，可是在安息日将近的时候是不开船的，要等到星期一。

第二天是星期日，当地人和陌生人都不许逃避宗教礼拜式，否则便是不端行为。塞尔维特也去教堂了。他被人认出来，遭到逮捕。塞尔维特是西班牙国民，没有被指控违反日内瓦的任何法律。但他在教旨上是自由派，不敬神明，胆敢对三位一体发表异端言论。这种人要想得到法律的保护才是荒唐哩。罪犯或许可以，但异教者却不行！他不由分说被锁进肮脏潮湿的小洞，钱财及一切个人物品全被没收。两天后，他被带上法庭，要求回答问题单上的三十八个不同问题。

审判延续了两个月零十二天。

最后，他被控有“坚持反对基督教基础的异端邪说”罪。在谈到他的观点时，他的回答使法官暴跳如雷。对这类案件的一般判处，尤其是对外国人，是永远赶出日内瓦城，而赛尔维特的案子却是例外。他被判处活活烧死。

与此同时，法国法庭也重新开庭审理这个逃亡者的案子，与新教徒达成同样结论，判处塞尔维特死刑，并派出司法长官到日内瓦，要求把罪犯交给他带回法国。

要求被回绝了。

在日内瓦也能执行火刑。

走向刑场的路程确实很艰难，一队牧师跟着这异教者走完最后的旅程，嘴里还喋喋不休地进行说服。极度的痛苦持续了半个多小时，直到人们出于对可怜牺牲者的同情向火焰里扔出一把刚采集的柴枝为止。对于喜欢这类事情的人来说，这读起来倒是有意思，不过还是略过不谈为好。死刑多一个或少一个，在宗教狂热、放肆、无忌的年代又有什么区别呢?

可是塞尔维特案件不会事过境迁，它的后果实在可怕。业已赤裸裸地表明，那些新教徒虽然口口声声地叫嚷“保留己见的权利”，实际上不过是伪装的天主教徒，心胸狭窄，对待不同意见者像对敌人一样残酷；他们只是等待时机，建立他们自己的恐怖统治。

这个指控是严肃的，不能只耸耸肩膀说“咳，你还能期望什么”便一了百了。

我们有关于这次审判的大量材料，也详细知道外界是怎样看待这次判决的，读起来的确令人痛心。加尔文曾经出于一时的慷慨，倒也建议过不烧死塞尔维特，改为砍头。赛尔维特感谢他的仁慈，却要求另一种解决方法。他要求获释自由。他坚持认为（道理全在他这一方）法庭对他没有裁判权，他只是探求真理的正人君子，因此有权利在大庭广众之下与对手加尔文大夫辩论。

但加尔文不要听这些。

他已经起过誓，这个异教徒一旦落入手中就决不让他活着逃走，他要信守誓言。他要给塞尔维特判罪，就必须得到头号大敌——宗教法庭的合作，但这无关紧要，如果教皇有可以进一步给那个不幸的西班牙人加罪的文件，他甚至也可以与教皇携手。

还有更糟的事情。

塞尔维特临死的那天早上求见加尔文，加尔文便来到又黑又脏的牢房。

此时此刻，他应该大度一点，也要有点儿人性。

他全都没有。

他站在这个两个小时后就要去见上帝的人的面前，争辩着，唾星四溅，脸色铁青，大发雷霆，却没有一句怜悯仁慈的话，一个字都没有。有的只是恶毒和仇恨："活该，顽固的流氓。烧死你这该死的！"

这是很多很多年以前的事。

塞尔维特死了。

尽管人们为他建了雕像和纪念堂，但这不可能让他死而复生。

加尔文也死了。

尽管人们写下了上千卷的诅咒，但这也不会惊扰到孤坟里的他了。

他们都已作古。那些狂热的宗教改革家们在审判时战战兢兢，生怕亵渎神明的流氓逃掉；教会的坚定支持者在行刑后赞美欢呼，相互写信道："日内瓦万岁！恶棍终于死了！"

他们全都死了，也许最好也被人们遗忘。

我们只需要留心一件事。

宽容就如同自由。

只是乞求是得不到的。只有永远保持警惕才能保住它。

为了子孙后代中的新的塞尔维特，让我们记住这一点吧。

第十六章　再洗礼教徒[1]

每一代人中都会出现一些怪物。

我们这一代有“赤党分子”。

我们的父辈当中有社会主义者。

祖辈中有莫利·马圭尔[2]。

曾祖辈中出现了雅各宾派[3]。

而三百年前的祖先的境况也好不到哪里去。

他们那个时代出现了再洗礼教徒。

十六世纪最受欢迎的《历史概要》是一本“世界史”或编年史，作者塞巴斯蒂安是个肥皂生产商，禁酒主义者，住在乌尔姆[4]城；这本书是在1534年出版的。

---

① 再洗礼教徒，较早的新教派别，诞生于胡斯宗教战争时期的捷克。它认为天主教在婴儿出生时做的洗礼是违背人本身的意志的，因而是无效的，要求信徒在入教时重新洗礼。

② 莫利·马圭尔，美国宾夕法尼亚州矿工的秘密组织。

③ 雅各宾派，法国大革命时期的资产阶级激进派。

④ 乌尔姆，法国南部城市。

塞巴斯蒂对再洗礼教徒有所了解。他和一个再洗礼教徒的女儿缔结了婚姻。他并非赞成他们的观点，因为他是一个坚定的自由思想者。关于再洗礼教，他这样写道："再洗礼教只是教它的教徒们要学会爱，要有信仰，要学会忍受一切肉体的磨难，即便是钉死在十字架上；在任何苦难里都要保持耐心和谦卑，彼此真诚相助，他们彼此互称兄弟，认为所有的一切大家都可以共同分享。"

假如真是这样的话，那么毫不夸张地说，这些拥有美好品质的人，竟然在近乎一百年的时间里被人像捕猎野兽一样到处追杀，并将最血腥年代中的最残忍的处罚加在了他们身上。这难道不是一件奇怪的事情吗？

但是，这件事的确事出有因，要明白其中的原委，我们必须首先要了解宗教改革中的一些事情。

宗教改革实际上什么问题也没有解决。

宗教改革不仅没有摧毁原来的监狱，而且还给世界带来了另一个监狱；它只是编造了一本"一贯正确"的书（《圣经》），用来取代某一个"一贯正确"人（教皇）；并且还建立起（不如说是试图建立）黑袍教士的统治秩序，用以取代白袍教士的统治。

经历了半个世纪的奋斗和牺牲，只取得这样微不足道的一个结果，这的确使千百万人心灰意冷。他们本来期盼会迎来一个社会公平正义、宗教信仰自由的新时期，而根本没有料到会再次陷入新一轮的经济上受到奴役、精神上受到残酷迫害的地狱。

他们本来做好了冒一次险境的准备，然而却事与愿违。他们掉进码头和船的夹缝里，不得不拼命挣扎，尽量露出水面，摆脱困境。

他们当时的处境非常危险，他们已离开原来的教会，摒弃了旧的宗教信仰，他们的道德良知又不允许他们加入新的教会。在当权者的眼里他们已经不存在了，可是他们还真真切切地活着，还呼吸着，并确信自己依然是上天的臣民。既然正如继续活下去、继续呼吸是他们的责任一样，那么他们同样也有责任，便是把这个世界从邪恶和愚昧中拯救出来。

最终他们还是活下来了，但是请不要问是怎么样活下来的！

旧的团体被粉碎，旧的关系被剥夺，那就需要组建新的团体组织，选举新的领导者。

但是又有哪个理智健全的正常人会愿意去管理领导这群可怜的狂热分子呢？

结果，那些能未卜先知的鞋匠以及充满幻觉和歇斯底里的接生婆，就分别担任了男先知和女先知的角色。他们做祷告、布道，鼓吹新教义的好处，他们胡言乱语，在他们集结的场所，传出一阵阵“和撒那[1]、和撒那”的咆哮声，那声音震耳欲聋，以至于集会用的小黑屋的椽木都在虔诚信徒的赞美声中颤抖，仿佛要震落下来。村子里的法警也迫于无奈，不得不来干涉这不体面的骚扰。

于是，有好几个男人和女人被送进了监狱。而那些高高在上的、无所不能的市政议员们则开始进行所谓的“调查”。

这些人既不去天主教教堂做礼拜，也不信奉新教徒的苏格兰教会；那么就要请他们解释和说明自己是什么人、到底信仰什么教。

说句公道话，这些可怜的市政议员们的处境也委实尴尬，因为这些囚犯是所有异教徒中最难对付的一批人，他们对自身的宗教信仰毫不含糊，非常坚定。而许多令人尊敬的改革者都不免颇为世故，认为只要能过得舒适一些、体面一些，即使做一点妥协也未尝不可。

但真正的再洗礼教徒则完全是另一种人，他们厌恶所有不彻底的措施，反对任何形式的妥协。耶稣曾教导其追随者道，“别人打你的左脸时，你把右脸也转过去让他打；持剑者必死于剑下。”对再洗礼教徒来说，这意味着告诫他们绝对不许使用暴力来解决问题。他们不喜欢慢条斯理无休止地小声嘀咕说什

① 和撒那，赞美上帝的声音。

么“情况会因环境的变化而发生变化”；他们当然反对战争，但这场战争和以往不同，有其特殊性，若是偶尔地扔几颗炸弹或者引爆一颗鱼雷什么的，只此一回，想必上帝是不会介意的。

圣谕就是圣谕，它就是一切。

因此，他们拒绝应征入伍，拒绝拿起武器。并且，如果当他们因为其宣扬“反战论”的主张而被逮捕的时候（他们的敌人正是这样称呼这类实用基督教派别的），他们总是会心甘情愿坦然地接受这种宿命，默默背诵这《马太福音》第二十六章第五十二节的经文，直到死亡结束他们的苦难。

但是，反对战争只是他们奇怪行为中的一小部分。耶稣曾说过，“上帝的天国和恺撒的帝国统治方式截然不同，彼此不可能和谐共存，也不应该和谐共存。”很好，说得再清楚不过了。从此，所有虔诚的再洗礼教徒都不再参与政事，拒绝担任任何公职，并将他们的所有时间用来阅读和研究《圣经》，而不是像其他人那样，把时间浪费在无聊的政事当中。

耶稣也曾告诫他的信徒们，不要卷入那些丧失体面的争吵中。因此，再洗礼教徒宁可丧失他们一切的合法财产，也不会向法庭提出任何异议。

他们还有许多其他的奇怪的特点，而这些特点使这些怪人与整个世界隔离开来。然而他们这些怪异的特点却引起那些蠢笨而又自得其乐享受生活的肥胖邻人的怀疑和憎恨，因为这些邻人总是把他们的虔诚和那条听起来还蛮不错的教义“待人以宽，则人亦待己宽”混为一谈。

即便如此，再洗礼教徒也可以像浸信会[1]教徒以及许多其他的非国教派的人一样，只要有能力保护自己不被朋友伤害，他们最终会找到与权威当局调和

① 浸信会，又称浸礼会，基督新教主要宗派之一，十七世纪上半叶产生于英国以及流亡荷兰的英国人当中，当是属于清教徒中的独立派。

矛盾的方法。

毋庸置疑，有许多真诚的布尔什维克主义者，由衷地爱着他们的无产阶级同胞；只要他们还活着，他们就会将全部精力用于建立一个更加美好、更加幸福的世界。但是，一个普通的人在听到“布尔什维克”这几个字的时候，他就会想到莫斯科，想到一小撮文化恶棍建立起来的恐怖统治，想到挤满无辜者的监狱，还有那满脸带着鄙夷神色正嘲笑那些可怜的将要被处死的受害者的刽子手。这幅画面所展示给人们的东西还是有失偏颇的。但是，俄国在过去的七年间，发生了那么多神秘的无法讲述的事情，这幅画面走进人们的脑海，成为众人印象的一部分，这再自然不过了。

十七世纪，这些原本虔诚善良、爱好和平的再洗礼教徒，也遭受着类似的境遇。作为一个教派，他们被怀疑涉嫌有许多奇怪的罪名，而这些似乎还是有根有据的。首先，他们一丝不苟地读《圣经》，并且笃信不疑；当然，仅凭这一点是不能定罪的。但是请听我把话说完。这些再洗礼教徒可以不带任何偏见地去阅读和研究《圣经》，但若他们中有谁要是特别偏爱《启示录》，那他可就危险了。

直到十五世纪，这本怪书仍然被人指责是一本“伪造的经文”，而遭到抵制。但是对于那些生活在感情大动荡时期的人来说，这本书却是很受欢迎、很有吸引力的。被流放到帕莫斯岛上的人所说的语言，只有这些被人四处猎捕的可怜虫们才能完全理解。当他再也无法忍受被流放的那种无能为力的状况时，那内心的虚弱的怒火便爆发出来，歇斯底里地发出对现代巴比伦的预言，于是，所有的再洗礼教徒都齐声高呼“阿门”，祈祷新的理想天国和新大地快些到来。

在强大压力的刺激之下，意志薄弱的人因无奈而不得不屈从，这并不是第一次。几乎每一次对再洗礼教徒的迫害，都会引发一场突然的暴力的疯狂的宗教狂热。不管是男人还是女人都会赤条条地冲上大街裸奔，并高声宣布世界末日来临。他们毫无顾忌地沉湎于这些怪异的行为当中，不惜牺牲一切，只求以此来安抚和平息神灵的愤怒。老巫婆们则趁机混入其他教派正在举行的宗教仪式上，尖声喊叫着“魔鬼来了”，故意破坏他们的仪式。

当然，类似这种苦恼（程度较轻一些）总是和我们如影随形。随便翻开一张报纸，你都会读到此类令人痛心的报道，比如在俄亥俄州、爱荷华州或佛罗里达州的某个偏僻小村里，某个女人用切肉刀把自己的丈夫大卸八块，仅仅因为“天使告诉她要这样做”；或是某个头脑清醒的父亲杀死了他的妻子和八个孩子，只是因为他听到了七只号角①的声音。然而，这些事件是极为罕见的。他们很容易就被当地警察抓住并做了处理，他们也不会对国家的生存和安全带来什么影响、构成什么威胁。

但是1534年在美丽的小城明斯特②发生的一件事，其性质却与以往截然不同。在那里，一个严格按照再洗礼教徒的理论所组建的新天国，宣告成立了。

所有北欧的人民一想起那个恐怖的初春，就不寒而栗。

这件事的罪魁祸首是一个年轻英俊的裁缝，名叫詹·比克斯宗。史书上称他是“莱顿的约翰”，因为他出生并成长于一个以勤劳著称的小城，在缓缓流淌的古老而宁静的莱茵河畔度过了他的童年。像那个时代所有的学徒工一样，他总是到处奔波、游历，学习他所从事的职业所需要的所有技能。

他没有受过正规教育，但也可以读点书，偶尔也写点东西，以供消遣。许多人明白自己社会地位的卑贱，意识到自己知识的匮乏，有一种自卑感，但他没有。他相貌英俊，并且脸皮很厚，像一只孔雀一样酷爱虚荣。

① 《启示录》中描绘的世界末日的五组景象，即七印、七号角、七异兆、七碗，以及基督与魔鬼争战。

② 明斯特，德国城市，地处广袤的北德平原腹地，属下萨克森州，面积19.3平方公里。今多有驻军，有“军营城市”之称。

在离开英国和德国很长一段时间以后，他又回到了生他养他的故乡，开了一家裁缝店，做起长袍和礼服的生意。与此同时，他逐渐涉足宗教事务，这标志着他那不寻常生涯的开始，因为他成了托马斯·芒泽尔的信徒。

这个芒泽尔以做面包为业，却是个非常著名的人物，因为他是再洗礼教三个先知之一。1521年，这三个再洗礼教先知突然出现在维滕贝格[①]，试图要向路德指出那条通往拯救世界的真正道路。他们的本意是好的，然而他们的努力却得不到别人的赏识。不仅如此，他们还被驱逐出了新教的城堡，勒令永远不许在撒克森尼公爵的管辖范围内露面。

到了1534年，再洗礼教徒已经被挫败了无数次，各种情况都对他们非常不利，于是他们决定孤注一掷，把一切希望寄托在一次非同寻常的大规模行动上。

他们选中了威斯特法伦[②]的明斯特作为最后的实验地点，没有人对选择这个地方感到惊奇。因为，该城的公爵兼主教弗朗兹·范·沃尔德克是个性格粗鄙的酒鬼，长年肆无忌惮地和许多女人公开姘居；他从十六岁起，就是这副德行了，他那放荡不羁、堕落无道的私生活很为人所不齿，也因而得罪了所有正派人士。当新教开始在小城盛行时，他也不得不妥协。然而，长期以来，人们都认为他是个远近闻名不折不扣的大骗子，毫无诚信可言；所以，尽管他与新教徒签订了《和平友好条约》，也并没有使新教徒获得安全感，而没有安全感的生活简直太难受了。于是，明斯特的居民一直处于一种激动亢奋的状态，都憋

① 维滕贝格，位于德国柏林附近的一座小城。这个小城之所以非常有名，是因为这里是马丁·路德在天主教堂大门张贴95条天主教罪状的地方，而马丁·路德本人也埋葬在这里。

② 威斯特法伦，德意志联邦共和国西北部一地区。

足了劲，等着下一次选举的到来。但是，结果确实令人吃惊，城市政权落入了这些再洗礼教徒的手中，主席是一个叫伯纳德·尼普多林克的人。这个人白天是布匹商，晚上就是一个不折不扣的先知。

那个主教只是瞥了一眼这些新的市政议员，便落荒而逃了。

这个时候，莱顿的约翰出场了。他以詹·马希斯的使徒的身份出现在明斯特。马希斯是哈勒姆[①]的一个面包师，他自己创建了一个教派，被人尊为圣人。当他听说受到大力支持的正义事业有了进一步的发展，他便留下来，庆祝他们的胜利，并帮助他们清除原天主教在教区里的残余。如果这次不彻底清除的话，再洗礼教徒就会前功尽弃，因此他们的意志非常坚决。为了斩草除根，他们把教堂变成采石场，他们查抄了修道院，让那些无家可归的人在里面居住；他们还当众焚烧了除去《圣经》以外的所有图书。更有甚者，在运动达到高潮时，那些拒绝按照再洗礼教徒的仪式进行再洗礼的人，被关押到天主教管辖的营地。在那里，他们要么被斩首，要么被溺毙，理由是，他们都是异教徒，杀死他们不会对社会造成什么损失。

这所有的一切还只是序幕。

戏剧本身更加恐怖。

这时，信仰各种新教义、新信条的上层教士们，从四面八方急匆匆地涌向这个新耶路撒冷——明斯特。在那儿，一些相信自己有责任来促进社会进步的人加入到他们的行列，这些人都认为自己是情绪高昂、积极进取、止直虔诚而又富有号召力的人；但是，一旦谈到政治和治国方略，他们就像孩子一样无知了。

明斯特被围攻了五个月，在这期间，几乎所有社会进步和精神复活的计划、制度、体系和议程等都被尝试了一遍，每一个羽翼初丰的先知都会在议会

① 哈勒姆，荷兰西部城市。

上显露一番。

当然，这样一个充斥着逃犯、瘟疫和饥饿的小城，显然不是一个合适的社会学实验室。不同宗派、不同集团之间的分歧和争吵，削弱了各派领袖所做出的一切努力。在这个危急关头，只有裁缝约翰挺身而出。

他一生当中那短暂而又辉煌荣耀的时刻到来了。

在那个地方，到处都是饿得奄奄一息的饥民，到处都是无家可归受苦受难的孩子，任何事情都是有可能发生的。约翰照搬他在《旧约》里读到的旧神学那一整套神权政体组织理论及其形式，开始建立他的王国。他把明斯特的自由民分为以色列的十二个部族，加冕自己为国王。他本来已经和先知尼普多林克的女儿结了婚，现在他又娶了他以前的师傅约翰·马希兹的遗孀。接着他还效仿所罗门，便又封了几个妃子。于是一场令人作呕的滑稽剧开场了。

约翰整天坐在城市中心大卫王的宝座上，人们分站在国王的两边，听皇家法庭的教士宣读最新的法令。这一切来得如此迅猛，是因为这座城市的命运日趋恶化，人们迫切需要一个强有力的统治者来拯救它。

然而，约翰天生就是一个乐观主义者，完全相信一纸法令具有无上的权威，对此，他从不怀疑。

若是有人抱怨太饿了，约翰便许诺解决这个问题。并且毫不迟疑地以国王陛下的名义签署一道旨意，命令将全城所有的财富在富人和穷人之间平均分配；将所有的街道改造成菜园，所有的食物，无论贫富，都共同享用。

事情到这里还算顺利，开始的时候，法令执行得也还不错。但是，不久就有人揭发说，有些富人藏匿了部分财产。于是，约翰一边安慰这些人不要担心，一边又下达一道法令，规定任何人如果违反任何一条法律，一经发现，立即将其斩首。需要引起注意的是，约翰可不是虚张声势，这个警告也不是随随便便的恐吓；因为，这个以前的裁缝、当今的国王，剑法也十分了得，和他当初使用剪刀的功夫不相上下，经常亲自动手将那违法者斩首。

接下来的一段时期，人们仿佛进入到一种幻觉状态，纷纷陷入各种宗教狂热之中；成千上万的人，男男女女，不分白天黑夜，簇拥在城市中心，等待加百列[①]天使吹响的号角。

再后来，可以说是一个非常恐怖的时期了。这个先知，凭借其嗜血成性积攒起来的勇气，竟然亲手割断了他的一个王后的喉咙。

这必将遭到报应。很快，有两个市民，在非常绝望的情况下，打开了城门，把主教的军队迎进城来。先知被他们的士兵活捉并锁在铁笼子里。不仅如此，他还被拖到威斯特法伦郊区的各个乡间集市上游街示众，最后被折磨至死。

这真是一段不可思议的怪诞的历史，使得那些众多惧怕上帝的虔诚而又单纯朴素的灵魂，对此充满敬畏，心怀恐惧。

从那一刻起，所有再洗礼教徒都被判为违法之徒而遭到通缉。那些得以逃脱明斯特大屠杀的再洗礼教首领，也像猎捕兔子一样穷追猛打，并且一旦被抓住就地处决。在每一个讲坛上，神职人员和牧师都在愤怒地谴责再洗礼教徒，他们愤恨地诅咒再洗礼教徒的叛逆行为，抨击他们是共产主义者、暴乱分子，妄图推翻现有的社会秩序，比恶狼和疯狗更不值得怜悯和同情。

纵观历史，对异端邪说的打击，对异教徒的围剿，很少能有如此的成功。作为一个教派，再洗礼教已经不复存在了。然而，奇怪的是，他们的很多思想观点被保留了下来，并且被其他教派汲取，融入各种各样形形色色的宗教和哲学体系之中。他们受到人们的推崇，如今已经成为每个人精神生活和智力传承的重要组成部分。

叙述这样的事情，倒不是一件困难的事；但是，要解释其中的原因就不那么容易了。

---

① 加百列，《圣经》七大天使之一，上帝传送好消息给人间的使者。

再洗礼教徒几乎无一例外的，属于把墨水瓶都看作无用的奢侈品的阶层。

以往，撰写再洗礼教徒历史的人，都把这个教派看成是极其有害的宗教激进主义派别。直到现在，在历经一个世纪之后，我们才开始懂得和明白，在形成和发展更加趋于理性和宽容的基督教教规与教义过程中，这些卑微的农夫和工匠们的思想起到了多么伟大的作用。

然而思想就像闪电那样，我们永远也无法知晓它下一个霹雳会落在哪里。当狂风暴雨在锡耶纳[①]上空迸裂肆虐的时候，安装在明斯特的避雷针还有什么用处呢！

① 锡耶纳，意大利城市，是与佛罗伦萨齐名的托斯卡纳的古都。其历史超过1000年。在锡耶纳市和锡耶纳大学之间几乎没有什么界限，是一座大学城。

第十七章　索兹尼家族

在意大利，宗教改革从来就没有成功过，也不可能成功。首先，南部的人并不把宗教看得很重，不需要为它而刀枪相见；其次，装备精良的宗教法庭中心在罗马，而这里就处在罗马眼皮底下。所以，如果人们还热衷于发表私人见解，无疑就等于不要命了。

不过半岛住着成千上万个人文主义者，他们中间当然会有几个害群之马，重亚里士多德而轻圣克里索斯顿。但这些人也有许多机会来发泄精力，有俱乐部、咖啡馆和注重礼节的沙龙，男男女女可以发挥知识热情又不得罪帝国。这一切都是那样悠闲宜人。其实生活不就是调和吗？它过去不是一直这样吗？在世界的末日到来之前难道就不调和了吗？

为什么要为信仰中的枝节琐事而大动肝火呢？

经过寥寥数语的简介，轮到本章的两位主角出场时，相信读者不会期盼听到大吹大擂或隆隆枪炮声了。因为这两位绅士说话柔和，做事体面，讨人喜欢。

然而在推翻使人受难许久的暴政上，他们的贡献却比所有咋咋呼呼的改革者还要大。但这是无法预见的怪事。事情发生了，我们谢天谢地，可是要问原因，哎呀，连我们也不太明白。

在理智的葡萄园里安安静静干活的这两个人都叫索兹尼。

他俩是叔侄。

不知是什么缘故，年纪大的雷利欧·弗朗西斯科拼写名字时用一个“z”(Sozini)，而年轻的福斯图·保罗用两个“Z”(Sozzini)。不过，人们更熟悉他们拉丁文形式的名字索西尼厄斯（Socinius)，不熟悉意大利文的形式索兹尼(Sozzini)，我们可以把这类细节留给语法学家和词源学家去解决。

在影响上，叔叔远不及侄子大，因此我们先谈叔叔，然后再讲侄子。

雷利欧·索兹尼是锡耶纳人，出身于银行家和法官世家，命中注定在博洛尼亚大学[①]毕业后要从事法律行当。但他却和许多同代的人一样自行其是地搞起神学来，不再读法律了，摆弄起希腊文、希伯来文和阿拉伯文，最后（也像大多数同类人的结局一样）成为理智神秘主义者——既很通晓世故，又不够老练。这听来相当复杂，不过能理解我意思的人用不着多加解释，不能理解的人我再费唇舌也没用。

然而他的父亲还认为儿子能成为世界文坛上的人物。他给了儿子一张支票，让他出去开开眼界。于是雷利欧离开了锡耶纳，在以后的十年里从威尼斯到日内瓦，从日内瓦到苏黎世[②]，从苏黎世到维滕贝格，然后又到伦敦、布拉格、维也纳和克拉科夫[③]，不时在城镇或小村里住上几个月或一年半载，希望能找到有趣的伙伴和学到有趣的新东西。在那个年代，人们一谈起宗教就没完没了，就像现在我们谈生意一样。雷利欧积累了许多五花八门的怪思想，他竖起耳朵到处打听，很快熟悉了从地中海到波罗的海的所有异端论调。

① 博洛尼亚大学，意大利的一所大学。

② 苏黎世，瑞士最大的城市，苏黎世州首府，位于苏黎世河畔。有两千年的历史，是由罗马人在此设立缴税关而得名。

③ 克拉科夫，波兰南部一城市，曾是波兰的故都。

不过当他带着知识的行李来到日内瓦的时候，他只受到了加尔文不咸不淡的漠然待遇。加尔文那暗淡的双眼疑心重重地看着这个意大利来访者。他是个出身高贵的杰出年轻人，不像塞尔维特那样贫困无亲无靠。可是据说他倾向塞尔维特。按加尔文所想的，随着对那个西班牙异端派的火刑，三位一体已经是非论定了。其实，恰恰相反！从马德里①到斯德哥尔摩②，塞尔维特的命运已经成为人们谈论的主题，世界各地思想严肃的人开始站在反对三位一体的一边。这还没有完。他们还利用古登堡的该死发明，四处宣扬自己的观点，由于离日内瓦很远，他们的言辞也多有不敬。

在这之前不久，出现一本才学横溢的小册子，收有历代教会神父对迫害和惩罚异端者的事情所说所写的一字一句。在加尔文所说的“憎恨上帝”的人们或按他们自己反驳的“憎恨加尔文”的人们中，这本书立刻大力畅销。加尔文放出风声，要和这个珍贵小册子的作者单独谈谈。不过作者预见到了这个邀请，明智地在封面上删去了姓名。

据说这个人叫塞巴斯蒂安·卡斯特利奥，曾经是日内瓦一所中学的老师。他对形形色色神学罪孽很有看法，这促成他憎恶加尔文而赞赏蒙田。不过这并没有人证实，只是道听途说。但是，一有人领头，其他人便会起步紧随。

因此加尔文对索兹尼敬而远之，却建议说巴塞尔③的柔和空气比萨沃伊的潮湿气候更适合这位锡耶纳的朋友；索兹尼一动身去著名的古伊拉斯米安要塞，他就衷心祝他一路平安。

---

① 马德里，西班牙首都，位于伊比利亚半岛中心的梅塞塔高原，有四百多年的历史。

② 斯德哥尔摩，瑞典首都，北欧第二大城市，位于梅拉伦湖和波罗的海的交汇处，由14个岛屿组成。素有“北方威尼斯”之称。

③ 巴塞尔，瑞士城市，临近德国、法国，是欧洲保存最完好的古老城市。

使加尔文庆幸的是，索兹尼叔侄不久便引起了宗教法庭的怀疑，雷利欧被没收了基金，还发高烧，年仅三十六岁便在苏黎世死去了。

他的过早去世在日内瓦引起了欢腾，不过高兴的时候不长。

雷利欧除去遗孀和几箱子笔记本外，还有个侄子。他不仅继承了叔叔未尽的手稿，还很快成为更胜于叔叔的赛尔维特热衷者。

福斯图斯·索兹尼从小就像老雷利欧一样广泛旅行。他的祖父给他留下了一小块不动产。他直到近五十岁才结婚，因此可以把全部时间用在他喜欢的神学上。

他似乎在里昂做过一段时间的生意。

我不知道他是怎样的买卖人，但他做买卖经营具体商品而不是精神财富，这一经验使他相信，如果对方在买卖中处于更有利的地位，那么靠屠杀或发脾气是无济于事的。他在一生中一直保持着清醒的头脑，这种头脑在公司办公室里固然可以找到，但是在神学院里却十分罕见。

1563年福斯图斯回到意大利。在返程中他来到日内瓦。他好像没有去向当地主教表示敬意。况且加尔文那时已经生病，索兹尼家族的人拜访他只能增加他的烦恼。

在以后的十多年里，索兹尼在伊莎贝拉·德·梅迪希那儿工作。但1576年这位夫人在新婚后不久，就被丈夫保罗·奥希尼杀死了。于是索兹尼辞了职，永远离开了意大利，来到巴塞尔，把《赞美诗》译成意大利白话文，还写了一本关于耶稣的书。

福斯图斯正像他在作品中表露的那样，是个审慎小心的人。首先他的耳朵不好使，耳聋的人都天性谨慎。

其次，他能从阿尔卑斯山另一面的几块地产中获取收益，托斯卡纳[①]的当

① 托斯卡纳，意大利北部地区。

政者暗示他说，被怀疑是“路德学说”的人在评论使宗教法庭恼火的题目时，只要不太过分就行。于是他采用了许多笔名，出版一本书之前，必须请朋友们看一遍，认为比较安全才送去印刷。

这样一来，他的书没有列入禁书目录，那本关于耶稣生平的书一直流传到特兰西瓦尼亚[①]，落到另一个思想自由的意大利人手里。他是米兰和佛罗伦萨的一些贵妇的私人医生，与波兰和南喀尔巴阡山的贵族结了亲。

特兰西瓦尼亚在那时是欧洲的“远东”，直到十二世纪初期还是一片荒野，一直被用来安顿德国的多余人口。勤劳的撒克逊[②]农民把这片沃上变成了一个繁荣昌盛、秩序井然的小国家，有城市、学校，还有几所大学。但这小国家还是远离旅行通商的要道。一些人由于某种原因，希望远离宗教法庭的亲信，最好与他们相隔几英里的沼泽地和高山，于是这个小国家便成了理想的栖身之地。

至于波兰，多少个世纪以来，人们一提到这个不幸的国家便联想到保守和沙文主义。但是我要告诉读者，在十六世纪上半叶，它却是名副其实的庇护所，保护了所有由于宗教信仰而在欧洲其他地方饱受折磨的人，这是个令人高兴的情况吧。

这个出乎意料的情况是由典型的波兰风格造就的。

在很长时间里，这个共和国是全欧洲管理得最为拙劣的国家，这是大家都知道的。波兰的上层教士玩忽职守，但西方各国主教的放荡和乡村牧师的酗酒也已经成为司空见惯的恼事，因此波兰的情况未被重视。

---

① 特兰西瓦尼亚，中世纪时，特兰西瓦尼亚曾是一个公国。十一世纪末，并入匈牙利王国。1867年后，成为奥匈帝国的属领。第一次世界大战后，奥匈帝国瓦解，根据《凡尔赛条约》为罗马尼亚所领有。

② 撒克逊，日耳曼民族的一支，最早居住在波罗的海沿岸。

但在十五世纪下半叶，在德国各大高校读书的波兰学生迅速增多，这引起了威登堡和莱比锡当权者的注意。后来经他们调查才发现，原来波兰的古老学府——克拉科夫大学在波兰当局手中完全没落了，造成了可怜的波兰学生要么背井离乡去外国念书，要么就没学可上的情况。过了不久，新教的影响辐射到了德国各所大学。于是，这些来自华沙、拉多姆[①]和琴斯托霍瓦[②]的学生都纷纷效仿。

他们功满还乡的时候，已经是羽翼丰满的路德派了。

不过，当时还处在宗教改革的初期，无论是波兰的国王、贵族还是教士都可以轻易遏制住这种错误思想的苗头。可如果要这么做的话，就必须先把这个共和国的所有统治者用一条统一的政策团结起来，但这又有悖于这个奇特国家的神圣传统。在波兰，一张反对票就足以推翻一个法案，即便有国会其他所有议员的支持也行不通。

不久之后，那位著名的维藤贝格教授（指路德）在宣扬他的宗教时又搞了一个经济副产品，那就是没收所有教会的财产，从波罗的海到黑海之间的肥沃平原上的博尔劳斯家族、乌拉蒂斯家族和其他骑士、伯爵、男爵、王子和公爵，都开始果断倒向新教了，因为这意味着不菲的收入。

随着这个发现，先是造成人们手段卑劣地瓜分修道院不动产，随后这种不光彩的行为又导致了著名的“间歇”时期出现。自古以来，波兰人就是靠这种“间歇”拖延思索时间的。在这期间，所有权力都按兵不动，新教徒便利用机会，不到一年就建起了自己的教堂，而且遍布全国。

---

① 拉多姆，波兰中东部城市，拉多姆省的首府。十二世纪起长期为贸易通道，现仍为重要的交通枢纽。

② 琴斯托霍瓦，波兰中南部的一个省。

当然，新教长之间的争吵最后又使农民回到教会的怀抱，波兰又成为天主教的一个坚固堡垒。可是到了十六世纪下半叶，波兰获得了允许各种宗教派别并存的许可证。西欧的天主教和新教开始了杀绝再洗礼教徒的战争，残存者便向东逃窜，最后定居在维斯瓦河[①]畔。正是这时，布兰德拉塔大夫拿到了索兹尼关于耶稣的书，表示想认识作者。

乔古奥·布兰德拉塔是意大利人，医生，而且多才多艺。他毕业于蒙彼利埃[②]大学，是出色的妇科专家。他从始至终都桀骜不驯，却很聪明。他和当时的许多医生一样（想一想拉伯雷和塞尔维特），既是神学家又是神经病专家，扮演的角色时常更换。他成功地治愈了波兰皇太后的病，她原总是有幻觉，认为凡是怀疑三位一体的人都错了，病愈后开始悔恨自己的错误，以后就只判决赞同三位一体教义的人。

这个善良的皇后后来死了，是被她的一个情夫所杀。她的两个女儿嫁给了当地的贵族，布兰德拉塔作为医疗顾问，在政治上发挥了很大影响力。他知道内战已是一触即发，除非采取行动终止宗教上的争吵，于是他尽力想在对立教派之间竖起免战牌。但是达到目的需要一个比他更精于错综复杂的宗教论战的人。他灵机一动，想起了写《耶稣的生活》的那个作者，他是再合适不过的人选了。

他给索兹尼写了一封信，请他东行。

不幸的是，索兹尼到达南喀尔巴阡山的时候，刚刚公布了布兰德拉塔私生

① 维斯瓦河，波兰最长的河流，向北汇入波罗的海的格但斯克湾。

② 蒙彼利埃，位于朗格多克平原中部。在中世纪时期，当古罗马城市不断衰落时，蒙彼利埃却以惊人的速度发展繁荣起来。起初只是一个庄园，但在几个世纪内，它就迅速成为一座经济文化发达的重要城市。尽管经历了短暂的衰落时期，但蒙彼利埃仍然保持并巩固了其朗格多克南部省首府的地位。

活中的一大丑闻，那个意大利人也已被迫辞职，到无人知晓的地方去了。索兹尼留在了这个遥远的土地上，娶了个波兰姑娘，1604年死在那里。

依现在看来，他一生的最后二十年是最为有趣的阶段，因为这二十年里，他才明确具体地表明了他对的“宽容”这一问题的观点与看法。

我们可以从这本《拉克问答集》小册子中看出他的这些观点。这本集子是索兹尼为那些期望世界美好、结束宗教争端的人们写的共同章程。

十六世纪后半叶是大量出版宗教问答手册，进行信仰、信条和教旨告解的时代，在德国、瑞士、法国、荷兰和丹麦，人们都在写这些东西。可是各地印刷草率的小册子都表明一个糟糕的信条：他们（也只有他们）才代表真正的真理，所有宣过誓的当政者的职责，就是支持这个特殊形式的真理，用剑、十字架和火刑柱惩处那些肆意信仰其他劣等真理的人。

索兹尼的信仰具有截然不同的精神。它一开始便开门见山地说，它的真正意图绝不是和别人吵架。

他继续说道，“许多虔诚的人有理由地埋怨说，现在已经出版以及各个教会正在出版的形形色色的教义和宗教手册是基督徒之间产生分歧的根源，因为它们都试图把某些原则强加在人们的良知上，把持异议者视为异端。”

据此，他以最正式的方法宣布，索兹尼派绝不主张剥夺或压抑任何人的宗教信仰。讲到广义的人性，他又做了如下的呼吁：

“让每个人自由判断他的宗教吧，因为这是《新约》定下的法则，最初的教会已经给出了先例。我们这些悲惨的人有什么资格要压抑我熄灭上帝已经在人们心中点燃的圣灵之火？我们谁能独占《圣经》的含义？我们为什么不记住，我们唯一的主是耶稣基督，大家都是兄弟，有谁被赋予了压服别人的力量呢？可能其中一个兄弟比别人博学一点，但是在自由和基督的联系上，我们所有人都是平等的。”

这简直太精彩了，而且是早在三百年前就这样说了。索兹尼派和其他新教派都不能指望在那个动荡的世界里长期坚持自己的立场。反对宗教改革的潮流已经气势汹汹地开始了。

成百上千的耶稣会的教士在失去的省份里大肆放纵。新教徒们一边工作一边争吵，致使东部人很快又回到罗马一边。今天来到这些远隔文明欧洲的地方的旅游者，很难会想到曾几何时这里曾经是最先进最自由的堡垒，也不会想到在幽静的立陶宛①山里曾经有一个小村庄，世界在那儿第一次获得了实现宽容的明确的途径。

出于好奇的缘故，不久前的一天清晨，我走进了图书馆，翻阅了供年轻人了解过去的最流行的教科书。没有一个字提到索兹尼派或索兹尼叔侄，所有的书都从社会民主派跳到汉诺威的索菲亚，从撒拉森斯跳到索比斯基。其实在这个被跳过的时期里，伟大宗教革命的领袖是大有人在的，包括艾科兰巴迪②以及其他相对次要的人物等。

只有一卷提及了这两个锡耶纳人文主义者，不过是出现在罗列路德或加尔文所说所做的事情的一个含混不清的附录里。

预见的确有危险，但是我却怀疑，在以后三百年的通俗历史里，这一切会被改变的，索兹尼叔侄会独自享有一小章节，而宗教改革的传统主角则下降到次要的地位。

索兹尼家族的名字即使出现在脚注里，也一样会引人注目。

---

① 立陶宛，位于波罗的海东岸。十三世纪形成立陶宛民族，十四至十五世纪，立陶宛大公国的领土大部在西俄罗斯、乌克兰和白俄罗斯。1928年独立。

② 艾科兰巴迪（1482—1531），德国学者和布道家，领导了瑞士巴塞尔的宗教改革。

第十八章　蒙田

人们常说，中世纪的城市氛围成就了自由。

的确如此。

躲在高高石墙后面的人，可以大胆地表达对男爵和牧师们的鄙视而不必担心会受到任何的惩罚。

在那以后不久，整个欧洲大陆的社会环境有了很大的改观，这样就为国际贸易的再次发展提供了条件，与此同时，一种新的历史现象开始彰显。

用三个双字词组表示就是：商业促进宽容。

你在一个星期内的任何一天，特别是在星期日，在美国的任何一个地方都可以证实这个论点。

俄亥俄州的温斯堡可以容忍三K党[①]，但是纽约却不行。如果在某一时刻，纽约也掀起一场运动，驱逐所有犹太人、所有天主教徒和其他所有外籍人，那么，整个华尔街就会陷入一片惶恐之中。经济混乱、员工罢工，这场骚乱将会导致这个城市彻底毁灭，没有丝毫恢复的可能。

---

① 三K党，美国最悠久、最庞大的种族主义组织。

中世纪后半期就出现了这样的状况。当时，莫斯科是一个貌似公爵的小小伯爵的领地，可以对异教徒滥施淫威；但是位处国际商业中心的诺夫格罗德，却需要小心从事，不然便会冒犯那些前来做生意的瑞典、挪威、日耳曼和佛兰芒[①]商人，从而把他们赶到维斯比[②]去。

一个纯农业国，可以毫不费力地用一整套完善的火刑来“款待”那些农民异教徒。但是，如果威尼斯人、热那亚人或者布鲁赫[③]人，也在其领土上开始一场针对异教徒的大屠杀，那么所有外国公司和商业机构的代表就会马上撤离，随之资金也会被抽回，这些城市顷刻之间就会崩溃和破产。

有些地方，譬如西班牙、罗马教皇管辖区和哈布斯堡[④]王室的一些领地等，根本不知道汲取教训，却依然被所谓的“对信仰的忠诚”的豪情驱使，无情地将那些有“真正信仰”的敌人驱逐出去。结果，它们不是化为乌有，就是沦为第七等骑士的小国[⑤]。

然而，商业国家或者城市的管理者通常都是那些尊崇既定事实，深知自己利益所在的人。这些人在精神信仰方面保持一个中立的态度，因而，那些在其统治范围内的天主教徒、新教徒、犹太人以及中国主顾就可以照常安心地经商，并仍旧忠诚于自己特有的宗教信仰。

---

① 佛兰芒，历史上西北欧的一个地区。

② 维斯比，瑞典东南部港口城市，位于哥特兰岛西岸。

③ 布鲁赫，比利时西北部城市。

④ 哈布斯堡王朝，又称奥地利王朝，因1020年斯特拉斯堡主教维纳尔和德拉波特伯爵在今瑞士阿尔高州建哈布斯堡而得名。十三世纪到二十世纪初，统治和控制范围包括现在的西欧和中欧的大多数国家。

⑤ 第七等骑士的小国：封建等级分为七等，一等是国王，二等是教会大贵族，三等是世俗大贵族，第七等则是骑士。

威尼斯通过了一项反对加尔文教派的法案，但是那只不过是做做样子罢了。因为“十人内阁”已经向那些执行警察仔细地交代过了，这条法令不必执行得太认真，让那些异教徒自行其是吧，除非他们企图攻占圣马可教堂，并把它变成自己的礼拜场所，否则就不用太管他们，让他们保留自认为适合他们的信仰。

他们在阿姆斯特丹的好友也如此行事。每个礼拜天，新教的牧师们都会严厉谴责那些“罗马天主教徒”①（scarletwoman）的罪孽。然而就在附近的街区，那些可怕的天主教徒们则在某个不显眼的小屋里悄悄地做着弥撒，而当时新教的警长则站在门外警戒，以提防那些“日内瓦教义问答集”的狂热崇拜者闯入这个犯禁的场所，吓跑了那些给他们带来利益好处的法国人和意大利人。

这并不意味着威尼斯和阿姆斯特丹的广大民众已经不再是他们自己的可敬教会的忠实教民了。他们仍然和从前一样，仍然是虔诚的天主教徒或新教徒。不过他们牢记这一点，十个来自汉堡②、吕贝克③或里斯本的可以为他们带来利润的经商的异教徒，要比十个来自日内瓦或罗马的寒酸教士更有价值。于是他们便宜行事了，实际上也是这么做的。

将蒙田开明的思想和自由的见解（这两者并非总是完全相同）和他那经营鲱鱼生意的父亲与祖父以及有着西班牙与犹太人血统的母亲，这两者联系起来未免有些牵强附会。然而在我看来，这些经商的前辈对蒙田观点的产生有很大的影响。作为战士和政治家，他整个一生对宗教狂热者的盲信和偏执深恶痛

① 指异教徒的罗马天主教（极端派新教徒咒骂罗马天主教的话），源自《圣经》。

② 汉堡，德国西北部一城市。

③ 吕贝克，德国西北部一城市。

绝，我想这一切都起源于离波尔多[1]主要码头不远的一家小鱼铺。

我如果当着蒙田的面这样说，他大概不会感谢我的，因为他出生的时候，他们家早年做贩鱼买麦的历史都被从华丽的家族徽章中小心地抹去了，看不到一点痕迹。

他的父亲得到了“蒙田”这项产业，如获至宝，并不惜投掷重金要将其培养成绅士。蒙田刚刚学会走路，他的父亲就给他请了家庭教师，便在他那可怜的小脑瓜里塞满了拉丁文和希腊文。六岁的时候，他被送往中学读书，十三岁的时候，开始学习法律。因此他还不到二十岁，便正式成为波尔多市议会的成熟议员了。

接着他参军了，后来又在法庭供职了一段时间。直到三十八岁时，他父亲死了，他停止了手中的工作和一切外界活动，在他一生中最后的二十一年里，除去有一段时间违心地涉足政治外，其余所有的时间，都消磨在他的马匹、狗和书上面，并从中收获了不少东西。

蒙田是那个时代了不起的人物，但也免不了有几个弱点。他从没有彻底摆脱某些情感和礼仪，这个鱼贩子的孙子认为这才是真正的绅士风度，他一直抱有这样的想法不能释怀。直到临死的时候，他还坚持说自己不是一个真正的作家，称自己是一个乡村绅士，只是偶尔在某些无聊的冬日，才草草记下一点略有哲学内容的杂乱思想，聊以打发时间罢了。所有这些全都是无稽之谈。如果说有谁把他整个的心、灵魂、美德和罪恶以及一切都献给自己的书，那就是这位能和不朽的达达尼昂[2]匹敌的开朗的绅士。

① 波尔多，法国城市，孟德斯鸠和蒙田的故乡。这里盛产葡萄酒，特等“波尔多红葡萄酒”被誉为世界“葡萄酒皇后”。

② 达达尼昂，大仲马小仲马《三个火枪手》中的主人公。

因为这心、这灵魂、这美德和缺陷都属于这个豁达大方、有涵养又和蔼随和的人，所以蒙田的作品远远超出了文学作品的范畴，这些作品已经构成了一部真实明确的生活哲学，它们以人们的常识和实际的日常礼仪为基础。

蒙田生来就是一个天主教徒，到死都是。在他年轻的时候，他还曾是“天主教贵族联盟”的积极分子。这个联盟由一群法国贵族所组成，旨在将加尔文教驱逐出法国。

然而在1572年8月那个具有决定意义的一天，当蒙田听到教皇格列高里十三世欢庆成功地处死了三千名法国新教徒这一消息的时候，他便永远地离开了天主教会。但是他也绝对没有加入另外的教派。为了避免别人的饶舌也继续参加某些重大仪式。然而自从圣巴托罗缪大屠杀[①]的血腥之夜以后，他写的那些作品就如同马可·奥勒留[②]、爱比克泰德[③]或者其他希腊、罗马哲学家的著作一样的好。有一篇令人难忘的名为《论良知的自由》的文章，他在文章里使用的语气就好像是古时伯里克利[④]的同代人，而不是法国皇后凯瑟琳·德·美第

① 圣巴托罗谬大屠杀，1572—1585年，这一阶段以著名的“圣巴托罗谬之夜”开始。1572年8月23—24日夜间，胡格诺派的重要人物正聚集巴黎，庆祝其领袖波旁家族亨利的婚礼。亨利·吉斯（吉斯公爵之子）以巴黎各教堂钟声为号，率军队发动突然袭击，杀死胡格诺教徒2000多人，由于24日正值圣巴托罗谬节，因此这一血腥的夜晚在历史被称为“圣巴托罗谬之夜”。

② 马可·奥勒留（121—180），罗马皇帝兼斯多葛派哲学家。

③ 爱比克泰德，公元前一世纪时的希腊斯多葛派哲学家，教师。

④ 伯里克利（约公元前495年—前429年），雅典执政官。在波西战争以后，他领导重建雅典。他的时代也被称为伯里克利时代，是雅典最辉煌的时代，产生了苏格拉底、柏拉图等一批知名思想家。

奇[①]的一个忠实的仆臣，他还以“叛教者朱利安”为例，阐明真正宽容的政治家应该做出什么样的业绩。

那篇文章非常简短，只有区区五页纸，你可以在第二册的第十九章中找到。

蒙田见过许多顽固不化的新教徒和天主教徒所鼓吹倡导的绝对自由，事实上按照当时的情况，这种自由只会导致新的内战。但是一经条件允许，无论是新教徒还是天主教徒睡觉时不再把匕首和手枪放在枕头下面了，那么明智的政府就应该尽量避免干预别人的思想，应该允许所有臣民依照最能使自己心灵获得幸福的方式来爱上帝。

蒙田既不是唯一的，也不是第一个产生这种想法并且大胆将此观点公之于世的法国人。早在1560年，凯瑟琳·德·美第奇的前大臣麦克尔·德·豪皮塔尔和多所意大利大学的毕业生（被怀疑与再洗礼教有染）就曾经说过，对异教徒只适宜用文字论战。他提出这一令人惊讶的观点的理由就是，“良知就是良知，有自己的本来面目，不是靠武力可以改变的”。两年以后，他还促成了皇家《南特赦令》的产生，该法规定：胡格诺教派[②]有权召开自己的集会，举行宗教会议讨论本宗教的事务；俨然成为一个独立、自由的教派，而不是寄人篱下的小派别。

让·保丹，法国巴黎的一个律师，是一个令人非常尊敬的公民（这个人捍卫个人财产权，反对托马斯·莫尔在《乌托邦》[③]一书中表现出的共产主义倾向），他的观点与次类似，认为君主无权用武力强迫他的臣民信仰这个教派或者

① 凯瑟琳·德·美第奇（1519—1589），法国皇后。在天主教和新教胡格诺派之间三十年的战斗中，她是一支主要的政治力量，同时是圣巴托罗谬大屠杀的煽动者。

② 胡格诺教派，是法国加尔文教派的别称，十六世纪欧洲宗教改革运动中兴起于法国并长期遭受迫害的新教教派。

③ 《乌托邦》，作者在书中既批判了旧世界，又描述了一个新世界乌托邦。

信仰那个教派。

无论是大臣们的演讲，还是那些政治哲学家们用拉丁文写的论文，极少有人问津；然而蒙田的书却大有市场，人们读他的书，并将其译成各种文字和语言予以出版。社会的文明人士也常常聚集在一起，对蒙田的书进行阅读并展开讨论，这样的状况一直持续达三百多年之久。

正是因为他的业余身份，以及他只为乐趣而写作的说法，使得他的作品深受大众的喜爱；否则人们决不会去买一本或者借阅一本被正式列为“哲学”范畴的图书。

第十九章　阿米尼乌斯

为宽容而进行的斗争一直都是“组织型社会”与“社会精英分子”这两派长期争斗的一部分。“组织型社会”永远把“集体”的长久安全稳定摆在第一位；而“社会精英分子”则认为迄今为止推动世界进步的功劳应归于个人，并非大众努力的结果。其实就大众而言，他们本质上是反对一切改革创新的。因此，个人的权利远高于集体。

我们如果认为这个前提是正确的，那么一个国家的宽容程度便与大多数居民的个性自由程度成正比。

过去，有时会出现非常开明的统治者，他对孩子说：“我坚信‘待人宽则人亦待己宽’的原则。我希望所有可爱的臣民们都对别人施以宽容，不然就会自食其果。”

于是，性急的臣民们就赶忙贮存官方徽章，上面刻有壮丽的几个字：“宽容第一”。

但是这个突然的转变是出于对皇家刽子手的畏惧，通常并不会长久。国王只有在恫吓的同时再建立起一整套逐级教育的明智体系，把它当作每天的政治活动，才能取得成果。

十六世纪后半叶，这种幸运的环境在荷兰共和国出现了。

首先，这个国家有数千个半自给自足的城镇和乡村。居民大都是渔夫、水手和商人。这三种人习惯于一定程度的独立行动，职业的性质迫使他们做决定时要迅速果断，按照自己的利弊判断出工作中的机遇。

我不是说他们比世界其他地方的人更聪明，心胸更开阔。但是艰苦的工作和不达目的不罢休的干劲使他们成为整个北欧和西欧的谷物鱼类搬运工。他们懂得，天主教徒的钱和新教徒的钱一样好用，他们喜欢付现钱的土耳其人，讨厌要赊账六个月的长老会教徒。于是他们成为进行宽容试验的理想国度，而且重要的是，每个人都能各得其所，占了天时地利人和。

寡言的威廉[①]是“欲要统治世界者必先了解这个世界”这个古老格言的光辉典范，他开始时是个着装入时、钱多财广的年轻人，有令人羡慕的社会地位，给当时最大的君王当机要秘书。他在晚宴和舞会上挥霍无度，娶了好几个颇为闻名的女继承人，生活放荡，今朝有酒今朝醉。他不很用功，对他来说对赛马的兴趣远远超过研究宗教。

宗教改革引起的社会动荡在他眼里起初不过是雇佣者之间的又一场争吵，只要稍用手腕，再摆出几个五大三粗的警察，便可以解决了。

不过，等他了解了国王和臣民之间的争端的本质时，这个和蔼的贵人已经突然变成了卓有能力的领袖。其实，他所要从事的是当时已经完全失势的事业。他在短期内卖掉了宫殿、马匹、金盘和乡间地产（或者立即予以放弃）。这个布鲁塞尔的花花公子成为哈普斯堡的最顽固、最成功的敌人。

然而财产的变动并没有改变他的个性。威廉在仓满囤流的时候是哲学家，住在两三间出租房子里，星期六都不知道如何付洗衣费的时候也还是哲学家。

① 寡言的威廉，指威廉一世（1533—1584），领导荷兰反抗西班牙国王，被西班牙刺客暗杀。

过去有一个主教想建造足够的绞架来处死所有的新教徒，他竭尽全力挫败了主教的企图，如今他同样尽量要刹住热情的加尔文教徒要绞死所有天主教徒的干劲。

几乎毫无指望。

二万至三万人已经惨遭杀戮，宗教法庭的监狱里装满了新的牺牲品，遥远的西班牙正在召集一支军队，准备在叛乱分子还没有扩散至欧洲其他地方的时候就把他们一网打尽。

有人说应该热爱刚刚绞死自己父兄、叔叔和爷爷的人，也有人在拼命反对这个说法，在这里无须告诉读者是谁在反对。但是他通过自己的事例和他对反对者的和解态度，已经向追随者表明有性格的人应该超脱摩西以眼还眼、以牙还牙的律法。

在这场唤醒公共道德和理性意识的运动中，他得到一个杰出人物的支持。至今你都能在豪达教堂看见一条奇特的墓志铭，全由单音节词组成，罗列了那位长眠于此的德克·科恩赫特的美德。科恩赫特是个很有意思的家伙，他是富家子弟，年轻时大部分时间都在国外旅行，得到了一些关于德国、西班牙和法国的第一手资料。他一回国，便爱上了一个身无分文的姑娘。他的荷兰父亲处事谨慎，不准他们结婚。他照样义无反顾地与这个女孩结了婚，他父亲一怒之下，按照族里的规定剥夺了这个不孝子的财产继承权。

这使科恩赫特陷入了困境，他只好自谋出路。好在他是个很有才干的年轻人，很快就学会了一门手艺，成了一名铜雕艺人。

哎！一朝成为荷兰人，一辈子便改不了说教的脾性。到了晚上，他就急忙扔下雕刻刀，拿起鹅毛笔，记下一天的大事。他的文风够不上现代人所欣赏的“风趣”标准。但他的书里充满了许多让人倍感亲切的常识，与伊拉斯谟的嬉笑怒骂皆文章不同，这令他交到不少朋友。后来还认识了沉默者威廉。威廉高度赞赏了他的能力，雇他做机要顾问。

当时威廉正忙于一桩奇怪的争论。国王腓力[1]有教皇撑腰，要干掉人类的大敌，也就是他的敌人威廉，他以两万五千金币、贵族头衔和赦免一切罪行的代价，找人去荷兰杀死这个头号异端者。威廉已经五次遇险，可是他觉得用一套小册子驳倒腓力国王是他的职责，这个时候，科恩赫特助了他一臂之力。

论点直指哈布斯堡内阁，不过要是指望内阁会由此而变得宽容，那才是妄想，然而整个世界都在注视威廉和腓力的争斗，小册子也被译成了不同文字，被广泛阅读，其中许多题目人们过去只敢低声说说，现在却热烈地讨论起来。

不幸的是，争论并没有多久就结束了。1584年7月9日，一个法国天主教徒杀掉了威廉，拿到了两万五千金币的报酬，六年以后，科恩赫特还没有完成把伊拉斯谟著作译成荷兰文的工作，也与世长辞了。

在以后的二十年中，狼烟四起，炮声隆隆，湮没了不同观点的神学家之间的叱骂。最后敌人被逐出了新共和国的边界。但此时却没有威廉这样的人来掌管内部事务。不同的教派本来在大批西班牙雇佣军的压力下暂时很不自然地和解了，现在又要彼此割断对方的喉咙。

他们的争战当然要有个借口，可是，有哪个神学家没有一点要抱怨的事呢？

在莱顿大学[2]里，有两个教授持不同的见解。这本稀松平常。但是，他们在意志自由的问题上发生分歧，这倒是个严重的事。兴奋的人们立即参加到讨

① 腓力，指西班牙国王腓力二世。

② 莱顿大学，荷兰最古老的大学，建于1575年，分布于莱顿市的各区，拥有8个学院，154个系，是一所综合性大学。

论中去，不到两个月，整个国家便分成两大敌对的阵营。

一方是支持阿米尼乌斯的人。

另一方是支持戈马鲁斯的人。

后者虽然出生在荷兰家庭，却在德国度过了一生，是德国教育体制培养出来的精英分子。他的学问十分广博，却又缺乏起码的常识。他通晓希伯来律学的奥秘，而心脏却按照阿拉米语[①]的句法规则跳动。

他的对手阿米尼乌斯却迥然不同。他生于奥德瓦特，是离伊拉斯谟度过不愉快的少年时代的斯泰恩修道院不远的小城市。他幼年时赢得邻居、马古堡大学著名数学家和天文学教授的友谊。这个人叫鲁道夫・斯内里斯，他把阿米尼乌斯带回德国，让他受良好的教育。可是这个孩子在第一个假期回家时，发现家乡已被西班牙人劫掠一空，亲戚也都遇难了。

这似乎结束了他的学业，幸亏一些好心的有钱人听说这个年幼孤儿的遭遇，慷慨解囊，送他到莱顿大学学习神学。他刻苦努力，六年以后便学完了所有的课程，又去寻找新的知识源泉了。

当时，出类拔萃的学生总可以找到资助人为他们的前程花几块钱。阿米尼乌斯很快拿到了阿姆斯特丹几个行会给他开的介绍信，高高兴兴去南方寻找受教育的机会了。

作为一个颇受尊敬的神学继承人，他首先来到日内瓦。加尔文已经死了，但是他的追随者——博学的西奥多・贝沙接替了加尔文。代他掌管这群温顺的绵羊。他可是位老道的异端猎手，凭借自己灵敏的鼻子在这位前来拜访的年轻荷兰人身上闻到了一丝拉米斯主义的气息，于是阿米尼乌斯的日内瓦之行只好被迫草草收场。

---

① 阿拉米语，从公元前七世纪到公元七世纪，在西亚地区广泛使用的一种闪米特语。

现代读者不清楚拉米斯主义意味着什么。但在三百年前，只要读过弥尔顿文集的人都知道，它由一个名叫皮埃尔·德拉·拉米斯的法国人创立或发明（随你怎样用词）的。是一个非常危险的新兴宗教派别。拉米斯还在读书时，就已对教授们使用陈腐的教学方法现象厌恶到了极点，于是他定下了一个令人大跌眼镜的博士论文题目。名为《亚里士多德的一切学说都是绝对错误的》。

不用说，这个题目肯定没通过。几年以后，他又把自己的想法写进几卷很有才华的书里，这使他的死成了定局，他是圣巴托罗缪日惨案的第一批受害者。

但是恼人的书并不会随着作者一起被杀掉，拉米斯的书残存了下来，他的惊异逻辑体系也在西欧和北欧受到欢迎。不过真正的虔诚人士却认为拉米斯主义是去地狱的通行证，于是有人建议阿米尼乌斯去巴塞尔，因为自从这座城市不幸中了好揶揄讽刺的伊拉斯谟的咒语后，“浪荡子”（十六世纪对自由主义者的口头称呼）就被认为是好榜样了。

阿米尼乌斯，由于事先得到别人的警告，便启程北上。接着他又做出一项颇为反常的决定。他大胆踏入敌人的境内，在帕多瓦[①]大学学习了几个学期，还去了一趟罗马。等他1587年返回故土时，这段经历使他成为国人眼里的危险分子。可是他似乎既没有长角也没有添尾巴，于是渐渐地他又赢得了大家的好感，还被允许担任阿姆斯特丹的新教牧师。

在那儿，他既证明了自己的才能，还在瘟疫横行的时候博得了英雄的美名。人们很快就真心拥戴他，委托他重建城市的公共教育体系，1603年，当他作为羽翼丰满的神学教授被调往莱顿时，首都的所有居民还都依依不舍。

① 帕多瓦，意大利北部城市。

他要是知道在莱顿等待他的是什么，我敢肯定他不会去。他到达的时候，莱顿大学的堕落后预定论派和堕落前预定论派正吵得不可开交。

阿米尼乌斯无论从本性还是受教育方面来看，应属于堕落后预定论派。他本想不带偏见地对待同事——堕落前预定论者戈马尔，可这实在是太难办到了。两派之间的冲突如此激烈，根本不容调和。最后阿米尼乌斯被迫宣布自己是不折不扣的堕落后预定论者。

读者当然会问我，这两派是什么啊，我不知道，好像也无法了解这些玩意儿。不过据我所知，两派的争论由来已久，一派（如阿米尼乌斯）认为，人们某种程度上有意志的自由，可以决定自己的命运；另一派以索福克勒斯[1]、加尔文和戈马鲁斯为代表的人均认为，在我们出生前一切早已经注定好了。命运取决于造物时圣骰的一掷。

一直到公元1600年，北欧的大部分人都是堕落前预定论者。他们愿意听布道说除了自己以外的大多数人已经命定要进地狱，如果有那么几个牧师竟胆大包天，敢于宣讲善意和仁慈的福音，他们便立即会被怀疑患有罪恶的软弱症，像心慈手软的医生一样，不忍心给病人开猛药，结果却以他们的软弱心肠把病人置于死地。

莱顿的许多饶舌老妇一发现阿米尼乌斯是堕落后预定论者时，这便意味着他的作用也就终止了。他从前的朋友和支持者大肆攻击咒骂他，把他折磨至死。继而，两派都介入政治，这在十六世纪似乎是不可避免的。结果是堕落前预定论派赢得了选票。于是堕落后预定论者被宣判为叛国者。

这场荒诞无稽的争战还没有结束，共和国的奠基人——奥登・巴尔内夫继

---

① 索福克勒斯（约公元前496年—前406年），古希腊剧作家。代表作有《安提戈涅》《俄狄浦斯王》《俄狄浦斯在科洛诺斯》。

沉默者威廉以后，也去世了，他的头落在了两脚之间。还有格劳秀斯[①]，他的中庸之道使他成为鼓吹国际法公平体系的第一人，但其结局也不过是躲在瑞士女王的庇护之下，仰人鼻息。于是，沉默者威廉的事业似乎彻底后继无人了。

但是加尔文主义者并没有获得预期的成功。

荷兰共和国只是名义上的，实际上是商人和银行家的俱乐部，由几百个颇有势力的家族统治着。这些绅士对平等和博爱毫无兴趣，却信仰法律和秩序。他们承认并支持已有的教会。每逢星期天，他们就满怀热情来到四壁洁白的圣物存放地，这里过去是天主教堂，现在是新教徒的布道厅。可是到了星期一，教士前往拜见市长大人和议员们，在人们生气地想说这人不行那人不好的时候，官员们却又“开会”，不能接见这些虔诚的人。如果虔诚的人坚持不懈，召集好几千名忠诚的教民在市政大厅前“示威”（这种事常常发生），官员们也会彬彬有礼地垂顾，接过虔诚的人抄写整齐的诉苦书和建议书。可是，大门在最后一个穿黑袍的请愿者后面关上以后，官员们就会用那些文稿点烟斗。

他们已经采纳了实际有效的格言：“一次足矣，下不为例。”堕落前预定论者掀起的长达数年的大规模内战把他们吓坏了，于是他们坚定地压抑宗教狂的发展。

后代并不总是夸赞这些贵族。他们无疑把国家视为私有财产，也不能持之以恒地把祖国的利益和他们自己的利益区分得一清二楚。他们在管理国家上缺乏远见，因此常常小事精明大事糊涂。但是他们做了一件事，值得我们发自内心的推崇。他们把国家变成了国际交换站，持各种思想的人物在这里都有最广泛的自由，随心所欲地去说、去想、去写、去出版。

① 格劳秀斯（1583—1645），荷兰法学家、人文学者和政治家。他的法律著作为现代国家法奠定了基础。

我并不想描绘得太动人。不时在内阁否决的威胁下，市议员也会被迫镇压天主教的一个秘密协会，或没收某一本过于嚣张的异端派印发的小册子。不过一般说来，只要不爬到市场区中央的肥皂箱上高声诋毁宿命论的宗旨，只要不把不把天主教的念珠带到公共餐厅里，或是公开在哈勒姆市[①]南方卫理公会教堂否认圣灵的存在，就可以确保一定程度上的太平无事。在差不多两个世纪里，许多人在世界其他地方会因为思想而受到迫害，而荷兰共和国却成为他们的名副其实的天堂。

很快，荷兰“重新变成为天堂”的消息四处传开了。并且，在随后的两百年里，荷兰的各大印刷所、咖啡馆等总是聚集着形形色色的狂热主义分子，他们是全新的精神解放的先锋人物。

---

① 哈勒姆市，荷兰北部城市。

第二十章　布鲁诺

据说（而且很有根据）世界大战是没有军衔的军官们的战争。将军、上校和三星战略家坐在某个无人光顾的大别墅的大厅里，守着孤独的光亮，盯着数英尺长的地图沉思，直到想出一点新战术，使他们能得到半英里的领土（以三千人丧生做代价），而与此同时，下级军官、中尉、下士却在聪明下士的帮助和鼓动下，做着所谓“黑活”，最后导致了德国防线的全面崩溃。

为精神世界的独立进行的伟大征战与它相差无几。

没有投入几十万人的正面交锋。

也没有孤注一掷的冲锋，给敌人的炮手提供活靶子。

我还可以说得更进一步，大多数人根本不知道在打仗。好奇心会不时驱使人们寻问早晨烧死了谁，明天下午又会把谁绞死。然后他们也许会发现，有几个亡命徒还在继续为天主教徒和基督徒从心底赞成的几项自由原则而抗争。但是我想，这消息只会使人们轻叹惋惜而已。下过，要是自己的叔叔落得如此可怕的下场，亲戚们一定会痛不欲生。

情况大概只会如此。殉道者为事业献出了生命，他们的业绩不能简化成数字公式，也不能用安培和马力的概念表示。

攻读博士学位的勤奋学生会仔细阅读乔达诺·布鲁诺[1]作品集，然后耐心地收集所有充满感情的话语，如“国家无权告诉人们应该想什么”和“社会不可以惩治那些对公认教义表示异议之人”，写出以《乔达诺·布鲁诺和宗教自由的原则》为题的可以被人接受的论文，然后就能顺利毕业了。

但是，不再研究这样重要课题的人，看问题的角度也有所不同。

我们在最后的分析中说过，有一批虔诚之士，他们对当时的宗教狂热深感震惊，也震惊于人们头上的枷锁，各国百姓被迫在枷锁下生活。于是他们起来反叛。他们真是穷鬼，除了背上的披风以外几乎一无所有，连睡觉的地方都没有保证。但是圣火在他们胸中燃烧，他们穿梭在大地上，演讲，写作，把高深学府里的高深教授拉进高深的争论里。在普通的乡间酒馆里与普通的乡巴佬进行普通的辩论，并且一如既往地宣讲要善意、理解和仁慈地待人。他们拿着书和小册子，穿着破衣烂衫，四处奔走，后来患肺炎死在波美拉尼亚[2]的穷乡僻壤的小村里，或者被苏格兰小村里的醉醺醺的村民私刑处死，要不就是在法国的大道上被车轮碾得粉身碎骨。

如果我提到乔达诺·布鲁诺的名字，我并不是说他是这类人中唯一的一个。不过他的生活、他的思想、他因自己认为正确合意的东西而产生的永不消逝的热情，确是所有先驱者的典型，是很好的例子。

布鲁诺的父母很穷，他们的儿子是个普通的意大利孩子，没有什么天资，只是按照一般惯例来到修道院。后来也成为多明我会僧人。他与这个团体格格

① 乔达诺·布鲁诺（1548—1600），出生于意大利诺拉城的一个没落的贵族家庭，受时代的影响，15岁时被家人送进了那不勒斯修道院，22岁时，成为一名牧师，并获得了哲学博士的学位。读了《天体运行论》之后，他成为科学真理的布道者。为此，布鲁诺被革除教籍。

② 波美尼西亚，旧德国东部州名。

不入，因为多明我会教徒支持一切形式的迫害行为，当时被称为“真正信仰的警犬”。他们都很机警。不用看到异端思想的印刷品就能觉察别人是否有异端倾向。随便一个眼神，一个手势，一个耸肩动作就足以让这些探子看出端倪，并把人们送上宗教法庭。

布鲁诺成长在一切都要俯首听命的环境中，他是怎样成为叛逆、丢弃《圣经》而捧起芝诺[①]和安那克萨戈拉[②]的著作的，我也搞不清楚。但是这个奇怪的新手还没有完成规定的课程，就被赶出了多明我会，从此成了一名浪迹天涯的人。

他翻过阿尔卑斯山。在他之前，有多少人冒险穿过了这个古老的山口，希望能在罗讷河和阿尔沃河交汇处的新教大本营（指日内瓦），以求得到那真正的自由！

又有多少人心灰意冷地离开了，他们发现到处都一样，只有内在的精神才能指引人的心灵，光靠教义的改变起不了什么作用。

布鲁诺在日内瓦住了不足三个月。城里挤满了意大利难民，他们给这个同乡弄了套新衣服，还找了个工作，当校对员。到了晚间，他就读书写作。他得到了一本德拉·拉米斯的书，终于找到了志同道合的人。德拉·拉米斯也相信，中世纪教科书所宣扬的暴政不打碎，世界便不能进步。布鲁诺并没有像他的法国名师那样极端，不认为希腊人教诲的一切全都错了。但他始终不明白，十六世纪的人的言行举止为什么还要受到早在基督出生前四个世纪写下的字句

① 芝诺，约公元前490年生于意大利半岛南部的埃利亚，古希腊数学、哲学家。另以芝诺悖论著称，即提出的一系列关于运动的不可分性的哲学悖论。由于量子的发现，这些悖论已经得到完善的解决。

② 安那克萨戈拉（公元前500—前428年），希腊数学家，被认为是第一个把哲学引入雅典的人。

的束缚呢？究竟为什么？

“因为一直都是这样”，正统信仰的支持者回答他。

“我们与祖先有什么关系，他们与我们又有什么关系呢？让死去的人死去吧，”这位年轻的反传统观念者答道。

很快，警方便来找他，建议他最好打起行李到别处碰运气去。

布鲁诺以后的生活一直过得颠沛流离，想找个有一定程度的自由和安全的地方生活和工作，却从未如愿。他从日内瓦来到里昂，又到图卢兹。那时他已经开始研究天文学，成为哥白尼的热情支持者，这是危险的一步，因为在那个时代，人们都在狂吼：“世界围绕大阳转动？世界是绕太阳转动的普通行星？呸！谁听说过这种胡言？”

图卢兹也使他感到不快。他横穿法国，步行到巴黎，接着作为法国大使的私人秘书来到英国。但是等待他的又是失望，英国的神学家并不比大陆的强。也许他们更实用一点，譬如在牛津大学，他们并不惩处犯有违反亚里士多德教诲错误的学生，而是罚他十个先令。

布鲁诺变得好讽刺挖苦人了。他开始写一些文采勃发却又颇为危险的短篇散文和以宗教、哲学、政治为内容的文章，在文章中，他将当时的社会秩序搅得一团乱，对时事剖析得细致入微，毫不留情。

他还讲授他喜爱的科目：天文学。

但是学院的当权者对受学生欢迎的教授是极少给笑脸的。布鲁诺又一次被请离开。他回到法国，又到马尔堡。不久前路德和茨温利还在这里，在匈牙利的伊丽莎白城堡里，就化质论[①]的实质展开过虔诚的辩论。

他的“自由派”大名早已先他而行。他连授课都得不到允许。威登堡应该好客一些，可是这座路德教派[②]的堡垒刚开始被加尔文大夫的教徒把持，从此，布鲁诺这类带有自由倾向的人也不再有容身之地了。

他向南行，想到约翰·胡斯的地盘——捷克斯洛伐克碰碰运气。结果新的失望在等待着他。布拉格成了哈布斯堡王朝的首都。哈布斯堡王朝和自由一直以来水火不容，只要哈布斯堡王朝前脚踏进大门，自由立马就从后门溜之大吉。于是他又继续流浪，千里迢迢来到苏黎世。

在苏黎世他收到一个意大利年轻人乔瓦尼·莫塞尼戈的信，邀请他去威尼斯。我不知道什么使布鲁诺接受了邀请。大概是因为他骨子里的农民意识作祟，被这样一个古老的贵族姓氏所具有的荣耀打动了，为这个邀请而受宠若惊。

然而，乔瓦尼·莫塞尼戈却没有他的祖先那种胆敢蔑视苏丹[③]和教皇的气魄。他是个十足的懦夫。当宗教法庭的官员到他家要把客人带到罗马时，他居然吓得动都不敢动。

威尼斯政府一贯小心翼翼地保护自己的权力。布鲁诺如果是个日耳曼商人或荷兰船长，外来势力胆敢在其管辖的地盘上把人抓走，他们一定会强烈抗

① 化质论，又称圣餐的变体论。基督教认为，圣餐的饼和酒从本质上变成基督的临在，也就是他的肉和血，尽管饼和酒并没有改变它们的形态。这个变体成为耶稣来到参拜者面前的文字依据。

② 路德教派，新教主要宗派之一，是以马丁·路德（1483—1546）宗教思想为依据的各教会的总称。在教义上主要强调因信成义，认为人要得到上帝的拯救，不在于遵守教会的规条，而在于对上帝的信心；不在于个人的功德或善行，而在于上帝给人的恩赐。

③ 苏丹，某些伊斯兰国家最高统治者的称号。

议，甚至不惜发动战争来维权。但是布鲁诺只是一介流浪汉，何必为了他招惹教皇生气呢？何况这个流浪汉除了自称有思想外，也没能给威尼斯带来任何其他好处。

布鲁诺称自己为学者，这没错。威尼斯共和国深感荣幸，但它并不缺少学者。

和布鲁诺告别吧，愿圣马可[①]对他的灵魂赐予仁慈。

布鲁诺被关在宗教法庭的监狱长达七年之久。

1600年2月17日，他在火刑柱上被烧死，骨灰随风飘散。

他是在鲜花广场[②]被处死的。那些懂意大利语的人或许能从中得到些许灵感，写出一则还不错的小寓言故事吧。

---

① 圣马可，《圣经·马可福音》的作者，被威尼斯人奉为护城神，其坐骑是狮子。当威尼斯摆脱拜占庭的控制，成为一个城市共和国后，元老院决定让圣马可成为城市的新守护神，以代替狄奥多尔，所以威尼斯的城徽是一只巨大的狮子抱着福音书。

② 鲜花广场，罗马中心一个大广场。

第二十一章　斯宾诺莎

历史中的一些事情总是令我费解，其中之一便是对过去那些艺术家和作家的作品数量问题的困惑。

我们现代作家协会的成员，有打字机、录音机、秘书和自来水笔辅助，每天也才能写三四千字。而莎士比亚[①]有好几份工作，还有一个爱唠叨骂人的妻子，就连蘸水笔也不好用，他怎么能写出三十七部剧本呢？

西班牙无敌舰队的老兵洛浦·德·维加[②]一生都忙忙碌碌，他从哪儿弄来那么多的墨水和纸张，写下一千八百部喜剧和五百篇文章呢？

那个奇怪的约翰·塞巴斯蒂安·巴赫又是什么样的人呢？他的小屋里有二十个孩子吵吵闹闹，而他却有时间谱写五部清唱剧，一百九十部教堂大合

---

①　莎士比亚（1564—1616），欧洲文艺复兴时期英国最重要的作家，杰出的戏剧家和诗人。他创作了大量脍炙人口的文学作品，在欧洲文学史上占有特殊的地位，被喻为“人类文学奥林匹斯山上的宙斯”。莎士比亚号称戏剧之王、又有“人类文学历史上最伟大的戏剧家”之称。

②　洛浦·德·维加（1562—1635），西班牙剧作家、诗人，西班牙黄金时代最重要的作家之一。

唱，三部婚礼大合唱，十二支圣歌，六支庄严弥撒曲，三支小提琴协奏曲，一支双小提琴协奏曲（仅此一部就足以让他名垂千古），七部钢琴与管弦乐队协奏曲，三部两架钢琴的协奏曲，两部三架钢琴的协奏曲，三十首管弦乐乐谱，还为长笛、竖琴、风琴、提琴、法国号管写了曲子，足够让普通学生练一辈子了。这个巴赫，到底是何方神圣呢？

还有，伦勃朗和鲁本斯在三十年中几乎每个月都创作四幅画或四幅蚀刻画，他们是怎样勤奋用功的呢？不起眼的平民安东尼奥·斯特拉迪瓦里怎样在一生中做了五百四十把小提琴、五十把大提琴和十二把中提琴呢？

我现在不是讨论他们的头脑怎么能想出这么多的情节，听辨出所有的旋律，看出各式各样的颜色和线条的组合，选择出好的木材。我只是奇怪他们的体力怎么那么好。他们怎么能胜任呢？他们不睡觉吗？他们也不偶尔抽点时间玩玩台球吗？他们从不疲倦吗？他们难道不担心神经衰弱吗？

但是在十七和十八世纪，这样的人比比皆是。他们无视健康法则，大吃大喝有害的东西，根本不知道作为光荣的人类的一员所负有的崇高使命，但他们活得相当精彩，创造出的艺术和知识财富不仅数量惊人，质量也堪称一绝。

艺术和科学是这样，在神学这种过分讲究的学科上也同样如此。

任何一座有两百年以上历史的图书馆，其地窖和阁楼里都堆满了各种各样的论文、布道书、讨论集、驳论、文摘和评论，用皮革、羊皮纸或普通纸张装订起来，有八开的，十二开的，还有十八开的。虽然它们湮没在厚厚的尘土中，但都包含了广博的知识，可能现在看来并没什么用处。

其中谈论的题目和采用的许多词汇在现代人看来已经丧失了意义。可是这些发了霉的汇编却有着重要的目的。如果它们一事无成，至少还是清洁了空气，因为它们或者解决了讨论的问题，使有关人士满意，或者使读者相信那些问题并不是逻辑推理和辩论所能解决的，干脆随便扔在什么地方算了。

这听来好像虚假奉承的话。不过我希望将来三十世纪的批评家们在啃嚼我们残留的文学和科学成就时也能这样仁慈。

巴鲁赫·德·斯宾诺莎[①]，本章的主人公，他的著作在数量上没有追随当时的潮流，他的全集不过是三四个小本子和几捆信札。

但是，用正确的数学方法解决他的伦理学和哲学中的抽象问题所必需的大量学习，会使普通的健康人不知所措。而且这个可怜的结核病人还想用乘法口诀表来接近上帝，最终因心力交瘁，累死了。

斯宾诺莎是犹太人。不过那时的犹太人还没有受过犹太隔离区的侮辱。他们的祖先在西班牙半岛定居的时候，那里还是摩尔人[②]居住的一个省。西班牙征服那里以后，引进了“西班牙属于西班牙人”的政策，最后使国家陷入崩溃，斯宾诺莎一家被迫离开了老家，他们走水路来到荷兰，在阿姆斯特丹买了幢房子，辛勤工作，积攒钱财，很快就大名鼎鼎，成为“葡萄牙移民”中最受尊敬的家族中的一员。

与其说是邻居小朋友们奚落，使小斯宾诺莎意识到自己的犹太血统，倒不如说是他在塔木德律法学校接受的训练造成的。因为，那时的荷兰共和国阶级矛盾愈演愈烈，无暇顾及种族偏见，所以外来的民族可以在北海和须德海[③]的海岸找到避难所，过上平静和谐的生活。这是荷兰生活的一大特点，现代的旅

① 巴鲁赫·德·斯宾诺莎（1632—1677），荷兰哲学家。西方近代哲学史上重要的理性主义者，与笛卡尔、莱布尼茨齐名。哲学上，斯宾诺莎是一名一元论者或泛神论者。他认为宇宙只有一种实体。

② 摩尔人，中世纪时期，西欧西班牙人和葡萄牙人对北非穆斯林的贬称。自19世纪末和20世纪初法国入侵并统治西部非洲之后，则专指生活在撒哈拉沙漠西部地区的居民集团。

③ 须德海，原北海的海湾，在荷兰西北。十三世纪时海水冲进内地，同原有湖沼汇合而成。从二十世纪二十年代起，荷兰开始须德海工程建设。

行者在撰写“游记”时绝不会遗忘这一点，这是有充足原因的。

在欧洲其他大部分地方，甚至到了相当晚的时代，犹太人和非犹太人的关系还是极不理想。二者之间的争吵简直达到无可救药的程度，因为双方都正确，也都错了，都可以说是对方专横和偏见的受害者。这本书里已经说过，宽容是自我保护的一种方法，按照这个理论，很明显，只要基督徒和犹太人忠诚于各自的宗教，就会认为对方是敌人。首先双方都坚持自己信奉的是唯一真正的上帝，其他民族的其他上帝全是假的。其次，双方是危险的商业对头。犹太人像最初到巴勒斯坦一样来到西欧，是寻觅新家园的移民。当时的工会即“行会”不让他们找到职业，所以他们甘愿开个当铺和银行作为经济上的权宜之计。这两种行当在中世纪很相近，在人们眼里，正派人不会去干这一行。教会直到加尔文[①]时期都还对金钱（税收除外）深恶痛绝，把拿利息看成罪孽，这真难以理解。当然，没有一个政府会容忍高利贷，早在四十个世纪以前，巴比伦人[②]就通过一项严厉的法律，对付那些企图从别人钱中谋利的金钱交易者。我们从两千年前写下的《旧约》的几章中读到，摩西曾经强力禁止追随者以高利息借给别人钱，不过借给外国人除外。以后，包括亚里士多德和柏拉图在内的希腊大哲学家都表示不赞同从别人的钱中生出钱来，教会神父对这种事情的态度更明确。在整个中世纪中，放债人一直被人瞧不

① 加尔文（1509—1564），法国著名的宗教改革家、神学家，基督教新教的重要派别加尔文教派（在法国称胡格诺教派）创始人。

② 巴比伦人，是古美索不达米亚地区巴比伦国的居民。巴比伦王国，约公元前1894年—公元前1595年，巴比伦尼亚南部奴隶制城邦，以巴比伦城为中心，公元前十九世纪，阿摩列伊人在此建国，史称古巴比伦王国。

起。但丁[①]甚至还在地狱里为他的金融界朋友们专门准备了一个小壁龛。

从理论上可以证明，开当铺和开银行的是不受欢迎的公民，世界要是没有他们该多好啊。不过，只要世界不再是清一色的农业，那么不借助于信用贷款就连最普通的生意都做不成。于是放债人成了大家需要的魔鬼（按照基督徒的看法），注定要下地狱的犹太人被迫从事人们需要的行当，但体面人绝不会问津。

这样，不幸的出走者被迫干上了不光彩的行当，这使他们自然而然地成为富人和穷人的对头。他们一发迹，对方便翻脸无情，诋毁谩骂，把他们锁在城市最脏的地方，冲动之下还会把他们作为不信教的恶棍绞死或作为基督叛徒烧死。

这真是愚蠢至极，而且无知！无休无止的攻击和迫害并没能使犹太人喜欢基督徒。直接的结果是，一大批第一流的智者从公共交往中退出了，成千上万天性聪明的年轻人本来可以在商业和科学中进取，却把脑筋和精力浪费在了无用地研究那些深奥莫测的难题和吹毛求疵的诡辩的旧书上，数以百万计无依无靠的男女青年注定要在发臭的小屋里过着畸形的生活，一面听老人讲他们是肯定会继承大地和所有财富的上帝的选民，一面却又听到别人不停地骂他们是猪猡，只配上绞架或刑车，并为此吓得魂不附体。

要让在这种逆境中生活的人（不管是谁）保持用正常的眼光看待生活是不可能的。

犹太人一次又一次被逼得对基督徒同胞采取疯狂行动，白热化时还起来反抗压迫者，于是他们又被称为“叛徒”，“不知报恩的恶棍”，受到更严重的欺侮和限制。在这样的恶性循环之下，心怀愤恨和精神崩溃的犹太人数量越来越多。慢慢地，整个犹太人区变成了一块阴郁之地，到处都是壮志未酬和满腔愤懑的人。

---

① 但丁，意大利诗人，现代意大利语的奠基者。欧洲文艺复兴时代的开拓人物之一，以长诗《神曲》留名于世。

斯宾诺莎生在阿姆斯特丹，因此幸而没有遭到大部分亲戚生来就遭到的苦难。他首先被送进犹太教堂（合适的称呼是“生命之树”）掌管的学校，学会希伯来语的动词变化以后，便被送到博学的弗朗西斯科·阿皮聂斯·范·登·恩德博士那儿，攻读拉丁文和科学。

弗朗西斯科博士正如他的名字所示，出身于天主教徒家庭，传闻他是卢万大学毕业生，按照城中最为广博的教堂执事的说法，他是伪装的耶稣会成员，是个危险人物。不过这是胡说。范·登·恩德年轻时确实在天主教学校呆过几年，但他对功课心不在焉。离开家乡安特卫普以后，他来到阿姆斯特丹，自己开办了一所私立学校。

他有卓绝的鉴别能力，善于想办法使学生们喜欢古文课，阿姆斯特丹的加尔文派自由民不顾他过去与天主教的关系，情愿把孩子托付给他，而且很自豪，因为这个学校的孩子在六韵步诗和词的变格上总比别的学校强。

范·登·恩德教小斯宾诺莎拉丁文，但他热情追求科学领域的最新发现，对乔达诺·布鲁诺崇拜得五体投地，因此毫无疑问教给了这孩子一些正统犹太家庭一般不应提及的事情。

小斯宾诺莎一反当时的习惯，没有和其他学生同住，而是住在家里。他的学识很深，颇使家人惊奇，亲戚们都自豪地叫他小先生，毫不吝啬地给他零用钱。他没把这钱浪费在烟草上，而是买了哲学书。

有一个作者最使他感兴趣。

这就是笛卡尔①。

勒内·笛卡尔是法国贵族，出生在图尔和普瓦蒂埃交界处，查理曼大帝的

① 笛卡尔，法国伟大的哲学家、物理学家、数学家和生理学家。被誉为“近代科学的始祖”。

祖父曾在这里挡住了穆罕默德征服欧洲。他不满十岁就被送到耶稣会受教育，呆了十二年，很惹人讨厌，因为他肯思考，没经过证明的东西就拒不接受。耶稣会会士能调理这种难管的孩子，既不挫伤他们又训练得很成功，他们也许是世界上唯一这样的人。要检验布丁就要吃一吃。办教育也是一样。如果现代教育家学会了耶稣会罗耀拉兄弟的方法，我们说不定也会培养出好几个笛卡尔了。

笛卡尔二十岁时开始服兵役，他到了荷兰，在那里，纳索的莫里斯[①]曾经彻底完善了他的军事体系，使他的军队成为有志当将军的年轻人的进修学校。笛卡尔并不经常去纳索亲王的司令部。一个虔诚的天主教徒怎能当新教徒首领的仆人！这听来就像叛国罪。不过笛卡尔感兴趣的是数学和大炮，不是宗教和政治。荷兰刚刚和西班牙休战，他便辞了职，来到慕尼黑，在巴伐利亚的天主教公爵麾下作战。

但是那场战争并不长，唯一一场至关重要的战斗是在拉罗谢尔[②]附近进行的，那时，胡格诺派正在抵御黎塞留[③]。笛卡尔回到法国，想学一点高级攻坚战。可是军营生活使他厌倦了。他决定告别戎马生涯，致力于哲学和科学。

他自己有一笔小收入。他不想结婚，清心寡欲，只想过安静快乐的生活，而且如愿以偿了。

我不知道他为什么选中荷兰作为居住地。不过这个国家充满印刷商、出版商和书店，只要不公开攻击政府和宗教，出版检查的法律就形同虚设。况且，他从未学会他所移居的国家的文字（这种文字对真正的法国人来说本来并不

① 纳索的莫里斯，奥兰芝大公威廉一世的儿子。

② 拉罗谢尔，法国西部一个城市。

③ 黎塞留，阿尔芒·让·迪普莱西·德·黎塞留（1585—1642），法国红衣主教，著名的政治活动家、外交家，1624—1642年间担任法国首相，法国海军之父。晚年卷入宗教冲突。

难)，所以避开了不必要的伙伴和没用的谈话，能够把全部时间（每天差不多二十个小时）用在自己的工作上。

对于当过兵的人来说，这种生活太枯燥了。但是笛卡尔有生活的目的，很满足于这种自我折磨的背井离乡生活。随着光阴的流逝，他逐渐相信，世界仍然被深不可测的无知笼罩着，被称作“科学”的东西其实连真正科学的边都不沾，陈旧的错误和荒谬不首先铲平，总体的进步就不可能实现。这可不是小的命题。不过笛卡尔的耐性很好，到了三十岁，他开始向我们奉献出了崭新的哲学体系。他深为自己的工作所激励，在最初的提纲里加进了几何学、天文学和物理学。在工作中他毫不偏袒，这使得天主教徒宣布他是加尔文派，而加尔文派又说他是无神论者。

这些喧闹传到他的耳朵里，丝毫未干扰到他。他平静地继续自己的探索，在斯德哥尔摩同瑞典女王谈论了哲学，最后安详地死在城里。

在十七世纪的人们中，笛卡尔主义就如同维多利亚女王时代的达尔文主义[①]，引起了很大轰动。当一名笛卡尔主义者在1680年是件可怕的事，很不光彩。它表明某人是社会制度的敌人，是苏西尼派[②]教徒，是自认不能与体面人同伍的下等人。这并没能阻止知识界大部分人如饥似渴地接受笛卡尔主义，就像我们的前辈接受达尔文主义一样。但是在阿姆斯特丹的正统犹太人中，这类题目却没有人提及。无论是《塔木德》还是《托拉》（犹太教名词，指上帝启示给以色列人的真道，狭义上专指《旧约》的首五卷：《创世纪》《出埃及记》《利未记》《民数记》与《申命记》）都不会提到笛卡尔哲学，因此它是

① 达尔文主义，英国生物学家C.R.达尔文创立的以自然选择为中心的生物进化理论，即通常所指的进化论。

② 苏西尼派，十六世纪欧洲基督教中的一个神学派别。

空中楼阁，根本不存在。可是，这个叫巴鲁赫·德·斯宾诺莎的人居然相信笛卡尔哲学是存在的，他的结局也是可以预料的，只要犹太教堂的权威人士一出面调查此事，采取官方行动，斯宾诺莎也会同样不复存在。

但那个时候，阿姆斯特丹的犹太教会刚刚度过一场严重的危机。却挽救了斯宾诺莎的性命。在他十五岁的时候，来了一个名叫乌列·阿科斯塔的葡萄牙流亡者。他断然抛弃了在死亡威胁下被迫接受的天主教，又回到前辈的宗教——犹太教。可是这个阿科斯塔不是等闲的犹太人，而是个绅士，惯于在帽子上插一根羽毛，腰上挎一把剑。那些在日耳曼和波兰学校受过训练的荷兰拉比[①]所表现出的自高自大使他惊讶和恼怒，他也很自傲，他从不屑掩饰自己的观点。

在这样一个小圈子里，如此公开的蔑视是不可能被容忍的。一场你死我活的斗争开始了，一方是清高的梦幻者，半先知半贵族，另一方是铁面无情的法律护卫士。

他的结局注定是个悲剧。

首先，在当地警察局，阿科斯塔被控是几本否认灵魂不朽的渎圣小册子的作者。这使他与加尔文派教士产生摩擦。不过事实很快澄清，控告也撤销了。于是犹太教会把这个顽固的叛徒逐出教会，剥夺了他的谋生之路。

在以后几个月里，这个可怜人在阿姆斯特丹的街头流浪，最后贫困和孤独又驱使他回到教会。但是他要首先当众认罪，任所有犹太人鞭抽脚踢，然后才能被批准重新入会。这侮辱使他精神失常了。他买了一支手枪，把自己的脑袋打开了花。

① 拉比，犹太教负责执行教规、律法并主持宗教仪式的人。原意为教师，即口传律法的教师，古代原指精通经典律法的学者。后在犹太教社团中，指受过正规宗教教育，熟悉《圣经》和口传律法而担任犹太教会众精神领袖或宗教导师的人。

自杀事件在阿姆斯特丹市民中引起很多议论。犹太团体觉得不能冒险再惹起另一场风波。当“生命之树”中最有前途的学生已经无疑被笛卡尔的新异端思想污染的时候，犹太教会就立即行动起来，试图加以遮掩。他们私下找斯宾诺莎谈话，只要他答应听话，去犹太教堂，不再发表或散布任何反对法律的言论，就可以给他一笔年金。

斯宾诺莎最厌恶妥协，三言两语就回绝了这些事。结果，根据出名的古老《惩处准则》，他被逐出教会。那个准则毫不给人思考的余地，为了找到足够多的诅咒和谩骂，可以一直追溯到杰里科（约旦河西岸的城镇，约公元前9000年就有人居住。《圣经》中提到，杰里科是约书亚率领以色列人渡过约旦河后攻打的第一个城镇，因此而出名）时代。

面对五花八门的咒骂，他泰然坐在屋里，从报纸上了解前一天发生的事。甚至当一个《准则》的狂热者想结果他的性命时，他也不肯离开城市。

这对犹太教士的威信是一个沉重的打击，他们尽管乞灵于约书亚和以利沙做祷告，全是白费功夫了，还不到六年的时间，就再次有人敢公开和他们叫板。他们心急火燎地向市政厅提出诉讼，要和市长见面，告诉他这个刚被赶出教会的巴鲁赫·德·斯宾诺莎的确是个危险分子，是不可知论者，不信仰上帝，在阿姆斯特丹这样受人尊敬的基督社团中不应该容忍这种人。

那些长官大人遵照惯例，不愿插手此事，而是推给基督教牧师的小组委员会去办理。这个小组委员会研究之后，发现斯宾诺莎并没有做有害于城市法律的事，便如实向市政府的官老爷做了报告。但同时，他们又不愿得罪教会成员，便向市长建议，请这个似乎独立性很强的年轻人离开阿姆斯特丹几个月，等风头过了再回来。

从那以后，斯宾诺莎的生活一直平坦无波，就像他从窗口看到的大地一样。他离开了阿姆斯特丹，在莱顿附近的莱茵斯堡小村里租了一间房子，白天修磨光学仪器的镜头，晚上抽着烟斗，根据自己的兴致读点什么或写点什么。

他一直没有结婚。谣传说他和拉丁文老师范·登·恩德的女儿有私情，可是斯宾诺莎离开阿姆斯特丹时那孩子才十岁，所以不大可能。

他有几个挚友，每年至少两次提出要给他一点接济，使他能用全部时间致力于研究。他回答说他感谢他们的好意，但他更愿意独立，除了一个有钱的笛卡尔主义者每年给他八十块钱外，他不再多要一分钱，生活在真正哲学家应有的受尊敬的贫穷之中。

他曾经有机会去德国当教授，但他谢绝了。著名的普鲁士国王给他写信，愿意当他的资助人和保护人，他也给予了否定回答，继续度过平静快活的流亡生活。

在莱茵斯堡住了几年后，他搬到海牙[①]。他的身体一直不好，半成品镜头上的玻璃沫感染了他的肺。

1677年，他孑然一身孤独地死去了。

使当地教士愤然的是，不下六辆宫廷豪门的私人马车陪伴着这个“无神论者”直到墓地。两百年后，当纪念他的雕像落成的时候，倒霉的警察不得不大批出动去保护参加这个隆重仪式的人，使他们不为成群的狂热加尔文教徒的怒火所害。

这就是他，他有什么影响呢？他难道只是把没完没了的理论塞进成摞的书里、使用的语言能把欧玛尔·海亚姆[②]都气发狂呢？

不，他不是这样的人。

---

① 海牙，荷兰政府和议会所在地，荷兰第三大城市，南荷兰省首府。海牙早年为荷兰伯爵狩猎驻留地。十三世纪开始发展，1648年后为荷兰七省联合行政机构和中央政府有关部门所在地，成为国际性城市。

② 欧玛尔·海亚姆（约1048年—约1122年），古代波斯著名诗人。哈亚姆博学多才，一生中写过许多很有价值的哲学和数学论文，编制过精确的历书并主管过天文台，此外还精于历史、法学和医学。

他取得的成就绝不是靠发挥才智或靠用巧言善辩正确阐述自己的理论。他之所以伟大，主要靠他的勇气。他属于这样一种人：他们只知道一种法则，它是在早已被忘却的遥远的黑暗年代里定下的不可更改的一套规矩，这些规矩是为那些自命可以解释圣理的职业教士创立的精神专制体系。

在他生活的世界中，知识自由的思想与政治上的无政府几乎是同义词。

他知道他的逻辑体系既会得罪犹太人，也会得罪非犹太人。

但他从来没有动摇过。

他把所有问题都视为普遍问题，把它们无一例外地看作是一种无所不在的意志反映，无论在创世之初或世界末日，它们都将是终极事实的体现。

这样，他为人类的宽容事业做出了巨大贡献。

斯宾诺莎像前面的笛卡尔一样，摈弃了旧宗教设下的狭隘界线，以百万星辰为基石，建立起了自己的崭新的思想体系。

这样一来，他使人类成了宇宙的真正公民，而这正是自古希腊和古罗马时代以来人类就已失去了的。

第二十二章　新的天国

没有理由害怕斯宾诺莎的书会流传开来。他的书很像三角学教科书一样枯燥无趣，看了某一章的开头两三句后，还想继续看下去的人寥寥无几。

需要另一种人向人们传播新思想。

在法国，国家一旦转为君主集权制，独立思考和调查的热情便告终止。

在德国，“三十年战争”[1]带来的是贫穷和恐怖，它扼杀了个人的创造力至少达二百多年。

十六世纪下半叶，英国是欧洲大国中在独立思考方面有进步可能的唯一的国家，国王与国会的长期不和增加了不安定的因素，促进了争取个性自由的事业。

首先我们要谈谈英国君主。多年来，不幸的国王一直夹在魔鬼般的天主教和汪洋大海般的清教徒之间。

天主教臣民（包括许多暗地里投靠罗马的圣公会教徒）一直叫嚷要重返英

---

① “三十年战争”，1618—1648年欧洲发生的一系列冲突，涉及多数西欧国家，战争主要在德国进行。

王受教皇管制的快乐时光。

而清教徒臣民却用另一只眼紧盯着日内瓦，梦想英国有一天没有国王，成为和隐藏在瑞士群山一侧的日内瓦共和国一样的幸福国度。

但这不是全部。

统治英格兰的人也是苏格兰国王，苏格兰臣民在宗教方面清楚地知道自己的要求。他们完全相信自己坚决反对宗教信仰自由是正确的。在他们看来，在新教徒的土地上有其他教派存在，还能自由信仰，这简直是邪恶。他们坚持认为，不仅天主教徒和再洗礼教徒应该被赶出不列颠群岛。而且苏西尼派、阿米尼乌斯主义者、笛卡尔主义者，总之所有对活生生的上帝的存在怀有不同观点的人，都应该绞死。

但是，这个三角冲突产生了没有料到的后果。一些人想在对立的教派之间保持中立，便不得不缄默寡言，这使他们变得比原来宽容些了。

如果斯图亚特王朝[①]和克伦威尔在一生的不同时间里都坚持各教派的同等权力——而且历史告诉我们他们也这样做了——那绝不是由于他们对长老会[②]教徒和高教会教徒有什么感情，或者是他们受到那些教徒的爱戴。他们只是在一个非常困难的交易中争取最好的结果。马萨诸塞湾殖民地里的一个教派最后变得权力很大，这件可怕的事情告诉我们，如果英国的众多相互倾轧的小教派中的一个教派建立了全国范围的绝对专制，那么英格兰的命运会变成什么样子。

克伦威尔当然达到了为所欲为的境地，但是这个护国公很明智。他知道他

① 斯图亚特王朝，初名为斯迪瓦特王朝，1371年至1714年间统治苏格兰和1603年至1714年间统治英格兰和爱尔兰的王朝。

② 长老会，基督新教的一派，他们的根源是从十六世纪的西欧改革运动开始的。

的统治是靠铁的军旅维持的，便小心地避免一切会使反对派联手对付他的过人行为或法令。不过他的宽容之心也就到此为止。

至于可怕的“无神论者”——也就是前面提到的苏西尼派、阿米尼乌斯教徒、笛卡尔主义者和其他人类神圣权力的信徒——他们的性命仍然像以前那样难保。

当然，英国的“持自由思想者”有一个很大的优势。他们靠近大海，只要晕上三十六个小时的船就能到达安全的避难所——荷兰城市。荷兰城市的印刷所出版南欧和西欧的犯禁文学，穿越北海就意味去出版商那儿得一笔稿酬，再看一看思想反抗文学中有什么最新的东西。

有些人用这个好机会进行安定的研究和宁静的思索，其中最有名望的是约翰・洛克[1]。

他和斯宾诺莎生在同一年。他像斯宾诺莎（其实也像大部分独立的思想家）一样，是一个虔诚信教的家庭的儿子。斯宾诺莎的父母是正统的犹太人，约翰的双亲是正统的基督徒。他们用不同教旨的严格教义训练孩子，当然他们是好意。不过这样的教育不是摧毁孩子的心灵，就是使他们变成叛逆。约翰同斯宾诺莎一样，都不是易于屈从的人，他们紧咬牙关离开了家门，自己去谋生路。

到了二十岁，洛克来到牛津，第一次听到笛卡尔的讲话。可是在圣凯瑟琳大街尘土堆积的书店里，他发现了其他一些更对口味的书，譬如托马斯・霍布斯[2]的著作。

---

① 约翰・洛克（1632—1704），英国哲学家，是系统地阐述宪政民主基本思想的第一位作家。他的思想深刻地影响了美国的开国元勋及法国启蒙运动中的许多主要哲学家。

② 托马斯・霍布斯（1588—1679），英国的政治哲学家，他在1651年所作的《利维坦》，为之后所有的西方政治哲学发展奠定了根基。

托马斯·霍布斯是个颇有意思的人物，他在马格德林学院做过学生，总也不安分，去意大利和伽利略[①]谈过话，与大名鼎鼎的笛卡尔通过信，一生的大部分都住在欧洲大陆，为的是逃避清教徒的怒火。偶尔他写一本大部头的书，把他对所有可以想到的题目的看法都装进去，用一个引人注目的书名：《极权主义国家，或曰长老会联盟和国民联盟的物质、形式和权力》。

这本博学的书问世的时候，洛克正在大学里上二年级。它一针见血指明了王公贵族的本质、权力，尤其是他们的责任，就连最彻底的克伦威尔派也不得不赞同，许多克伦威尔党徒都倾向于宽赦这个一贯抱怀疑态度的人，因为他尽管是个保皇派，却在一本重量不在五磅以下的书里揭露了保皇派的虚伪。当然，霍布斯不是那种易于划分归类的人。当时的人称他是“不拘于教条的人”，意思是，他更感兴趣的是基督教的伦理学而不是基督教的教义，主张让人们在不太重要的问题上有一定程度的“自由”。

洛克与霍布斯有相同的气质。他一生在教，却又从心底赞同对生活和信仰应做大度的解释。他和朋友们认为，国家摆脱一个暴君（戴金冠的），如果只是为另一个暴君（戴黑色耷拉帽的）来滥用权力，那还有什么用呢？为什么要今天否认这一帮教士的忠诚，而第二天又接受另一帮同样傲慢专横的教士的统治呢？从逻辑上讲这当然是对的，不过有那么一伙人，对他们来说，如果“自由人”一旦成功，把僵化的社会体系变成伦理辩论的社会，他们就会没饭吃，因而这个观点在他们当中是行不通的。

洛克本人似乎很有些魄力，他有几个颇有势力的朋友，能保护他不受地方

---

① 伽利略·伽利雷（1564—1642），意大利文艺复兴后期的天文学家、力学家、哲学家、物理学家和数学家。近代实验物理学的开拓者，被誉为“近代科学之父”。是一位为维护真理而进行不屈不挠斗争的战士。

长官的怀疑，但是没过多久，他还是不能再逃避“无神论者”的嫌疑了。

事情发生在1683年秋天，洛克便来到阿姆斯特丹。斯宾诺莎已去世五六年了，不过荷兰首都的学术气氛还很自由，洛克有机会学习和写作，而且不受官方的干涉。他很勤奋，在外的四年里写下了著名的《论宽容》，这使他成为我们这本小历史书的主角。在信中（按照他的反对派的意见应该是三封信），他根本否定国家有权干涉宗教。洛克认为（这源于另一个流亡者，法国人皮埃尔·贝尔，那时他住在鹿特丹，正在一个人编撰百科全书，很有才学），国家只是个保护性的组织，由一批人创立和维持，为的是相互间的利益和安全。这么一个组织为什么要发号施令、让人信仰这个而不允许信仰那个，洛克和他的信徒始终没有搞明白。国家并没有规定他们应该吃什么喝什么，为什么非要强迫他们去这个教堂而躲开那个教堂不可呢！

清教徒主义的不彻底的胜利使十六世纪成为奇怪的宗教妥协的时代。

为结束所有宗教战争而签署的《威斯特伐利亚和约》①规定：“所有臣民都必须服从各自统治者的宗教信仰。”也就是说，如果某大公国信奉的是路德教，那么当地的所有臣民都应是路德教徒，而因为邻国的国君是天主教徒，那么他的所有臣民都应皈依天主教。

于是洛克这样推理：“如果国家有权力命令人们的灵魂归宿，那么一半人都注定要沉沦，因为不可能两种宗教都正确（按照宗教手册第一条的说法），生在边界这边的肯定会进天堂，生在那边的注定要下地狱。这样一来，出生时的地理位置便能决定一个人的灵魂能否被拯救了。”

洛克没有把天主教徒列入他的宽容计划中，这的确是件憾事，不过可以理

① 《威斯特伐利亚和约》，1648年欧洲协议的总称。它结束了西班牙、荷兰八十年战争和德国三十年战争的局面。

解。在十六世纪的不列颠百姓眼里，天主教不是宗教形式，而是个政党，从来没有停止颠覆英国的安全，它建造了个“无敌舰队”，还弄来大桶大桶的炸药要把这个友好国家的国会崩个稀巴烂。

所以洛克宁愿主张把权力交给殖民地的异教徒，也不给天主教徒，而且请他们别再踏上英国的国土。但这只是因为他们危险的政治活动，不是因为他们的信仰不同。

要听到这种看法就必须回溯十六个世纪。一个罗马皇帝曾经定下著名的原则：宗教是人与上帝之间的事，上帝觉得自己尊严受到损害的时候，自己会照顾自己的。

英国人在不到六十年里经历了四个政府的变更，所以他们较容易接受基于常识的宽容理想所包含的根本道理。

1688年，奥朗日[①]的威廉渡过了北海，洛克也紧跟着他坐船来了，同船的还有英格兰王后。从此，他的生活安定无事，高寿到七十二岁才瞑目，成为人们尊敬的作者，不再是吓人的异端者了。

内战是件可怕的事，却有一大好处。它可以清洁气氛。

十六世纪英国的政见分歧耗尽了这个国家的多余精力。其他国家还在为“三位一体”[②]和生前诅咒等问题争执不下时，大不列颠的宗教迫害业已停止。间或有一个过于放肆的批评家抨击教会，像丹尼尔·笛福[③]，这也许会倒霉地触犯法律。不过这位《鲁宾逊漂流记》的作者被戴上枷示众，不是出于宗

① 奥朗日，法国东南部城市。

② “三位一体”，常用来指圣父、圣子、圣灵三位一体。

③ 丹尼尔·笛福（1660—1731），英国小说家，英国启蒙时期现实主义小说的奠基人，被誉为“英国与欧洲小说之父”。

教的原因，而是因为他是个幽默家。盎格鲁——撒克逊民族历来天生就是对讽刺疑心不已。假如笛福写的是严肃的维护宽容的书，也不至于身受责难。他把对教会暴政的攻击化为一本半幽默的小册子，名叫《消灭不同教派的捷径》，这表明他是个不知体面的粗人，不亚于监狱中的小偷。

笛福还是幸运的，因为他的旅行从没有超出不列颠群岛。不宽容从发源地被赶出去以后，在大洋彼岸的殖民地找到了备受欢迎的栖身之地。与其说这应该归因于刚刚搬进那片土地的人们的性格，不如说是因为新世界比旧世界更具有广阔的经济优势。

英格兰是个小岛，人口稠密，只是大部分人有立足之地，人们如果不愿意再履行古老可敬的“平等交换”的规律，所有的生意都会终止。但是在美国，在这个广袤、富饶的大陆上，只零星住着些农场主和工人，人与人之间根本不需要作这样的妥协。

因此，在马萨诸塞海岸的一块共产主义性质的居住地后来发展成了一个自以为是的正教堡垒。而这样的情形之前仅出现过一次，那还是发生在加尔文既是警长又是审判长，给瑞士西部地区的人们带来“快乐日子”的那段时期。

一说到在寒冷的查尔斯河畔建立起来的第一个永久居住地，人们便把功劳都归在那一小群被称为“朝圣者祖先”的人身上。对“朝圣者”的通俗解释是：“出于对宗教的虔诚前往神圣之地拜谒”的人。按照这个意思讲，“五月花”号的旅客并不是朝圣者，他们只是英国的砖瓦匠、裁缝、鞋匠、铁匠和修车匠，离开祖国不过仅仅是为了躲避那仍然把持着大部分教堂的令人咬牙切齿的天主教会。

他们首先渡过北海来到荷兰，到达这里时正赶上经济大萧条。我们的教科书还继续描写说，他们决意继续旅行是因为不愿意让孩子们学荷兰语，不然就会被这个国家同化。这些纯朴的人居然不图报恩，却跑去做什么美国公民。这听起来似乎不可能。其实他们大部分时间都不得不住在贫民窟里，在人口已经很稠密的国家里谋求生路的确很难。据说在美国种烟草的收入远胜于在莱顿梳羊毛，于是他们便起程去弗吉尼亚。谁知遇上了逆风，马萨诸塞岸边的水手又笨手笨脚，他们就决定就地住下，不再乘着漏船到海上的恐怖中去冒险了。

但是他们虽然逃脱了淹死和晕船的危险，却仍然处在危险之中。他们大多是英国内地的小城镇的人，没有开创生活的能力。共产思想被寒冷打得粉碎，城市的热情被不息的狂风吹得冰凉，妻子和孩子由于没有像样的食物而死去。只有很少的人熬过了三个冬天，他们秉性善良，习惯于家乡的粗鲁而又质朴的宽容。可是由于随后又来了好几千新的殖民者，他们完全被吞没了。那些后来的人无一例外全是更严厉、更不妥协的清教徒，他们使马萨诸塞成为查理河畔的日内瓦，达数世纪之久。

清教徒在弹丸之地上挣扎谋生，总是灾难重重，他们比从前任何时候都更想从《旧约》中找到他们所想所做的事情的依据了。他们与体面的社会和图书一刀两断，悟出了自己的一套奇怪的宗教精神。他们把自己看作是摩西和基甸（《旧约·士师记》中以色列人的士师和救星）的传人，而对于西边的印第安邻居来说，他们就是真正的马加比家族[①]的成员。他们唯一聊以慰藉的信念就是：自己在为真正的信仰而受苦，还由此得出结论说，其他的人都是错误的。谁要是含蓄地说清教徒的所作所为并不完全正确，便会由于观点不同而遭到虐待，不是被无情地鞭笞一顿赶到荒野里，就是被割去耳朵和舌头，还要被驱赶出境，除非他们万幸逃到邻近瑞典和荷兰的殖民地藏起来。

这块殖民地对宗教自由和宽容事业毫无贡献，如果非要强加一点的话，也不过是些迂回、间接的贡献，而且并非有意为之。这在人类进步历史上十分常

① 马加比家族，犹太教世袭祭司长的家族，曾于公元前二世纪领导犹太人夺回耶路撒冷的第二圣殿。

见。他们的独裁统治，反而催生了人们为寻求更宽容自由的政策进行反抗。在经历了近两个世纪的宗教专制之后，涌现了新的一代，他们是各种形式的宗教统治的公开可怕的敌人，认为政教分家是很必要的，厌恶前人把宗教和政治混为一体。

这个发展过程很缓慢，却很有点儿运气，直到大不列颠和它的美国殖民地的敌对爆发之前危机才出现。结果是，撰写美国宪法的人不是自由思想者就是旧式加尔文主义的秘密敌人，他们在这个文件里注入了颇为现代化的原则，经过验证，这些原则在维持共和国的和平稳定中有巨大价值。

可是在这以前，新世界在宽容领域里已经经历了一次意想不到的发展，而且是在天主教区里，在现在马里兰州的一个地方。

这次有意思的主要人物是卡尔佛特父子，原籍在佛兰芒，不过父亲后来迁居到了英国，为斯图亚特王朝效劳，干得很不错。他们起先是新教徒，但是乔治·卡尔佛特——他做了国王詹姆士一世的私人秘书和总管——烦透了当时人们的神学纠缠，便又回到古老的信仰，老的信仰甭管是好、是坏、还是不好不坏，反正它称黑为黑，称白为白，不把每项教义的最后判定权留给一帮半文盲的教士。

这个乔治·卡尔佛特似乎多才多艺，他的倒退（那时很严重的罪名！）并没有使他丧失他的皇上主子的恩宠。相反，他被封为巴尔的摩市[①]的巴尔的摩男爵，在计划为受迫害的天主教徒建立一小块居住地时，还获得了各方帮忙的许诺。他先在纽芬兰试运气，但是他派去的居住者都被人赶出了家门，于是他申请在弗吉尼亚要几千平方英里的土地。谁知弗吉尼亚人是顽固的圣公会教

① 巴尔的摩，美国大西洋沿岸重要的海港城市，位于切萨皮克湾顶端的西侧，距华盛顿60多公里。

徒，他们也不要这些危险分子做邻居。巴尔的摩接着要求得到弗吉尼亚和荷兰、瑞典领地之间的一条荒野，但没等获准就死了。他的儿子塞西尔继续这件好事，1633年至1634年冬天，“方舟”号和“鸽子”号两只小船在乔治的兄弟伦纳德的命令下，穿过大西洋，于1634年3月满载着旅客平安抵达切萨皮克海湾。这个新国家叫马里兰，以法兰西国王亨利四世的女儿玛丽命名。亨利四世本来计划建立一个欧洲各国的联盟，但这个计划却被一个发疯的僧人用匕首打破了，玛丽成为英国国王的妻子，而这个国王不久又在清教徒手里丢了脑袋。

这块特殊的殖民地不但不排挤印第安人，而且还对天主教和新教徒一视同仁。它历经了不少艰辛岁月。首先移民区里有很多圣公会教徒，他们是为了逃避马萨诸塞清教徒的专横才来的。后来清教徒也踏进这块移民区，为的是逃避弗吉尼亚圣公会教徒的专横。这两伙人都是亡命徒，盛气凌人，都想把自己的“正确信仰”带进这个刚刚给他们安身之地的州。由于“所有会引起宗教狂热的争执”在马里兰的土地上都被禁止，老移民者便有权力让圣公会教徒和清教徒都安安静静的别惹事。但是，家乡的保皇党和圆颅党[①]的战争爆发不久，马里兰人就害怕不管哪一方获胜，他们过去的自由都会丧失。因此，1649年4月，刚刚获得查理一世被处以极刑的消息以后，在塞维尔·卡尔佛特的直接倡议下，就通过了著名的《宽容法》。里面有这样一段光彩照人的文字——

“由于宗教对思想的高压统治在所及的范围内常常产生有害的结果，为了本省份政权的安定，为了保护居民相互之间的友爱和团结，特此决定，任何人不得以宗教或宗教信仰为理由，对本省所有信仰耶稣基督的人进行干预、骚扰和迫害。”

在一个耶稣会会士掌管重权的国家里，能够通过这样的法案，这显示了巴

① 圆颅党，英国国会中的一知名党派。该党鼎盛时期约在1642年至1651年。

尔的摩家族杰出的政治能力和非凡的勇气。这种宽宏大度的精神深受来访者的赞扬。后来，一伙外逃的清教徒推翻了马里兰的政权，废除了《宽容法》，以自己的《关于宗教的法案》取而代之，它给予自称是基督徒的人以宗教自由，但天主教徒和圣公会教徒却除外。

幸运的是，这个反动的时期并不长。1660年，斯图亚特分子重新当权，巴尔的摩派的人也重掌马里兰的大印。

可没过多久，对他们政策的又一次攻击来自另一边。圣公会教徒在本国获得了完全胜利，因此硬要让自己的教会变成所有移民区的官方宗教。卡尔弗特家族继续奋战，但他们看到要把新移民者吸引到自己一边是不可能了。经过整整一代人的斗争，这次试验宣告终止。

新教胜利了。

不宽容也占了上风。

第二十三章　太阳王

十八世纪通常被称为专制的年代。在现今信仰民主的年代里，专制无论多么开明，也不是理想的政府。

就连对人类满怀善意的历史学家也会对路易十四这位伟大的君主竖起轻蔑的手指，并让我们自己去思考答案。当这位聪明的君主继位时，在他继承的国家里天主教和基督徒两派势均力敌。他们经过一个世纪的相互残杀（天主教人占了很大便宜），最后终于达成了和平。虽然彼此看不惯，但既然低头不见抬头见，只好承诺接纳对方。1598年发布的“永久的和不可改变的”《南特敕令》[1]包括了双方达成的各项协议，即：天主教是本国官方宗教，但基督徒可以充分享有信仰自由，不得因其信仰而遭迫害。他们还获准建造自己的教堂和担任公职。基督徒还获准掌管法国境内二百个要塞城市，以此表示对他们的信赖。

这当然是不可能实现的安排。胡格诺派教徒毕竟不是天使，把二百多座繁

① 《南特敕令》，中世纪时期，法国亨利四世为了结束长期的内战和平息新教徒的愤怒，于1598年颁布的法令。

荣的城市和乡村放在敌视政府的政党手中，简直就像我们把芝加哥、旧金山和费城交给民主党人以换取他们接受共和党人的统治一样荒谬无稽。

黎塞留是个精明的统治者，他早就看出这一点。经过长期奋斗，他剥夺了基督教徒的政治权利，却丝毫不干涉他们的宗教自由，尽管他本人的职业是枢机[①]主教。胡格诺派教徒不再能与国家的敌人进行单独的外交谈判了，不过享受的权利还和从前一样，可以唱赞美诗，听布道。

下一个执行类似政策的法国统治者是马萨林，但是他于1661年就去世了。年轻的路易十四开始当政，这便是人心向善的时代的终止。

这位聪明但声名狼藉的君主生平第一次被迫与正派人士为伍，就被一个名叫弗朗索瓦丝·德·多比涅的漂亮女人给控制住了，这真是不幸啊。这名女人原是御用文人斯科隆的遗孀。她在宫中担任路易十四和蒙特斯丹的七个私生子的家庭教师，由此开始发迹，等到那位夫人的诱惑已经丧失了魔力，国王已经偶尔表露出厌烦的时候，这位女教师便取而代之。她与以前所有国王情妇的唯一不同是，在搬入国王的居室时，巴黎大主教为他们的结婚举行了隆重的宗教仪式。

在以后的二十年里，王位后面的权力全抓在这个女人手中，而她又听凭她的忏悔神父的摆布。法国的天主教神职人员从来没有原谅过黎塞留和马萨林对基督徒的和解态度。现在他们终于有机会毁掉那些明智的政治家的成就了，便大干起来，因为他们不仅是王后的官方顾问，也是国王的银行家。

这是又一个很纠结的故事。

---

① 枢机，教宗治理普世教会的职务上最得力的助手和顾问。1917年颁布的《天主教法典》称“枢机”为教宗的参议会，由教宗选拔任命；依法享有选举教宗的权利，并以集体方式协助教宗处理较重要的事项，或个别地协助教宗处理普世教会的日常事务。

在前八个世纪里，修道院积攒了法国的大部分财富，他们不顾国库开支的与日俱增，拒不向国家交税，因而他们握有大量过剩的财产。国王陛下——他的荣耀比他的信誉大得多——抓住了这个机会，重新填满了自己的金库。为此，他给支持他的教士一点好处，作为报答，他被允许随意向教会借钱，想借多少就给多少。

这样一来，“不可撤销”的《南特敕令》被一项一项地改变了。起初基督徒还没有被禁除，但是坚持信仰胡格诺派事业的人总是得不到安宁。据说一些省份里的错误教义很顽固，龙骑兵的人马便去大肆横行，住在老百姓家，发号施令，很使人讨厌。他们狂吃豪饮，偷走勺子和叉子，打破家具，侮辱安分人家的妻女，就像在被征服的国土上一样无恶不作。主人们失望极了，便冲到法庭要求保护，谁知却被嘲弄一番，还说这是他们自作自受，自己应该知道怎样摆脱这些不受欢迎的来客，重新博得政府的好感。

只有很少的人听从了劝告，到附近的乡间牧师那里接受天主教洗礼。但是绝大部分纯朴的人还是坚持自幼就信仰的理想。最后等教堂一个接一个被关闭，教士被送上了十字架，他们才懂得原来他们命里注定要倒霉。他们不想投降，便决定一走了之，可是刚到边境，才得知谁也不许离境，抓住就被绞死，帮忙的人大概也得上绞架。

显然，当时发生了一些后人永远不会知道的事。

其实自从埃及法老的时候起，各个政府也都不时“关闭边境”，却从来没有成功过。

决意要走的人只要不惜冒各种危险，总是可以找到路的。成千上万的法国基督徒通过“秘密途径”来到伦敦、阿姆斯特丹、柏林和巴塞尔。当然这些外逃者没有很多钱，但他们是以忠诚肯干而闻名的商人和艺术家，信誉很好，精力又充沛，没过几年便重新繁盛起来。这繁盛本来应该是属于法国的，法国在经济上失去了无法计算的价值。

如果说《南特敕令》的取缔是法国大革命的前奏，并不算夸张。

法国一直是富有的国家。但是商业和宗教从来没能合作。

自法国政权拜倒在石榴裙和黑色法衣那一刻起，他的命运就注定了。签署驱逐胡格诺教徒法令的那支笔，后来也签署了路易十六的死刑执行令。

第二十四章　腓特烈大帝[①]

霍亨索伦家族[②]从来也没有因为喜欢平民执政的政府而出名。但是这个家族的人头脑清醒，喜欢藏书和救济穷人，在巴伐利亚威特尔斯巴赫家族[③]的疯狂气质侵蚀他们之前，还为宽容的事业做了一些非常有益的贡献。

在某种难度上这是实际需要的结果。德国王族继承了欧洲最穷的地方，那是漫无边际的沙地和森林，只有一半的地方有人住。三十年战争使得那里的居民家破人亡。他们需要人力和资金，以便重整家业，于是开始去寻求这一切，不论其来源于什么种族，信奉什么教义和以前的卑贱身份。

腓特烈大帝的父亲是个粗俗的家伙，言谈举止活像个采煤工，对酒吧女招待很感兴趣。不过他会见外国逃亡者代表团的时候倒是能彬彬有礼。在处理

---

① 腓特烈二世（1194—1250），霍亨斯陶芬王朝的德意志国王（1211年至1250年在位），1120年加冕为罗马帝国皇帝。

② 霍亨索伦家族，德意志的主要统治家族。其始祖布尔夏德一世约在1100年受封为索伦伯爵。十六世纪中叶，该家族在索伦前冠以“霍亨”（意为高贵的）字样，称为霍亨索伦家族。该家族是勃兰登堡、普鲁士及德意志帝国的统治家族。

③ 威特尔斯巴赫家族，起家于巴伐利亚，因为巴伐利亚的威特斯巴赫城堡而得名。

涉及到王国重要统计数字的事情时，他的座右铭是“越多越好”，他还仔细网罗各国被废弃的继承人，就如他招收身高六点三英尺的精锐士兵做他的禁卫军一样。

他的儿子则与他完全不同，是一个很有教养的人。父亲不允许他学习拉丁文和法文，可他偏要研究这两种语言。他喜欢蒙田[1]的散文，讨厌路德的诗歌，喜欢爱比克泰德的智慧，讨厌那些天主教的无知。父亲按照《旧约》中的教义行事，对孩子很严厉（为了让孩子学会服从，父亲命令把孩子的最要好的朋友在窗前斩首），但这没有使儿子倾向于正直的犹太理想，那时路德派和加尔文派牧师都对犹太理想赞不绝口。腓特烈把所有的宗教都看作是史前的恐惧和无知状态的复苏，信教等于陷入一种被一小撮聪明却又无耻的家伙们小心操纵的奴性状态，这些家伙知道怎样充分利用自己的优越地位靠着损人利己来享乐。腓特烈不仅对基督教义感兴趣，而且对基督本人的兴趣更大，但是他是按照洛克和索齐尼的方式来看待此问题，因此，至少在宗教问题上，他是一位非常开明的君主。甚至可以毫不夸张地说，在他的国家，“每个人都能按照自己的方法寻求拯救”。

这句精妙的话就成了他日后推行宽容政策的基础。譬如他颁布说，只要传授宗教的人是正直的，过着正派和遵纪守法的生活，那么所有的宗教就都是好的，因此所有的信念都必须享有同等权利，政府不许干涉宗教事务，只需充当警察的角色，维持不同宗派之间的和平就够了。他的确相信这一点，只要求臣民顺从和忠诚，把对思想和行为的最后评判权留给上帝，“只有上帝才了解人的良知”，他从不对上帝的旨意做哪怕是很小的评论，免得使人们以为他需要人的

---

① 蒙田（1553—1592），法国文艺复兴后最重要的人文主义作家。他是启蒙运动以前法国的一位知识权威和批评家，是一位人类感情的冷峻的观察家，亦是对各民族文化，特别是西方文化进行冷静研究的学者。

帮助，也就是用暴力和凶残来推行神圣的目的。

腓特烈在思想境界上比他所处的年代早了两个世纪。国王在首都的中心给天主教徒们拨出了一块土地，让他们自己修建教堂，当时的人都摇头不止。耶稣会的人从大多数天主教国家被赶了出来，他又挺身保护他们，于是人们开始咕哝一些恶毒的警告。他宣布说道德和宗教是风马牛不相及的两个概念，每个人只要交纳税款和服兵役，就可以随意信奉什么宗教，这时候人们再也不认为他是个基督徒了。

由于当时他们恰好住在普鲁士境内，批评家都不敢轻举妄动，因为陛下精通警句，在皇家法律上稍加评论，就可以给那些在某些方面没能博得他欢心的人的事业造成一些不寻常的后果。

不过事实上他是一个掌权三十年的开明的专制君主，他第一次给欧洲带来了几乎是完全的宗教自由。

在欧洲的这个偏僻的角落里，新教徒、天主教、犹太人、土耳其人和不可知论者第一次享有了平等的权利和平等的待遇。喜欢穿红衣服的人不能对穿绿衣服的人称王称霸，穿绿衣服的人也不能对穿红衣服的人称王称霸。那些回到尼西亚寻找精神安慰的人，被迫与那些既和坏人打交道、又和罗马主教打交道的人和平友好地相处。

腓特烈真的很满意他的努力成果吗？我很怀疑。他在行将辞世的时候，让人把他忠实的狗叫来。在这最重要的时刻，狗看来是比“所谓的人类”更好的伴侣（陛下是一个能力很强的报刊专栏作者）。

他就这样离开了人世，这是另一个误入这个错误世纪的马可·奥勒留。像他伟大的先辈一样，他给他的继承者们留下了一笔极其丰厚的遗产。

第二十五章　伏尔泰

在当今时代，我们常听到很多关于新闻界的负面言论。很多善良正直的人也公开谴责“宣传”是现代社会的一项邪恶发明，是一种既新奇又拙劣的方法，为的是使人们注意某个人或某项事业。不过这种责备已经是老生常谈了。一般认为“宣传”是最近才发明的。但是如果不带偏见地看待过去的事件，就会发现这与事实恰恰相反。

《旧约》中的预言家们，不管大小，都曾是精通吸引老百姓注意力的大师。用新闻行业的话说，希腊和罗马的历史是一个长长的连绵不断的“宣传噱头”。有些宣传是体面的。但大部分都是现在连百老汇都拒绝刊登的眼花缭乱、粗俗卑劣的宣传。像路德和加尔文这样的改革者们都充分懂得精心策划的广告的巨大价值。我们不能责怪他们。他们可不是路边羞涩的雏菊，只要谦卑愉快地生长在路边就行。他们非常认真。他们想让自己的观点发扬光大。要取得成功，不吸引一大群追随者怎么行呢？

托马斯·厄·肯培[①]在一座修道院寂静的角落里生活了八十年以后，便

① 托马斯·厄·肯培（1380—1471），德国修士、神学家、作家，1387年进入阿格尼滕伯格的奥古斯丁修道院，1413年受神职，其后终身从事抄写书稿和辅导新修士工作。

成了一位在精神领域颇具影响力的人物。假如加以适当宣传（也确实这样做了），这种长期自我放逐的生活就会成为一个很不错的“卖点”，好奇的人们迫不及待地想看看这本倾尽一生的祷告和思考写成的小书。可是，对阿西西的方济各或罗耀拉而言，他们希望在有生之年看到自己的努力能换取实质性的回报，便不得不借助于一些必要的手段，虽然在现代人看来只是捧红马戏团或电影明星的宣传。

基督教特别强调谦虚，赞美那些精神谦卑的人。但是赞扬这些美德的布道现在之所以能成为人们谈论的一个话题，却是因为当时在宣扬时用了特定的方法。

难怪那些被谴责为教堂不共戴天的敌人的男男女女们，在抗争西方世界的精神专制桎梏时，从圣经上撕下一页来，并采用了一种相当奇特的宣传方法。

我提供这个不足挂齿的解释，是因为善于做大量宣传的最伟大的学者伏尔泰[①]，有时不择手段地利用了人们思想上的空虚，因而经常受到抨击。也许他的手法并不总是那么高明，但是那些因他而得救的人或许不这么看。

进一步来说，想知道布丁的味道，必须亲自尝一口。同样的道理，评判伏尔泰是非成败的依据，不是他的穿衣风格、幽默程度，或是对壁纸的喜好，而应根据他究竟为他的同胞们做了些什么贡献来评定。

这个奇怪的人有一天忽然觉得自己很了不起，便说：“我没有王权又有什么关系？我有一支笔。”他对了。他有一支笔。他有许多支笔。他是鹅的天敌，因为他使用的鹅毛笔比二十多个一般作家用的还要多。他属于文学巨人那一类人，他们都孤独一人，在最可怕的逆境中写的文章也和作家协会所有的作家总数写的一样多。他在肮脏的乡下客栈里伏案疾书。他在冰冷孤独的乡下客房里创作出了无以数计的六韵步诗歌。他的稿纸布满了他在格林尼治寄宿的屋子的

① 伏尔泰（1694—1778），法国启蒙思想家、文学家、哲学家、史学家。

破地板。他把墨水飞溅到普鲁士王家住宅的地毯上，还用了大量印有巴士底狱监狱长名字的私人信笺。当他还在玩滚铁环和做弹球游戏时，尼侬·德·朗克洛[1]曾送给他一笔数目可观的零用钱，让他“买一些书”，八十年后在同一个巴黎，我们听见他说要买一本大页纸和散装咖啡，以便在无法逃脱的死亡长眠来到之前再写完一部书。

关于他撰写的悲剧、故事、诗歌、哲学以及物理论文，都无须在本书里用整整一章的篇幅加以评论。他的十四行诗并不比同时期的几十个诗人写得好。作为历史学家，他的资料并不可靠，而且乏味得很，他在科学领域的探险也只能达到我们在星期日的报纸上看到的那种水平。

但他是愚蠢、狭隘、固执和残忍的敌人，由于勇敢而坚强，他的影响一直持续到1914年的大战之前。

伏尔泰生活的年代是个走极端的时期，一方面是一个极端自私和腐败过时的宗教、社会和经济制度，另一方面是一大批积极但又过分热忱的青年男女，他们想搞个太平盛世，但完全没有实际基础，只不过是一片好心罢了。他是个不引人注意的公证员的儿子，体弱多病，诙谐的命运把他扔进了鲨鱼和蝌蚪的大漩涡里，要么溺死，要么游出来。他愿意游出来冲到岸上。他长期同逆境做斗争的方法常常令人怀疑。他乞求、谄媚、充当小丑的角色。但这是在他没有版税和成为文学巨人之前的所作所为。让这个从来也不为混饭吃而粗制滥造作品的作者扔出第一块石头吧！

这并不是说，伏尔泰为了几块多余的砖块发愁。在他漫长而繁忙的一生

① 尼侬·德·朗克洛（1620—1705），法国高级妓女，哲学家。曾在巴黎开办了一艺术沙龙，是许多声名显赫的文学界和政界人物的聚会场所。伏尔泰的父亲帮她料理过生意，她死后部分财产和藏书留给了伏尔泰。

中，他献身于与愚蠢的斗争，经历了无数次挫败，因此不在乎被当众打一顿或是挨了人家扔来的香蕉皮这类小事。但他是一个不屈不挠、充满了希望的乐天派。如果他今天在陛下的监狱里消磨了时光，说不定明天就会在驱逐他的同一个宫廷里得到一个名声显赫的职位。如果说他的一生都被迫去听那些愤怒的乡村牧师骂他是基督教的敌人，有谁知道在塞满了情书的碗橱的某个角落里，说不定扔着教皇赠送给他的一枚漂亮的勋章，以证明他既能遭到教会的非难，也能受到教会的赞许。

这是不足为奇的。

他尽情地领略人间的快乐，年复一年、日复一日地过着奇怪的、丰富多彩的生活。

伏尔泰在血统上属于中间阶层。他的父亲，由于缺少一个得体的名称，可以称为开私立信托公司的那类人。他给许多富豪贵族的心腹打杂，兼管他们的法律和财务利益，因此年轻的阿鲁埃（因为这是他家的姓）习惯于接触比自己的家庭境遇稍微好点的阶层，这在后来的生活中给予了他压倒大多数文学对手的有利条件，他的母亲是一个叫德·奥玛德小姐的人。她是个穷姑娘，没给丈夫带来一分钱的嫁妆。但是她的姓前有一个小小的“德”字，所有法国中产阶级（和一般欧洲人，特别是为数不少的美国人）对此都肃然起敬，她丈夫觉得获得这样的奖赏是相当幸运了。她的儿子也沉浸在被封为贵族的祖辈给他带来的荣耀里，他一开始写作就把带有平民色彩的弗朗索瓦·玛丽·阿鲁埃改为更具有贵族特色的弗朗索瓦·玛丽·德·伏尔泰，但是他如何更改、在什么地方更改了自己的姓氏，还是一个不解之谜。他有一个哥哥和一个姐姐。伏尔泰非常喜欢姐姐，她在母亲去世后一直照料他。他哥哥是詹森教派的忠实牧师，非常热情和正直，但伏尔泰讨厌他，这是他尽量不在父亲名下生活的一个原因。

父亲老阿鲁埃不是傻瓜，他很快就发现小儿子是一个不逞之徒。为此他把儿子送到耶稣会，希望他成为一个精通拉丁文六步韵诗和斯巴达式的严于律己的人。虔诚的神父们尽最大的努力开导他，给这个下肢细长的学生进行已经消亡和正在使用的语言的扎扎实实的基础训练。但是他们感到不可能根除这孩子的某种“古怪”才能，这从一开始就使他有别于其他的学生。

伏尔泰十六岁的时候，教士们都很乐意让他离开耶稣会。为了赢得父亲的欢心，年轻的弗朗索瓦开始学习法律。不幸的是，一个人不可能整天闭目塞听地读书。晚上有许多闲散的时间。为了消磨时光，伏尔泰不是为地方报纸撰写一些滑稽风趣的小故事，就是在附近的咖啡店给他亲密的朋友们朗读他的文学新作。两个世纪以前过这种生活一般是被认为要下地狱的。父亲老阿鲁埃充分意识到儿子所冒的危险。他求助于一个颇有影响的朋友，为弗朗索瓦在海牙的法国使馆里谋得一个秘书职位。荷兰的首都，当时和现在一样，单调得出奇。由于没有事情好做，伏尔泰就开始和一个不特别漂亮的女孩谈恋爱了。女孩的母亲是一个社交界的记者，一个令人生畏的女人。这位夫人希望把自己的女儿嫁给一个更有前途的党徒，就赶忙找到法国大使，请求他在整个城市还不知道这件丑闻的时候赶走这个危险的“罗密欧”。大使自己已经是自身艰保了，不想再找麻烦。他把自己的秘书匆匆忙忙地撵上去巴黎的下一辆公共马车，弗朗索瓦丢掉了工作，再次处于父亲的支配之中，

在这种紧急的时刻，阿鲁埃想了一个权宜之计，这种方法常常被有朋友在法庭工作的法国人采用。他要求并得到一封“盖有国王封印的信”，把信放到儿子面前，让他要么到强制空闲的监狱去，要么写一份到法律学校勤奋用功的申请书。儿子说他选择后一种出路，并保证做勤奋和用功的模范。他信守诺言，投入自由创作小册子的幸福生活，这方面的勤奋使整个镇子都议论纷纷。这当然不符合父亲的口味，于是他决定运用做父亲的权利把儿子从塞纳河的寻欢作乐的场所赶走，让他到乡下的一位朋友家里住一年。

在乡下，天天都有二十四小时的闲暇时间（包括星期日在内），伏尔泰开始非常认真地学习文学并且创作出了他的第一个剧本。十二个月的清新空气和受

益不浅的单调生活之后，他被准许回到花天酒地的首都，他马上写了一系列讽刺摄政王的文章来弥补失去的时间。其实对于那个卑鄙的老家伙，骂他什么都不过分，但是他一点也不喜欢伏尔泰这样替他做宣传。以后的文章招来了第二次流放，最后还不得不去巴士底狱待一段时间。但是当时的监狱，也就是说为像伏尔泰这样在社会上很有名望的年轻绅士准备的监狱，并不是坏地方。囚犯不允许擅自离开房间，但是可以随心所欲地做自己的事情。这正是伏尔泰所需要的。巴黎中心的孤独牢房给了他做一些认真工作的机会。他被释放的时候已经完成了好几个剧本，都非常成功，其中一个连续上演了四十五个晚上，打破了十八世纪的所有纪录。

这不仅使他赚了一笔钱（他非常需要钱），而且使他获得了才子的名声，这对于一个还得为前途奋斗的年轻人来说是最不幸的，因为从此以后，人们把在林荫大道上或是咖啡馆里开的能在几小时内博得人们欢迎的玩笑都归罪于他。顺便提一句，这也是他到英国学习自由党政治家的研究生课程的原因。

1725年，伏尔泰对古老而又无用的罗汉家族开了（或没开）几句玩笑，罗汉的骑士感到自尊心受到打击，一定要对此报复一下。当然不可能让古代统治者的后代和一个公证员的儿子举行决斗，这位骑士就把复仇的事交给了他的侍从们。

一天晚上伏尔泰正与父亲的一个主顾苏里公爵一起吃饭，有人告诉他外面有人要找他。他到了门口，就被罗汉爵士的侍从们狠揍了一顿。第二天这件事在镇子里不胫而走。伏尔泰在打扮得最体面的时候也活像漫画上的丑陋的小猴子。他鼻青眼肿，头上缠满了绷带，成了人们评论的再好不过的话题。只有采取一种非常断然的措施才能挽救他，使他不在滑稽报纸的手里名声扫地。肚子里的生牛排一给他鼓劲，伏尔泰先生就把他的见证人送到罗汉骑士那里，然后开始紧张地练习击剑，准备进行一场殊死的决斗。

唉，等到大战的那天早晨，伏尔泰发现自己再次被送进监狱了。罗汉这个地地道道的无赖，把这场决斗交给了警察，于是决斗的勇士被拘留起来，直到给了他一张去英国的车票才被释放。伏尔泰被打发向西北方向起程，并且被告知，只要陛下的宪兵不发邀请，他就不许回法国。

伏尔泰在伦敦和伦敦附近住了整整四年。不列颠王国并不是个真正的天堂，但和法国相比，多少还有一点天国的样子。

皇家断头台给这块土地撒下了一道阴影。1649年1月30日是所有身居要职的人永远不会忘记的日子。发生在死去的查理王身上的事也会发生在任何胆敢把自己置于法律之上的人的身上。至于国教，当然官方教堂要享受某种权力和优厚的待遇，但是喜欢在别的地方做礼拜的人也可以平安度日，与法国相比，宗教神职人员对国家事务的直接影响几乎是微不足道的。承认是无神论者的人和一些令人讨厌的不信奉国教的人，偶尔可能得到赏光到监狱里逛一逛，不过对于路易十五的臣民来说，英国一般的生活状况还是完美的。

1729年，伏尔泰回到法国，虽然得到了允许生活在巴黎，但是他很少利用这种特权。他像一只战战兢兢的动物，乐意从朋友们手里接过一块白糖，却又总是十分警觉，稍微有一点危险的迹象就会逃之夭夭。他努力地工作。他写了大量作品，根本不管时间和事实，自己选定题目，从秘鲁的利马讲到俄国和莫斯科，写了一系列知识渊博、通俗易懂的历史剧、悲剧和喜剧。四十岁时，他已经是名噪一时的文学家了。

另一件事，使伏尔泰接触到了一种不同的文明。

在遥远的普鲁士，优秀的君主腓特烈大帝坐在他那土里土气的宫廷里被一帮土包子簇拥着，大声地打着呵欠，想能找到几个能使他快活的人做伴。他非常羡慕伏尔泰，多年来一直想把伏尔泰请到柏林来。但是对于1750年的法国人来说，这样的移居就等于迁到荒无人烟的弗吉尼亚，腓特烈一再提高给他的款项，伏尔泰这才接受了邀请。

他来到柏林，矛盾也就开始了。普鲁士国王和这个法国剧作家都是不可救药的个人主义者，不可能毫无怨恨地在同一个屋顶下和睦相处。经过两年的龙争虎斗，一场无关紧要的争吵就把伏尔泰赶回了他乐意称为“文明”的地方。

不过伏尔泰汲取了一个有益的教训。也许他是对的，普鲁士国王写的法国诗歌的确很糟糕。但是国王陛下对宗教自由的态度是无可指责的，这就是他比欧洲任何君主更值得一提的地方。

快六十岁的时候，伏尔泰回到了自己的故乡，他没有心情去接受严酷的判决，而法国的法庭正是靠这种判决来维护其秩序的，不允许有什么严厉的反抗词句。上帝在创世纪的第六天赋予了他的最伟大的产品以神圣的智慧之光，而人类却不愿意利用它，这使伏尔泰一生都为之恼火。伏尔泰痛恨各种形式、各种样子的愚蠢。他把大部分愤恨都发泄在那些“邪恶的敌人”身上，像加图①一样，总是威胁要摧毁它。这个“邪恶的敌人”不是别的，就是“大家”。他们只要有吃有喝，有地方休息就拒绝思考。

从孩提时代，伏尔泰就感到自己是被一架巨大的机器驱赶着，这架机器似乎是通过一种完全没有生气的力量，他集维齐洛波奇特利②的残酷和世界主宰③的顽强固执于一身。摧毁或至少打翻这个东西成了他老年的遐想。法国政府并没有亏待这个特殊的魔鬼，在这个世界上制造了一大堆法律上的丑闻，着实帮了伏尔泰的大忙。

第一件事发生在1761年。

在法国南部的图卢兹城里住着一个叫让·卡拉斯的店主，是个新教徒。

① 加图（此处指老加图）（前234年—前149年），古罗马的政治家和演说家，第一位重要的拉丁散文作家。

② 维齐洛波奇特利，阿兹特克人的战神。

③ 世界主宰，印度宗教中的一位神。

图卢兹一直是个虔诚的城市。那儿的新教徒不许担任公职，也不许当医生、律师、书商或是助产士。天主教的家庭里不准任用新教徒佣人。每年的八月二十三和二十四日，全体居民要用隆重的赞美盛宴和感恩来纪念杀戮新教徒的圣巴托罗缪日惨案。

尽管环境不太妙，卡拉斯一辈子还是和左邻右舍和睦相处。他的一个儿子改信了天主教，但是父亲对儿子仍然很好，还对人们说，就他自己来说，他完全可以让孩子们自己选择喜爱的宗教。

但后来卡拉斯家里发生了一件不可外扬的丑事，那就是关于他的大儿子马克·安东尼。马克是个不幸的人。他想成为一名律师，但是这个职业不让新教徒参加。他是虔诚的加尔文主义者，还拒绝改变自己的信条。思想斗争使他患了忧郁症，最后病魔深深地摧残了这位年轻人的思想。他开始为父母背诵《哈姆雷特》的著名独白，他独自长时间散步，并常常向朋友们讲自杀的好处。

这样过了一段时间，一天晚上，家里人正在招待一个朋友，这个可怜的孩子悄然离去，跑到父亲的储藏室里，拿了一根打包的绳子，在门柱上悬梁自尽了。

他父亲几小时以后发现了他，他的罩衣和衬衣都叠得整整齐齐放在鞋子的上面。

家里人绝望了。那时自杀的人要脸朝下赤身裸体地被拖着穿过城里的街道，然后绑在门外的绞刑架上，让鸟把尸体吃光。

卡拉斯一家是有身份的人，对这样的奇耻大辱是不甘心的。他们站成一圈，讨论应该做什么和准备做什么，这时一个邻居听到了这场混乱，报告了警察。丑闻迅速传开了，这条街上马上挤满了愤怒的人群，他们大声呼喊要求处死老卡拉斯，“因为他为了不让儿子成为天主教徒就把他杀了。”

在小城市里是无奇不有的，而且在十八世纪法国的乡下，无聊就像一个黑色的送葬棺材，沉重地压在人们的身上，因而最无知离奇的故事也有人相信，它们能使人们如释重负似的松一口气。

高级官员完全清楚在这种可疑的情况下自己应该做什么，于是他们立即逮捕了卡拉斯全家、客人、佣人及最近去过或接近过卡拉斯家的人。他们把犯人送到镇公所，给他们戴上镣铐，扔到专门关押怙恶不悛的敌人的地牢里，第二天对他们进行了审查。所有人讲的都一样，马克·安东尼怎样不露声色地进了家门，怎样离开了房间，他们认为他是去一个人散步了，等等。

然而这时图卢兹城的教士们也参与了这件事，在他们的帮助下，可怕的消息传开了：这个胡格诺派教徒杀害了自己的儿子，因为他要树立真正的信念，他嗜血成性，因为儿子要转回到真正的信仰，就杀死了他。

熟悉现代侦破方法的人们会认为官方一定要利用当天对谋杀现场的调查结果。人们都知道马克·安东尼身强力壮，他二十八岁，父亲六十三岁。他父亲不经任何搏斗就轻而易举地把他挂到门柱上吊死的可能性实在是微乎其微。但是没有一个镇议会议员为这微不足道的细节费脑筋，他们忙着收拾受害者的尸体，因为马克·安东尼的自杀现在被认为应当受到殉教者的待遇，尸体在礼堂里停放了三个星期，最后还是白袍的告解神父将他隆重的下葬。他们出于一些不可思议的原因把已死去的加尔文主义看作为自己组织的成员，把他的涂抹了防腐药料的尸体隆重地送到大教堂，这通常是为主教或当地最富有的资助人采用的仪式。

在这三个星期中，城里每个布道坛都一再敦促图卢兹虔诚的人们提供反对卡拉斯一家的证据，最后大众报刊彻底抛出了这个案件，审判在马克自杀了五个月之后开始了。

当时一个审判官灵机一动，提出应该到这位老人的铺子里去看看他所描述的那种自杀是否可能，但他被十二票对一票压倒了，老人先被宣判施以酷刑，用车轮把他撕裂。

他们把卡拉斯带到刑讯室吊起来，脚离地有一米高，然后使劲拽他的四肢，直到拉得“脱臼为止”（我是抄自官方的报道）。由于他拒不承认自己根本没有犯过的罪行，就又被放了下来，灌了大量的水，一会儿他的身体就比“原来大了一倍”。他还是否认自己的罪行，就又被抬上死囚车送到刽子手那里，要把他胳膊和腿都撕开。在后来的两个小时里，他心灰意冷地躺在铁砧上，地方官和教士们还继续喋喋不休地用问题打扰他，老人以令人难以置信的勇气，继续申辩自己无罪。首席执行官被这种固执的谎话弄得火冒三丈，便放弃了对这个无望案子的审理，命令把他绞死。

这时大家的愤怒已经平息了，就没有处死他家里的人。卡拉斯的遗孀被剥夺了所有财产，允许她隐居起来，在忠心耿耿的佣人陪伴下，忍饥挨饿地度日。孩子们全都送到修道院去了，只有最小的孩子在哥哥自杀的时候正在尼姆（法国南部城市）读书，他很明智地逃跑到了日内瓦。

这个案子引起了好多人的关注。伏尔泰居住在凡尔内的城堡里（城堡建得离瑞士的边界很近，只有几分钟的路程），听到了这个案件，但一开始他并不想插手。因为他一直与瑞士的加尔文主义的牧师们不和，他们将伏尔泰在日内瓦城里的私人小剧场看成是对他们的直接挑衅，是恶魔的建筑。因此，伏尔泰在目空一切的心境下写道，这个所谓的新教殉难者并不能激起他的任何热情，因为如果天主教不好的话，那么胡格诺教徒一意孤行，拒绝了他的戏剧，就更坏！另外，在他看来（也就是其他许多人看来），那十二个法官似乎很得人尊敬，要说他们无缘无故就把一个无辜的人判处死刑，简直是不可能。

这位住在凡尔内的贤者很好客，来者不拒，几天后从马赛来了一个商人，他在审判期间正好在图卢兹。他向伏尔泰提供了一些第一手的资料。伏尔泰终于开始明白了已经犯下的这种罪行的可怕之处，从那儿以后，他就再也放不下这个问题了。

勇气有许多种，但一等功勋应该留给那些举世无双的人们，他们单枪匹马，敢于面对整个社会，在最高法庭进行了宣判，而且整个社会都认为审判是合法和公正的时候，敢于大声疾呼正义。

伏尔泰清楚地知道，如果他敢于控告图卢兹法庭合法但不公正的死刑判决，大风暴就会降临，他像一个职业律师那样，精心准备自己的诉讼。他访问了卡拉斯家跑到瑞士的孩子。他给每个可能知道内情的人写信。他还雇用了辩护人来检查和修改他的结论，以免自己由于满腔怒火和义愤而丧失了理智。等他自己的根据有了把握，他就开始了这场战斗。

首先，伏尔泰推动每一个在法国有影响的人（他认识大部分人）给国务大臣写信，要求修正卡拉斯案件。然后他开始寻找卡拉斯的遗孀，找到她以后，又慷慨解囊把她带到巴黎，雇用了一个最有名的律师照看她。这个女人的精神已经完全崩溃了。她呆呆地祈祷要在她死之前把女儿们从修道院里领出来。除此之外，她再没有任何希望。

然后，伏尔泰又和卡拉斯的信奉天主教的儿子取得了联系，帮助他逃出学校，到日内瓦找他。最后，他把所有的事实以题为《关于卡拉斯家庭的最原始材料》的小册子出版了，这个小册子由悲剧的幸存者们的书信组成，一点也没有涉及伏尔泰自己。

后来，在修改这个案件过程中，伏尔泰还是审慎地躲在幕后，但是他成功地策划了这场宣传战，不久卡拉斯家的诉讼就成为欧洲所有国家所有家庭关心的事情，各地成千上万的人（包括英格兰国王和俄国的沙皇）都为帮助被告而捐款。

最后伏尔泰打了一生中最艰苦的一仗，并取得了胜利。

当时，声名狼藉的路易十五占据着法国王位。幸亏他的情妇对耶稣会和他们所做的一切（包括教堂在内）都深恶痛绝，因此站到了伏尔泰一边。但是国王喜欢使享乐高于一切，人们对一个死了的默默无闻的新教徒喋喋不休，这使他很恼火。当然国王只要不签署新的判决，大臣就不敢采取行动，只要大臣不轻举妄动，图卢兹法庭就安然无事。他们自认为很强大，用高压手段不让伏尔泰和他的律师们接近判决的原始文件。

在这可怕的九个月里，伏尔泰坚持不懈地做鼓动工作，最后在1765年3月，大法官要求图卢兹法庭交出所有关于卡拉斯案件的记录，并提议进行新的判决。当这项决定公布于众时，让·卡拉斯的遗孀和最后回到她身边的两个女儿，都来到了凡尔赛。一年以后，受命调查这个上诉案件的特别法庭判决让·卡拉斯是由于一项他没有犯过的罪被处死的。人们经过巨大的努力，总算说服国王赐给卡拉斯的遗孀和孩子们一小笔钱。此外，处理卡拉斯案件的地方官们都被解了职，这件事很委婉地向图卢兹人民暗示，这种事情不许再重演了。

虽然法国政府对这件事可以采取委婉的态度，但是法国人民的内心里却激起了愤怒。伏尔泰突然意识到这并不是独此一桩的误判案，还有许许多多像卡拉斯那样清白的人蒙受了折磨。

1760年，图卢兹附近的一个新教徒乡绅在家里盛情招待了一个前来参观的加尔文主义牧师。由于这是个骇人听闻的罪行，他被剥夺了财产并被处罚作划船苦工。他一定是个非常强壮的人，因为十三年后他居然还活着。别人告诉了伏尔泰他的困境。伏尔泰又着手于这项工作，把这个不幸的人从船上弄走，送到瑞士；妻子儿女也在那儿靠政府施舍度日。伏尔泰一直照料他们全家，直到政府退还了他们一部分没收的财产，并允许他们回到荒废的家宅为止。

下一个是肖蒙的案件，这个可怜的人在参加新教徒的露天会上被抓了起来，由于这个罪名，他被遣送到船上作无期的划船苦工，但是后来经过伏尔泰的多方调解，他被释放了。

然而这些案件对于下面所发生的情况来说，不过是一桩小事。

地点还是在法国屡遭蹂躏的朗格多克，阿尔比和沃尔多异教徒灭绝之后，剩下的是无知和偏见的荒野。

在靠近图卢兹附近的一个村庄里，住着一位名叫瑟文的新教徒，他已年迈，很受人们的尊敬，精通中世纪的法律，并以此为生。当时的封建司法制度已经变得非常复杂，连一张普通的租契都像所得税申报单一样，能赚大钱。

瑟文有三个女儿。最小的是个从不省事的傻子，专门爱瞎琢磨。1764年3月她离开了家。父母四处寻找，音信全无，几天之后，地区的主教告诉瑟文说，他的女儿拜访了他，表示要当尼姑，现在她在一个女修道院里。

几百年的迫害已经使法国这个地方的新教徒的精神完全崩溃了。瑟文毕恭毕敬地回答说，在这个糟糕的世界里，每件事都会有好报，并温顺地接受了不可避免的命运。但是在修道院的异常气氛里，这个可怜的孩子很快就丧失了最后一点理智，等她开始令人生厌时，就被送回了家。那时她的精神非常沮丧，四周总是有可怕的声音和魔鬼，她的父母很担心她的生命。没过多久她又失踪了。两个星期后。人们从一口旧井里把她打捞了出来。

当时让·卡拉斯的案件正在受审，对新教徒的造谣和诽谤大家都相信。瑟文一家还记得发生在无辜的让·卡拉斯身上的事情，便决定不再重蹈覆辙。他们落荒而逃了，在穿过阿尔卑斯山的可怕的旅行中，他的一个小孙子冻死了，最后他们到达了瑞士。但他们走得有点儿晚了。几个月之后，父母被判处犯有杀害自己孩子的罪（缺席判罪），并命令要把他们吊死。女儿们被宣判目睹父母的死刑，然后终身流放。

卢梭的一个朋友把这个案件告诉了伏尔泰，他一处理完卡拉斯的事情，就马上转到诉讼瑟文一家的案件上。这时瑟文的妻子已经死了，剩下的任务只是为她的丈夫辩护。伏尔泰用了整整七年的时间做这项工作。图卢兹法庭再次拒绝提供任何资料证据，伏尔泰只好又一次开始宣传，请求普鲁士的腓特烈、俄国女沙皇叶卡捷琳娜、波兰的庞尼亚托夫斯基[①]捐款，直到迫使国王问津这件事为止。最后在伏尔泰七十八岁时那年，也就是他不屈不挠上诉的第八个年头，瑟文被宣判无罪，幸存的人得到允许重返家园。

---

① 庞尼亚托夫斯基，波兰亲王，曾于1792年带领波兰军队抵抗俄国支持的波兰叛军。

第二个案件就这样结束了。

第三个案子紧接而来。

1765年8月，在离亚眠不远的阿布维利城里，有两个矗立在路边的十字架不知被谁折断了。三个男孩被怀疑犯了亵渎圣物罪，所以下令把他们抓起来。其中一个逃到了普鲁士，剩下的两个被抓住了。这两个人中，大一点的名叫巴尔骑士，人们怀疑他是无神论者。人们在他的书堆里发现了一本《哲学辞典》，所有思想自由的大师都汇集在这本著名的辞典里，这一点就很值得怀疑。法官们决定调查这个年轻人的过去，他们寻找能把他和阿布维利案件联系在一起的证据。在一次宗教队伍路过时，他不是没有下跪、脱帽致敬吗？

巴尔回答说是的，但是当时他正忙着赶乘一辆公共马车，并不是有意冒犯。

法官便拷打他，他由于年轻，不能像老卡拉斯那样忍受痛苦，就承认毁坏了其中的一个十字架，这样由于他“不虔诚，故意不在圣饼前下跪，不脱帽，唱亵渎的歌，对渎神的书有赞许的表示”，还有类似性质不尊敬的罪行，被判处了死刑。

判决非常残忍（要把他的舌头用烧得通红的铁块撕下来，右手要被砍掉，并要把他慢慢烧死，而这只是一个半世纪以前发生的事！），激起了民众的非议。即使犯了所有写在罗列详细的起诉书上的罪行，也不能用这种惨绝人寰的方法来屠杀一个少年！人们向国王请愿，大臣们被请求缓刑的呼声包围了。但是国家动荡不安，必须杀一儆百，巴尔受了和卡拉斯相同的折磨后，被送上断头台斩首了（这是对他的特别恩惠）。他的尸体，连同他的《哲学辞典》以及我们的老朋友拜勒的一些书，都在大庭广众之下被刽子手们付之一炬。

对于那些害怕索齐尼、斯宾诺莎和笛卡尔的不断增长的影响的人们来说，这倒是赏心悦目的一天。它表明，对于那些误入歧途的年轻人来说，如果背离正确与错误之间这条窄狭道路，追随一小撮激进的哲学家，这便是不可避免的结局。

伏尔泰听说后就接受了挑战。他已快过八十岁生日了，但他还是以过去的热情和充满正直怒火的头脑投入到这个案件中。

巴尔由于“亵渎”而被处死。伏尔泰首先要找出是否有这样一条法律，人们犯了假设的罪就能够被处死。他找不到这样一条法律，接着他又询问他的律师朋友们。他们也我不到这样的法律。人们渐渐地明白了，是法官们用他们邪恶的狂热“发明”了这样一个合法捏造，以便干掉犯人。

在处决巴尔的时候，到处都是不堪入耳的谣言。现在出现的这场风暴迫使法官们不得不审时度势，对第三个年轻犯人的审判从来没有得出结论。至于巴尔，他一直未能雪冤。复审案件拖拉了许多年，到伏尔泰去世的时候还没有结果。但是他打出的这一击已经开始奏效了，它即使不是为了宽容，至少也是为了反对不宽容。

那些依靠长舌的老妇和昏聩的法官的官方恐怖镇压已经穷途末路。

那些以宗教名义残害人民的法庭，如今也只能偷偷摸摸地行事才可能得逞，而伏尔泰的攻击更令他们四面楚歌。

伏尔泰打亮了所有的灯光，请来了庞大的演奏乐队，并邀请公众前来观看，然后让他的敌人尽情表演，显露原形。

而结果是，敌人一筹莫展。

第二十六章　百科全书

有三种不同学派的政治家。第一种人认为："地球上居住的人们，只是一群蒙昧无知的可怜生物，缺乏独立思考的能力，一旦需要自己拿主意，就会头昏脑涨。因此，随便来个政客就可以将他们唬得团团转。这时，不仅这个世界需要一个头脑清醒的人来领导这群'乌合之众'，他们自己也很乐意将国会、选票的事宜交给别人来打理，这样他们就可以把精力放在工作和小孩上，闲来还可以兜兜风，管管菜园子。"

这一学派的信徒们成了皇帝、苏丹、巨头、酋长、大主教，他们很少把工会看作是文明的主要部分。他们努力工作，修筑公路、营房、大教堂和监狱。

第二种政治思想流派倡导者有如下的议论："每个人都是造物主最宝贵的作品。每个人在自己的天地都是国王，他具有超凡绝伦的智慧，审慎的态度和高尚的情怀。他完全有能力关照好自己的利益，他想通过一个委员会来管理世界，而这个委员会在处理国家的一些棘手问题时慢得出奇，这是尽人皆知的。因此人们应该把执政的事情交给几位可以信赖的朋友，他们用不着总惦记养家糊口，所以能把全部时间用于为人们造福。"

不用说，这种灿烂理想的鼓吹者在逻辑上就是寡头政府、独裁者、第一执政官和贵族保护者。

他们拼命地工作，修筑公路和营房，却把教堂变成了监狱。

但还有第三种人。他们用严肃的科学眼光观察人，认清人的真面目。他们喜欢人的好品质，也了解他的局限性。他们通过对历史的长期研究，认为一般的人只要不受感情或自私心的影响，就的确能竭尽全力做正确的事情。不过，他们要撇开虚无缥缈的幻想，清楚地意识到自然生长是一个非常缓慢的过程，想要认为提升人们的智力水平，就如同改变潮起潮落和四季更替一样白费力气。他们很少有机会去管理国家事务，但一有机会，他们便不失时机地将想法付诸实践。他们修筑道路，改善监狱的条件，并把剩余基金用在教育上。这些坚定不移的乐观主义者相信，正确的教育将会逐步消除世界上大部分根深蒂固的陋习。因此应该不惜任何代价发展教育。

对他们而言，实现理想的最后一步，就是写部百科全书。

像其他许多需要巨大智慧和极度忍耐力的东西一样，第一部具有百科全书性质的书源于中国。中国的康熙皇帝想用一部五千零二十卷的百科全书博得臣民的欢心。

第一个向西方引进百科全书的是普林尼①，他出版了一部三十七卷本的百科全书便已心满意足了。

基督教时代的最初一千五百年在启蒙的方面没有搞出一点儿有价值的东西。圣·奥古斯丁的一个同乡、非洲人费利克斯·卡佩拉浪费了许多年写成了一本书，自以为是汇集了各种知识的宝库。为了使人们能够轻而易举地记住他提供的许多趣事，他采用了诗歌的形式。这是一大堆可怕的误传，却被中世纪以后的十八代子孙记住了，他们把这些玩意儿当成了文学、音乐和科学领域的定论。

---

① 普林尼，盖乌斯·普林尼·塞孔都斯（公元23或24—79年），又称老普林尼，著有《自然史》。

两百年以后，塞维利亚一个叫伊西多尔的主教撰写了一部崭新的百科全书，从此，百科全书以每一百年两本的速度增长起来。这些书的情况如何，我一无所知。蛀书虫（最有用的家禽）可能担当了我们的搬运工。如果所有这些书都保存下来的话，地球上就没有其他东西的立足之地了。

最后，在十八世纪上半叶，欧洲经历了声势浩大的求知运动，书商们仿佛置身天堂。这些书和现在的一样，通常是些穷困潦倒的学者，一周的酬劳只有八美元，劳苦钱还不够买纸和墨水的。英国是风行这种文学的伟大国家，所以生活在巴黎的英国人约翰·米尔斯自然想到要把伊弗雷姆·钱伯斯编撰的《万能辞典》译成法文，以便向路易国王的臣民们兜售他的作品，从中捞些油水，出于这个目的，他和德国的一位教授合作，然后又和国王的印刷商雷伯莱顿打交道，让他做实际的出版工作。长话短说，雷伯莱顿发现了这个小小的生财之道，就故意敲诈他的同伙，把米尔斯和那个德国博士赶走以后，继续出版自己的盗版书。他把即将出版的著作称为《艺术与科学的万能百科全书辞典》，并发出了一系列颇能招来顾客的漂亮书讯，很能吸引人，预订单很快就排满了。

然后，他雇用了法国中学的一名哲学教授做总编辑，买了大量的纸张，然后就坐等着结果。不幸的是，等一部大百科全书并不像雷伯莱顿的如意算盘那样简单。教授搞出了笔记，但这不是文章，预订者大吵大闹地要得到第一卷，一切都弄得一团糟。

在这紧急时刻，雷伯莱顿想起了几个月前出版的颇受欢迎的《医学万能辞典》。他把医学卷的编辑找来，当场就雇用了他。这样，一本专科的全书就变成了《百科全书》。这个新编辑就是丹尼斯·狄德罗，这项本来是艰苦无味的工作变成了十八世纪对人类最重要的贡献之一。

狄德罗那时三十七岁，他的生活既不安逸也不幸福。他拒绝做一个年轻体面的法国人应做的事，不愿意上大学。他一离开耶稣会的老师，就到巴黎当一个文人。经过短时间食不果腹的生活（按照两个人挨饿和一个人挨饿是一样的逻辑），他和一个后来证明是虔诚得可怕的妇女、一个不可理喻的悍妇结了婚，这种结合并不是像有人认为的那样罕见。但是他得养活她，就不得不做各种各样稀奇古怪的工作，编辑各种各样的书，从《关于美德与价值的探讨》到名声扫地的修改薄伽丘的《十日谈》。然而在他心里，这个拜勒的学生还是忠于他的自由思想。不久政府（像处于艰难时期的政府一样）发现这个并不使人讨厌的年轻作者，他对《创世记》第一章描述的创世故事持严重怀疑的态度，是一个重要的异教徒。结果，狄德罗被送进了温塞纳监狱，严密监禁达三个月之久。

直到从监狱被释放以后，狄德罗才当了雷伯莱顿的雇工。狄德罗是当时最善于雄辩的人。他看到在这个终生事业中会有出人头地的机会。仅仅修改钱伯斯的旧资料简直是降低身份。当时正处于轰轰烈烈的思想活跃时期。太好了！雷伯莱顿的百科全书要让每一个可以想到的题目具有最新消息，文章要让最有权威的人撰写。

狄德罗热血沸腾了，他实际上说服了雷伯莱顿让他全权指挥，而且不限制时间。然后，他列出了一个同他合作的人员名单，拿出一张大页纸，开始写道："A：字母表的第一个字母"，等等。

二十年以后，他写到了Z，工作完成了。然而很少有人能在这种极为不利的条件下工作。雷伯莱顿雇用狄德罗时，就追加了原始投资，但他付给狄德罗的年薪还不到五百块。至于其他前来帮忙的合作者，唉，我们都知道会是怎样一种情况。他们要不就是当时很忙，要不就是下个月再说，或者得去乡下探望祖母。所以，尽管教会和政府的官员们的谩骂使他感到痛苦，他还得亲自做大部分的工作。

现在他的百科全书的版本非常罕见了。这倒不是因为好多人想得到它，而是因为好多人都要除掉它。早在一百五十年前，这本书还被人斥为激进主义的毒瘤，而如今它看起来只是一本单调乏味的育婴读物。不过，对十八世纪的保守派教士来说，这部书就像吹响了走向毁灭、无政府、无神论和无秩序的嘹亮号角。

当然，人们进行了那种司空见惯的谴责，指责总编辑是社会和宗教的敌人，是一个既不信上帝和国家、又不相信神圣家庭关系的放荡恶棍。但是一1770年的巴黎只是一个规模宏大的乡村，人们之间都很了解。狄德罗不但主张生活的目的应该是“做好事，寻找真理”，而且也真正实践了自己的座右铭，他敞开大门招待饥饿的人，为了人性的解放，他每天工作长达二十个小时，而他只要求有一张床、一张写字台和一叠纸外，从没有要求过任何报答。这个纯正、朴实、努力工作的人是这些美德的典范，而这正是高级教士和君王们明显缺少的，因此要从这个角度攻击他不容易。于是官方就想方设法找他的麻烦，建立了一个谍报网，总在他的办公室周围打探情况，抄狄德罗的家，没收他的笔记或者有时干脆禁止他工作。

然而这些障碍都不能阻抑他的热情。工作终于完成了，《大百科全书》真的按狄德罗所期望的那样完成了。有些人已经在某种程度嗅到了新时代的气息，知道世界亟须全面彻底的大改造，《大百科全书》便是他们重整旗鼓的转折点。

看起来我有点儿夸大了这位编辑的真实形象。那么，狄德罗到底是什么样的人呢？他平日衣衫褴褛，只要他那有钱又有才的朋友德·霍尔巴赫男爵每周请他吃顿大餐就会满足，只卖出四千册书就会沾沾自喜。真是这样吗？他和卢梭、达兰贝尔[①]、杜尔哥[②]、爱尔维修[③]、沃尔内、孔多塞[④]，还有其他许多人

---

① 达兰贝尔，法国数学家。

② 安·罗伯特·雅克·杜尔哥（1721—1781），法国经济学家，十八世纪后半叶法国资产阶级古典经济学家，重农学派最重要的代表人物之一。

③ 爱尔维修，法国启蒙思想家，哲学家。著有《论精神》《论人的理智能力和教育》等。

④ 孔多塞，十八世纪法国最后一位哲学家，启蒙运动的最杰出代表人物，有法国大革命“擎炬人”之誉。

是同时代的人，所有这些人都比他享有高得多的声誉。但是如果没有《大百科全书》，这些人也不可能有这样大的影响力。它不只是一本书，更是社会和经济的计划纲要。它反映的是那个时代的主流思想，具体阐释了即将主宰世界的思想——这是人类历史上决定性的一刻。

明眼人早已觉察到法国社会暗流涌动，已经到了生死攸关的转折点，必须采取某种严厉措施避免即将临头的灭顶之灾，但那些闭目塞听的人仍然冥顽不化地认为，唯有严格遵照从墨洛温王朝[①]传下来的古老法律，才能维持社会的和平与稳定。当时这两个党派势均力敌，都按兵不动，这却导致了奇怪的复杂情况。大西洋彼岸的法国（这里指美国的路易斯安那州，原属法国殖民地）旗帜鲜明地捍卫自由和解放，他们给乔治·华盛顿[②]先生（他是共济会成员）寄去了言辞恳切的信函，还精心为本杰明·富兰克林大使先生安排了愉快的周末晚会，别人称富兰克林是“不可知论者”，我们称他为朴素的无神论者。可是，大洋彼岸的法国本土，却成了报复一切精神进步的反动派领地。它让哲学家和农民都陷入了饥寒交迫的境地，它在这方面倒显得很公平。

最终，这所有的一切都变了。

然而变化的方式却是出乎预料，这次斗争是要扫清非皇廷的人在精神上和社会上的障碍，而参加斗争的却不是奴隶本人，这是少数几个公正无私的人的活动，新教徒对他们恨之入骨，就像天主教压迫者痛恨他们一样。那些无私的人的唯一指望就是期待所有诚实的人都能进天堂。

---

① 墨洛温王朝，统治法兰克王国的第一个王朝，相传以创立者克洛维的祖父法兰克酋长墨洛温的名字命名。

② 乔治·华盛顿（1789—1797），美国首任总统，美国独立战争大陆军总司令。1789年当选为美国第一任总统。

十八世纪保卫宽容事业的人很少属于某个特殊的派别。为了个人方便起见，他们有时也参加一些可以把宪兵从写字台前赶开的表面上的宗教活动。然而就内心活动来说，他们不妨说是生活在公元前四世纪的雅典或是中国的孔子时代。

遗憾的是，他们对当时人们顶礼膜拜的东西没有兴趣，他们认为这些东西就跟小时候的玩具一样，虽然没有什么害处，却很小儿科。

他们从不对《圣经》评头论足。不知道出于什么缘故，这本根据巴比伦、亚述、埃及、赫梯和迦勒底的古代民族史料所汇编成的历史书，被看成是约束人们道德和习俗的宝典。而我们的改革家们却很少从这本古老的民族史书中汲取养料，作为伟大导师的苏格拉底的真正信徒们，只倾听自己良心的呼唤，根本不管后果，他们无所畏惧地生活在这个早已变得温顺与怯懦的世界。

第二十七章　革命的不宽容

那座标志着贵族的荣耀和平民的痛苦的大厦——法兰西王国，在1789年8月的一个令人难忘的晚上，轰然倒塌了。

在那个酷暑闷热的晚上，集聚了一星期的日渐高涨的怒火之后，国民议会沉浸在真正的兄弟般博爱的狂欢之中。直到这个群情激昂的时刻，特权阶层终于交出了他们经过三百年的努力才获得的古老权力和特权；并以平民的身份宣布赞成人权理论，这便为以后的民众自治奠定了基础。

就法国而言，这意味着封建制度的消亡。一个贵族阶层如果真的由社会上最具有进取心的人组成，勇敢地承担起领导使命，并决定着这个国家的命运，那它就得到了继续生存的机会。原来的贵族们都甘愿退出公职，在政府的不同部门里做着有名无实的案头工作就心满意足了。他们现在只适合在纽约的五号街上喝茶或者在二号街上开饭店。

旧的法兰西就此消亡。

这到底是福还是祸，不得而知。

但是它就此灭亡了。伴随其一起灭亡的还有一种无形的最残暴的统治。自黎塞留时代以来，教会一直把这种统治强加在涂了圣油的圣·路易斯的后代身上。

毫无疑问，人类又获得了一次机会，这是历史上前所未有的。

那段岁月，在所有诚实的男男女女们身上迸发的冲天的热情，更是不言自明。

太平盛世近在咫尺，甚至可以说已经到来了。

独裁政府所固有的专制及其种种邪恶都要干净彻底地从这个美好的地球上永远清除掉。

前进吧，祖国的孩子们，暴政的时代一去不复返了！

对于它的后果可以有许多说辞。

然后，帷幕落下来了，社会上许多不公正的事被荡涤得一干二净，新一轮的牌局已经洗好，一切都将重新开始。但是这一切过去以后，我们又看到了“不宽容”这位老朋友，它穿上了无产阶级的马裤，梳着罗伯斯比尔[①]式的发型，与检察官并肩坐在一起，安享它罪恶的晚年。

十年前，如果有人说“当权者只是靠上帝的垂青度日，有时也会出差错”，那么，“不宽容”便会把他们送上断头台。

现在，谁要是坚持认为“人民的意愿不一定总是上帝的意愿”，“不宽容”也会把他们推向毁灭。

多么可怕的玩笑！

然而这个玩笑（大家还都欢迎它）却是一百万无辜旁观者的鲜血换来的。

遗憾的是，我接下来要讲的不是我的原创。你可以从许多不同的古典作家的著作中，找到用不同的语言但更文雅的词句，对这些观点进行的表述。

在人类的精神生活方面，一直明显地存在着而且很可能会永远存在着两种

① 罗伯斯庇尔（1758—1794），法国革命家，法国大革命重要领袖人物，是雅各宾派政府的实际首脑之一。

完全不同的类型。

有一些人通过持续不断地学习和思考，对不朽灵魂的认真寻求，他们将会悟出某些恰当的哲学结论，从而让自己超脱人类的普遍烦恼。

但是大多数人并不满足精神上的“淡酒”，他们想找些能刺激精神的，能在舌尖上燃烧的，能刺痛喉咙的，并让人精力充沛且精神亢奋的东西。那“东西”具体是什么，无关紧要；只要它具有上述功效，并且以直接、简单的方式不限量供应即可。

历史学家似乎对这样一个事实知之甚少，这使许多人大失所望。愤怒的民众刚刚摧毁了过去的堡垒（当地的希罗多德和塔西提之流及时而又热情地报道了这件事），他们就马上变身为泥瓦匠，把旧城堡的废墟运往城市的另一端，在那里重新建起一个堡垒，它和旧堡垒一样卑鄙、暴虐，也同样是为了执行镇压和恐怖的目的。

恰在此时，妄自尊大的民族终于摆脱了“一贯正确的人”强加在他们头上的枷锁，但他们却接受了一本“一贯正确的书”的指使。

是的，就在“旧掌权人”装扮成仆人骑着马向边境狂奔出逃的同一天，“自由”就进入了这座被遗弃的宫殿，他们穿上被人丢弃的皇袍，立刻重蹈前任之覆辙，陷入了那些导致前任被放逐的错误和残酷之中。

这一切很令人沮丧，但却是我们故事里真实的部分，并且必须得讲出来。

毫无疑问，那些直接引爆法国大动乱的人最初的意图是好的。《人权声明》制定的一条规则，那就是，不得干预公民以和平的方式追随自己的主张，“即使是宗教主张”，只要他的主张不扰乱由各项法令和法律制定的社会秩序即可。

然而，这并不意味着所有的宗教派别都享有同等的权利。新教从此以后得到容许，新教徒不会因为不和天主教徒在同一个教堂里做礼拜而遭到任何麻烦；但是，天主教仍然是“占主导地位”的国教。

米拉波[①]凭借其对政治生活本质准确无误的直觉本能，他清楚地知道，这个美名远播的让步只是一个中庸之举，不够彻底。他试图把一场大的社会变革变成一个人的革命，但壮志未酬就身先死了。许多贵族和主教对他们在八月四日晚上所表现的慷慨姿态后悔不已，便通过妨碍议程的阻挠政策，开始采用设置障碍的方法，这给他们的国王主子造成了致命的后果。直到两年以后的1791年（整整两年，这对于实现任何实际目的来说都太迟了），所有宗教派别，包括新教和犹太教在内，才获得了完全平等的地位，被宣布在法律面前享有同等的自由。

从那时开始，各种角色就反转过来。法国人民的代表给这个前途无量的国家制订了宪法，宪法要求，任何教派的教士，无论具有什么信仰，都必须宣誓忠于这个新政体，严格视自己为国家的仆人，就像他们的同胞，譬如那些学校的教师、邮局的雇员、灯塔看守人和海关官员一样。

教皇庇护六世反对这样做。新宪法对神职人员的规定，直接践踏了1516年法国和罗马教廷签订的各项正式协定。但是国会可没有时间考虑先例或条约这类不足挂齿的小事。教士要么宣誓效忠宪法，要么辞职等着饿死。一些主教和教士接受了这个看来是不可避免的命运。他们把手指交叉在一起，执行了宣誓仪式。但是，大多数忠诚的教士拒绝发伪誓，便效仿被他们迫害多年的教徒胡格诺派，开始在荒废了的马厩里做弥撒，在猪圈里发圣餐，在乡村的树篱笆后面传教布道，并且在夜深人静的时候到他们以前教民的家里进行秘密拜访。

---

① 米拉波（1749—1791），法国政治家。早年多次遭监禁。1789年他以第三等级代表的身份入选三级会议，尽管个人反对三个等级联合开会，但他支持新建的国民议会的合法性，并于法国大革命初期在其中成为核心人物。

总的来说，他们的境遇比在类似情况下的新教徒的境遇要好得多，因为那时法国的秩序已散乱不堪，对那些违反宪法的敌人，连采取敷衍了事的措施都顾不上。由于他们似乎觉得不会有上断头台的危险，所以那些杰出的神职人员——人们一般称他们是拒绝宣誓的倔强分子——很快就壮着胆子要求官方承认自己是“可以被容忍的宗派”，并要求得到特权。而在过去的三百年里，也正是他们坚决拒绝把这些特权交给自己的同胞加尔文教徒。

这样的情形，对于我们如今处在没有这方面风险的1925年这样的时代来回顾，难免觉着又冷酷又滑稽。但是官方当时并没有就他们的要求做出明确的决定，因为议会很快就被极端的激进分子完全控制了。另外，由于法庭的背叛，加上国王陛下愚蠢地与外国结盟，结果在不到一个星期的时间里，就引起了从比利时海岸到地中海海滨的惊恐慌乱，从而导致了自1792年9月2日至7日一系列大规模的屠杀。

从那一刻起，这场革命注定要堕落为一种恐怖统治。

当饥饿的民众开始怀疑他们的领袖正在策划一场大阴谋，要把国家出卖给敌人时，哲学家们试图通过循序渐进的手段取得成功的努力便成了泡影。紧接着发生的剧变在过去的历史中并不罕见。在如此巨大的危机之中，处理事务的权力势必落入一群残暴无情的领导者手中。这种情况，所有认真学习历史的学生都很熟悉。但是这出戏的主角，竟然是个一本正经的正人君子，一个公民的楷模，一个百分百美德的化身。这的确出人意料。

等法国开始了解她的新主人的真正本性时，已经太晚了。那些走上协和广场[①]断头台上的人本可以作证，但他们的警告来得太晚，完全是徒劳的。

迄今，我们都是从政治、经济和社会组织这几个角度研究革命。但是只有

① 协和广场，位于巴黎市中心、塞纳河北岸。

等历史学家变成心理学家，或者心理学家变成历史学家时，我们才能真正解释或理解那些在极度痛苦和艰难时期决定国家命运的暗黑力量。

有些人认为，世界是由美好和光明统治的；有些人认为，人类只尊崇一样东西，那就是暴力。几百年后，我们或许可以在这二者之间做出一个选择。然而，有一点似乎是肯定的，在社会学的试验室里，法国革命是所有试验中最伟大的，它是对暴力神圣化的典范。

那些想通过理性来建立一个更具有人性的人类世界的人们，要么寿终正寝，要么被那些在他们的帮助下赢得荣耀的人处死。随着伏尔泰、狄德罗、杜尔哥、孔多塞这些人退出历史舞台，那些新至善论的无知倡导者，则变成了国家命运的无可争辩的主人。可是，他们把这项崇高的使命，变成了多么可怕的一场混乱。

在他们（新至善论者）统治的最初阶段，胜利掌握在宗教的敌人手中，出于某些原因，他们憎恨一切基督教的象征。在教士专权时代，他们曾默默地忍受了很多痛苦，以致看到教士穿的法袍就愤恨不已，闻到薰香味道就脸色惨白，勾起早已忘却的愤怒。还有些人认为，可以通过数学和化学方式来否认上帝的存在。他们联合起来，开始动手摧毁教会和它所有的一切。这是一件希望渺茫的事，充其量是一场徒劳无功的工作。但这是革命心理的一个典型特征，即把正常的变成不正常的，把不可能的事变成每天都发生的事。于是，一纸法律公文就废除了基督旧历，废除了万圣节，废除了圣诞节和复活节，废除了星期和月份，把一年重新划分为十天一期，每十天有一个异教徒的安息日。接着，又出现了一纸声明，禁止对上帝的崇拜，使得这个世界无主可依。

但这种局势持续的时间并不长。

在雅各宾党派大楼空阔的房间里，无论人们如何口若悬河地进行解释和辩论，这些不着边际、空洞无物的思想还是让大部分民众厌烦不已，两个星期后终于忍无可忍。旧的神再也满足不了民众了，那为什么不效仿摩西和穆罕默德，创造出一个合于时代要求的新的神灵呢?

于是，理智女神出现了!

她确切的身份还是后来才弄明白的。在当时，一个标致的女演员，穿着得体的古希腊服装，完全符合人们的要求。她是从以前国王陛下的芭蕾舞团的舞蹈演员中被挑选出来的，在一个适当的时机，她被人们很隆重地送到了旧宗教信徒早已遗弃的巴黎圣母院[①]的高大祭坛上。

至于圣母玛利亚，好几个世纪以来，她一直站在祭坛上，用善解人意的、容忍的目光，温柔地注视着那些灵魂受到创伤的人们。现在她也不见了。在她被送进石灰窑变成灰浆之前，被一双怜爱的手匆忙地藏了起来。她的位置被自由女神的塑像[②]取代。这尊用白色的石膏潦草随便涂刷而成的雕塑，是一位业余雕塑家的得意之作。但还不止这些。巴黎圣母院还见证了其他方面的革新。在唱诗班席位中央，有四根大柱子和一个屋顶，它们象征着“哲学神殿”，在国家的重大日子，就成为舞蹈女神的宝座。当这个可怜的女神不再主持仪式、不再接受追随者的朝拜时，哲学神殿就会高高燃起“真理的火炬”，意在用这火焰照亮世界的文明，直到最后的时刻。

但“最后的时刻”不到六个月就来临了。

1794年5月7日早晨，法国人民被正式告知“上帝又重新确立了”，灵魂的不朽再次被确认成为公共的信仰。6月8日，新上帝（那是用已故的让-雅克·卢

---

① 巴黎圣母院，法国天主教大教堂。

② 自由女神像，法国著名雕塑家巴托尔迪历时十年完成的雕像。女神的外貌设计来源于雕塑家的母亲，而女神高举火炬的右手则是以雕塑家妻子的手臂为蓝本。

梭[1]遗留下的旧材料匆忙塑造出来的）在他迫不及待的信徒面前正式亮相了。

罗伯斯比尔穿着崭新的蓝色马甲致欢迎词。他已到达了他事业的巅峰，这位来自三流城市、默默无闻的法律执事，成了法国革命的高级教士。更有甚者，一个名叫凯瑟琳·泰奥特的可怜的精神错乱的修女，竟被千百万人拥戴为真正的圣母；因为她刚刚宣布救世主将再度降临，还透露了救世主的名字，这就是马克西米利安·罗伯斯比尔。这个马克西米利安穿着自己设计的奇异制服，正在妄自尊大地大讲一番，他在演讲中还向上帝保证，从今以后他所掌管的小世界一定会完善起来。

为了双保险，两天后，他又通过了一项法令，该法令规定，凡涉嫌犯有叛国罪和异教罪的人（二者又一次被视为一体，就像古宗教法庭时代一样）将被剥夺所有自卫的权利。这项措施非常奏效，在之后的六个星期内，就有一千四百多人在断头台倾斜的刀下掉了脑袋。

剩下的事情是大家熟知的。

由于罗伯斯比尔认为自己是所有“美好”事物的完美化身，在他本质上的狂热状态之下，他不可能认同其他那些不够完美的人，有和他生活在同一星球上的权利。随着时间的推移，他对“罪恶”的憎恨达到无以复加的地步，以至于使法国濒临人口灭绝的边缘。

于是，为了保护自己的性命安全，“美德”的敌人终于开始反击。经过一场短暂的殊死搏斗，他们摧毁了这个可怕的“公正使徒”。

随后不久，法国大革命的力量很快消失殆尽了。法国人民当时通过的宪法

① 让-雅克·卢梭（1712—1778），法国著名启蒙思想家、哲学家、教育家、文学家。十八世纪法国大革命的思想先驱，启蒙运动最卓越的代表人物之一。主要著作有《论人类不平等的起源和基础》《社会契约论》《忏悔录》等。

承认了不同宗派的存在，并赋予它们以平等的权利，至少就官方而言，共和政体不再干预宗教事务。那些希望组建教会、公理会和联盟的人可以放手去做，但是必须在支持自己的教士和牧师的同时，承认国家至高无上的权力以及个人选择的完全自由。

从那时起，法国的天主教徒和新教徒开始和平共处。

事实上，天主教会从未承认过自己的失败。它仍然反对政教分离的原则（见罗马教皇庇护九世于1864年12月8日颁布的教令），并且支持那些希望颠覆共和政体、恢复君主制或帝权的政党，以图东山再起重掌大权。但是这些战斗通常都是在大臣夫人的会客厅里，或者是退伍将军加上一个野心勃勃的岳母在打兔子的山林小木屋里进行的。

他们只是为趣味报刊提供了极好的素材，但这愈加证明了他们的枉费心机与徒劳无功。

第二十八章　莱辛

1792年9月20日，在法国的革命军和前来剿灭这场可怕暴动的君主联盟军之间，爆发了一场战争。

这是一次战果辉煌的胜利，但胜者不是联盟军。联盟军的步兵在瓦尔密村光滑而无遮拦的山坡上无计可施，因此只能以大量舷炮猛攻，可是叛军比皇家军队打得更猛烈更迅速，这样联军就率先撤离战场，傍晚时分向北方撤退了。参加这场战斗的士兵中，有一个名叫约翰·沃尔夫冈·冯·歌德[①]的人，他是世袭魏玛王子的助手。

若干年后，这位年轻人出版了关于这一天情形的回忆录。当他踏入洛林的又稠又粘的没踝泥浆里的那一刻，他变成了一个先知。他预言经过这场炮战，世界再也不会是原来的样子了。他的预测是对的。在那个永远值得记忆的日子里，受上帝垂青的君主权力被扔进了垃圾堆。人权运动的参加者们并没有像人们预想的那样如同鸡一样逃之夭夭。他们握着枪支，推着炮车，穿过山谷，翻

① 约翰·沃尔夫冈·冯·歌德（1749—1832），出生于美因河畔法兰克福，是伟大的德国作家。

越高山，把“自由、平等、博爱”的思想传播到欧洲最偏远的角落；把他们的战马拴进整个欧洲大陆的每一座城堡和教堂。

写出这样的句子，对我们来说轻而易举。这场革命的领导者离开这个世界也将近一百五十年了，我们可以尽情地嘲弄取笑他们。我们甚至还可以感谢他们赠与这个世界许多美好的东西。

但是经历了那些日子的男男女女，却不可能对这场动乱抱有置身度外、坦然超脱的态度。因为，也许他们曾在某一天的早晨聚在“自由之树”的下面欢快地舞蹈，但在接下来的三个月中又像城市下水道里的老鼠被追得四处逃窜。他们刚从地下室和阁楼里爬出来，梳理一下假发上的蜘蛛网，就开始想方设法，以避免重演这种可怕的灾难。

但是作为反对者，要取得成功，他们首先必须掩盖过去。这不是广义历史学意义上的那个含混的“过去”，而是他们自己偷偷摸摸地阅读伏尔泰先生的著作并公开表示对百科全书钦佩的“过去”。现在，人们把伏尔泰先生的著作堆放在阁楼里，把狄德罗①先生的书卖给了废品商，把曾经被敬奉为真正理性之光的小册子丢进了煤箱。为了掩盖可能暴露他们曾在自由主义领域里逗留过的蛛丝马迹，他们用尽了一切可能的方法，真可谓是煞费苦心。

唉，就像在类似情况下经常发生的那样，洗心革面的人们在小心翼翼地毁灭文字资料时，却常常会忽略一个在表达流行思想上比文字资料更为重要的证据，这就是戏剧舞台。他们曾经为《费加罗的婚礼》敬献了整车的鲜花，却又宣称他们从没有相信过人类权利平等的主张，这未免有些幼稚；他们曾为《智

① 狄德罗（1713—1784），法国启蒙思想家、唯物主义哲学家，作家。

者纳旦》[①]黯然神伤甚至流泪，所以也无法再有效地证明自己一直坚持认为宗教宽容是政府软弱的表现。

戏剧本身与戏剧的成功所证明的与他们所说的恰恰相反。

这部在十八世纪下半叶迎合了民众感情的广受欢迎的著名戏剧，它的作者是德国人，名叫戈特霍尔德·埃夫莱姆·莱辛[②]。他是一名路德派牧师的儿子，在莱比锡大学攻读神学。但是他对以宗教为职业的想法毫无兴趣，经常逃学。他的逃学的消息传到他父亲的耳朵里，父亲把他叫回家，给他两条路选择，要么是马上退学，要么是写一份到医学系学习的申请书。戈特霍尔德当医生的兴趣并不比当牧师大，他答应了父亲的要求。他虽然又回到莱比锡，却继续为一些他喜爱的演员朋友们做借贷的担保人。后来这些人从城里跑得无影无踪了，莱辛为了避免因负债而被捕坐牢，就不得不落荒逃到威登堡。

他的逃跑意味着长途跋涉、饥寒交迫生活的开始。他先来到柏林，在那里的几年，靠给几家戏剧报社写文章的低廉稿酬收入维持生计。后来他又给一个准备做环球旅行的有钱朋友当私人秘书。意想不到的是，他们刚一启程，“七年战争”[③]就爆发了。这个朋友被迫从军，必须赶回自己的部队，于是坐上第一班邮政马车踏上了回家的路。莱辛再次失业，在莱比锡城里流浪。

但莱辛是个善于交际的人，不久又结交了一个新朋友，名叫爱德华·克里斯汀·冯·克莱斯特。这位朋友白天做官，晚上写诗，是个思想敏锐的人，他

---

① 《智者纳旦》是莱辛与路德正统派牧师戈茨进行宗教论争的产物，该剧表达了资产阶级上升时期的人道主义理想。

② 戈特霍尔德·埃夫莱姆·莱辛（1729—1781），德国启蒙运动时期剧作家、美学家、戏剧理论家。生于劳西茨地区的卡门茨，父亲是牧师。

③ 七年战争，1756至1763年间，第一次影响加拿大历史进程的英法战争，历时七年，故称“七年战争”。

给予这个饥饿的前神学家以洞察力，使他察觉到了这个世界正慢慢出现的新思想。但是克莱斯特在库内道夫战役中被打死了，陷入山穷水尽地步的莱辛，迫于生计，成为一名专栏作者。

接下来的一段时间，莱辛又成为布雷斯勒（现弗罗茨瓦夫）城堡指挥官的私人秘书。为打发枯燥乏味的要塞驻防生活，他开始潜心研读斯宾诺莎的著作。恰在这个时候，这位哲学家去世一百年以后，他的著作才开始流传到国外。

然而，所有这一切还是解决不了日常生活的问题。莱辛这时已经差不多四十岁了，他想要组建自己的家庭。他的朋友们建议他应聘皇家图书馆管理员一职。但是几年前发生的一件事已经使莱辛成了普鲁士宫廷不受欢迎的人。那是在莱辛首次到达柏林的时候，他结识了伏尔泰。这位法国哲学家是个极为慷慨的人，而且也是一个毫无“章法”的人。他允许这个年轻人借阅当时已经准备出版的《路易十四世纪》的手稿。不幸的是，莱辛匆匆忙忙地离开柏林时，仓促间意外地把这本手稿装进自己的行李箱。伏尔泰本来就对吝啬的普鲁士宫廷的劣质咖啡和硬板床很是恼火，便马上大喊大叫，说自己被盗了，那个年青的德国人偷走了他最重要的手稿，警方必须严守边境，等等，那样子完全像一个客居外国的激动万分的法国人。没过几天，邮递员带回了他丢失的稿件，但与稿件一同送达的还有莱辛的一封信，这个直率的年轻德国人在信中对敢于怀疑自己品行的人表达了自己的看法。

这场发生在巧克力罐里的风波应该很容易就被人们淡忘了，但是十八世纪是一个巧克力罐在男人女人的生活中都起着很大作用的时代。即使在将近二十年后，弗雷德里克国王仍然不喜欢他那位爱找麻烦的法国朋友伏尔泰，所以也就不许莱辛踏进宫廷门槛半步。

无奈的莱辛告别了柏林，来到汉堡。听说在汉堡即将修建一座新的国家剧院。但是这项规划未能实现，失望中，莱辛接受了在世袭大公爵布伦斯威克的图书馆当管理员的工作。那时他居住的沃尔芬布泰尔城算不上是大城市，但是大公爵的图书馆在德国却是数一数二的。它存有一万多部手稿，其中部分手稿是历史上基督教改革运动的最重要的文献。

生活的枯燥乏味免不了会制造流言蜚语和恶意中伤。在沃尔芬布泰尔城，当过艺术批评家、报刊专栏作者和戏剧小品文作者的人，自然会引起人们的高度怀疑。不久，莱辛就又遇到了麻烦。这倒不是因为他做了什么事，而是有人怀疑他曾经做了什么事，即他出版过一些抨击老一派路德教会神学学派正统观点言论的文章。

这些布道（因为它们是以布道的形式出现的）文章实际上是由一位汉堡的前任教长撰写的，但是布伦斯威克大公爵唯恐在他的领地里会爆发一场宗教战争，于是便命令他的图书馆管理员谨慎行事，避开一切争论。莱辛遵从了他雇主的命令。然而，当时谁也没有旗帜鲜明地论述过这个问题，于是莱辛开始工作，通过戏剧形式重新阐述他的观点。

在小城娱乐室里诞生的这部戏剧，叫作《智者纳旦》。主题非常古老，之前我在书中提到过它。喜欢古典文学的人可以在薄伽丘《十日谈》中找到这个故事（如果萨姆纳先生允许的话），在《十日谈》里它被称为《三个戒指的悲惨故事》。故事内容如下：

很久以前，有一位伊斯兰王子，想要从他的一个犹太臣民那儿榨取一大笔钱财。但是他苦于无正当的理由剥夺这个可怜人的财产，于是想出一条诡计。他派人把这个受害者找来，对他的学识和智慧大加恭维，然后问他，在土耳其伊斯兰教[①]、犹太教和基督教这三种流传最广的宗教教派当中，哪个教派最正

① 土耳其民族源于中亚西突厥乌古斯人的游牧部落联盟。七世纪中期至八世纪，阿拉伯人征服中亚后，一部分突厥人归信了伊斯兰教，十世纪塞尔柱突厥人实现了伊斯兰化。

确？这个令人尊敬的老人没有正面回答王子，而是说："噢，伟大的苏丹，让我给你讲个小故事吧！从前，一个有钱人，他有一个非常漂亮的戒指。他在遗嘱里写道，他死的时候，哪个儿子手上带着这个戒指，哪个儿子就能继承他的全部财产。他的儿子后来也立了同样的遗嘱，孙子也一样，如此好几百年来，戒指一代一代传下去，一直完美无缺。但是最后，这个戒指的主人，他有三个儿子，他都很喜爱，简直无法决定哪一个应该享有这无价之宝。于是他到一个金匠那里，让他做了两个和自己手上的一模一样的戒指。他临终时躺在床上，把三个孩子都叫来，为每个人祝福，他们也都认为自己是那个戒指的继承人。父亲的葬礼完毕后，三个孩子都宣布自己是继承人，因为他们都有那个戒指。这导致了许多争吵，最后这件事被提交给法官处理。由于这三个戒指一模一样，连法官也无法确定哪个是真的，所以这个案件就拖了下来，一拖再拖，很可能要拖到世界的末日。阿门！"

莱辛用这个古老的民间故事来证明他的信念，那就是，没有一种宗教可以垄断真理。人的内心世界比他表面上遵奉某种规定的仪式和教条更有价值，因此人们有责任互爱互助友好相处，任何人也无权把自己视为完美无缺的偶像让别人来崇拜，更无权把自己放在一个自命不凡的宝座上高喊道："我高于他人，因为只有我掌握真理。"

但是，这个在1778年曾备受推崇的思想，在三十年后的小诸侯国里却不再受欢迎。这些小诸侯们，在革命的大浪潮中都极力设法保住残存的财产和牲畜。为了恢复他们往日的声望，他们卑微地把土地拱手交给警察管辖，并期望那些依赖他们谋生的神职人员起到精神支柱的作用，协助警方重建法律和秩序。

虽然这场纯粹的政治反动取得了完全的成功，但是，那些试图按照五十年前的宗教宽容的模式重新塑造人们思想的努力却以失败而告终。不会有其他的结局。诚然，各个国家的大多数民众都厌倦了革命和暴乱动荡，厌烦了议会和那些毫无意义的讲演，被那些彻底破坏了工商业的各种税收形式弄得焦头烂额。他们渴望和平，为了和平可以不惜一切代价。他们想要工作，想要坐在自家的客厅里喝咖啡，不再受到住在家里的士兵的骚扰，不再被迫喝那些难以下咽的从橡树上挤出的液汁。只要能享受这种幸福愉快安宁的生活，他们宁愿忍受一些细小的不便，譬如，向每一个穿黄铜纽扣制服的人行礼，在每个皇家信箱前鞠躬，并用“先生”来称呼官方打扫烟囱的助手。

但是这种谦卑的态度完全是出于需要，在经历了长时间的动荡年月之后需要一个短促的喘息的机会。那段时间，每天早晨都会出现新的制服、新的政治讲台、新的条例，以及新的统治者，既有属于上帝，也有属于平民的。然而，单从这种普遍的谦卑顺从的态度、对上帝任命的统治者的高声欢呼声中，就断定人们在内心深处已经把曾经撞击过他们的头脑和心灵的格朗中士的鼓声忘得一干二净，那可就大错特错了。

就像所有反动统治者所固有的道德犬儒主义思想一样，政府主要要求的也只是表面的循规蹈矩和秩序，对于人们的精神生活内心世界丝毫不予理会，所以平民百姓就享有了很大程度的自由。星期日他们腋下夹着一本厚厚的《圣经》去教堂做礼拜，一周中剩余的时间便可以随心所欲地思考。当然，前提条件是他们必须保持缄默，把自己的想法藏在心里。发表言论和见解之前要仔细观察周边的环境，先要保证沙发底下或是炉子后边没有藏着暗探。他们尽可以兴致勃勃地谈论当天发生的事情，而当他们从那些经过正式检查、反复推敲、严格消毒的报纸上得知统治者为了邦域的和平所采取的某种新的愚蠢措施和方法，把人们带回到公元1600年的世界时，他们就又会凄惨地摇头叹息。

他们的统治者所做的，正是自从公元元年以来所有对人类不甚了解的同类统治者在类情况下一直做的事情。这些统治者命令搬走装饼干的大木桶，因为有人站在上面发表抨击政府的激烈言词，以为这样就能彻底摧毁言论自由。只要有可能，他们就把出言不逊的演说家送进监狱，从严宣判（四十、五十或一百年的监禁)，使这些可怜的人得到先烈的名声。然而，在许多情况下，他们不过是些轻率浮躁的白痴，只读过几本他们根本看不懂的书和小册子而已。

受到这种例子的警示，人便远离公共场所，躲到偏僻的酒馆里或拥挤不堪的城市公共旅店里发泄不满。因为他们确信在这里有更谨慎的听众，而且他们的影响也比在公共讲台上的大得多。

上帝以其智慧赋予某些人少许的权力，而他们又因害怕失去权威与声望而时时刻刻担惊受怕，提心吊胆，世界上没有什么事情比这更可悲了。一个国王失去了王位，他可以对自己的这种际遇报之一笑，并且把它当作打断他枯燥无味生活的一个小插曲。无论他是戴着男仆的褐色圆顶礼帽，还是戴着他祖父的王冠，他都是一个国王。但是对于一个三流城市的市长来说，一旦被剥夺了官槌和徽章，就只不过是一个普通的平头百姓，一个曾经自以为是的、现在受人奚落的可笑家伙。因此，谁要是胆敢接近当时的掌权人而没有明显向他表示应有的尊敬和崇拜，那么就势必会大祸临头。

而对于那些在市长面前不但不低头，还用博学的地质学、人类学、经济学的书本和手册公然质疑现有秩序的人们，他们的处境就更加悲惨。

他们立即就会被剥夺了生计，且手段极不光彩；然后又被从他们散布的有毒教条的城镇里驱赶出去，留下妻儿由好心仁慈的邻居照看。

这种反动精神的爆发，给许多真挚的原想根除社会弊病的人带来很大不便。然而，时间是伟大的洗衣工，它早已把地方警察能够在这些和善学者们的制服上发现的污迹清除干净了。如今，普鲁士国王弗雷德里克·威廉之所以能够被人记住，主要是因为他干涉了伊曼纽尔·康德[①]的学说。这位危险的激进

① 伊曼纽尔·康德（1724—1804)，德国哲学家、天文学家，德国古典唯心主义创始人，星云说的创立者之一。

分子教导我们，我们行为的准则要具有变成普遍适用之规律的价值。按照警方的记录报道，他的教导只受到那些“嘴上无毛的年轻人和无所事事的饶舌者”的青睐。昆布兰公爵之所以长时间臭名昭著，就是因为他作为汉诺威国王时，流放了一位名叫雅各布·格利姆的人，这人在一份《国王陛下非法取缔国家宪法》的抗议文件上签过字。梅特涅的名声也不好，那是因为他把怀疑之手伸进了音乐领域，审查过舒伯特[①]的音乐作品。

可怜的老奥地利！

现在，奥地利已经消亡了，不复存在了。对于这个“快活帝国”的逝去，整个世界都感到如释重负，而且都忘记了这个国家曾经有过积极的学术生活，有一些东西远远胜过了秩序有趣的乡村集市上的那些物美价廉的葡萄酒、烈性雪茄，以及由约翰·施特劳斯[②]本人作曲和亲自指挥的迷人的华尔兹。

进一步看，我们甚至可以说，在整个十八世纪，奥地利在宗教宽容思想的发展方面起了非常重要的作用。基督教改革运动结束后不久，新教徒就在多瑙河和喀尔巴阡山脉之间找到一块肥沃的土地，作为他们活动的地方。但是在鲁道夫二世登基成为皇帝以后，这一切就都发生了改变。

这位鲁道夫是西班牙菲利普的德国化身，在这个统治者看来，与异教徒签订条约没有任何意义。尽管鲁道夫受的是耶稣会士的教育，但他懒得不可救药，这反而使他的帝国避免了政策上的剧烈变动。

---

① 舒伯特（1797—1828），奥地利作曲家，浪漫主义音乐的代表人物。最能代表舒伯特艺术的还是他的六百余首歌曲，对于后世的影响也最大，被称为“歌曲之王”。

② 约翰·施特劳斯（1825—1899），奥地利的轻音乐作曲家、指挥家、小提琴演奏家。创作了不朽的名作《蓝色多瑙河》圆舞曲。

这种剧变在费迪南德二世当选皇帝时发生了。他当君主的主要资格是，在整个哈普斯堡家族中唯独他有好几个儿子。在位初期，他去朝拜过著名的天使报喜馆。据说，这个天使报喜馆是由一群天使在1291年从拿撒勒[1]搬到达尔马提亚，并最后搬迁到意大利中部的一个建筑。在那里，费迪南德爆发的宗教热情一发不可收拾，他发誓，要把自己的国家变成百分之百的天主教国家。

他言出必行，践行誓言。1629年，天主教再一次被宣布为奥地利、施蒂里亚、波希米亚和西里西亚的唯一官方宗教信仰。

与此同时，匈牙利与这个奇怪的家族建立了婚姻关系。每个新娘都给他带来了大片欧洲土地，作为嫁妆。费迪南德试图将新教徒从马扎尔人集中居住的地区赶出去。但是，由于特兰西瓦尼亚的一神派教徒和土耳其异教徒的支持，直到十八世纪后半叶，匈牙利仍然保持独立。而这时，奥地利内部却发生了巨大的变化。

哈普斯堡皇室是教会的忠实子民，但是最后就连这些思想最迟钝的人也对教皇的不断干涉产生了厌倦，打算冒一次险，制定一项违背罗马意愿的政策。

在本书前面篇幅里我已经说过，许多中世纪的天主教徒认为教会体制是完全错误的。这些批评家认为，在殉道者时代，教会才是真正的民主机构，因为它由年长者和主教掌管，而这些人又是由教区居民推选的。他们愿意承认罗马大主教的地位，因为他（主教）自称是圣徒彼得的直接继承人，有权在教会委员会里占有显著的优越的位置。但是他们坚持认为这种权力只是一种荣誉性的，因此教皇就不应该认为自己高于其他主教，并且不得把影响延伸到自己的管辖领地之外。

教皇从自身利益出发，与所有的投机分子、被教会诅咒或驱逐出教的人在

① 拿撒勒，巴勒斯坦北部古城。

一起，全力反对这种思想，好几个勇敢的改革者由于大胆地倡导教会分权而丢了性命。

这个问题一直没有明确解决，到了十八世纪中期，有钱有势的特利尔主教的代理人再次提出这一思想。这位主教代理人名叫约翰·冯·霍特姆，但他的拉丁文笔名弗布罗纽斯更为人熟知。他受过自由思想的教育。他在卢汶大学学习几年以后，暂时离开家人，到莱顿大学读书。他到达莱顿的时候，恰逢这座纯粹的加尔文主义的古老城堡被怀疑内部有自由主义倾向。等到法律部成员杰拉德·努特德教授进入神学领域，发表推崇宗教宽容思想的演说的时候，这种怀疑就成为公开的罪证了。

至少可以说，努特德的推理方法还是极具独创性的。

“上帝是万能的。”他这样说道，“上帝可以制定在任何时间、任何情况下、对任何人都适用的科学定律。所以，只要上帝愿意，他就可以很容易地引导人们的思想，使所有人在宗教问题上持相同的观点。我们知道上帝并没有这么做。因此，如果我们用武力迫使别人相信我们自己认为是正确的东西，那我们就违背了上帝的明确意旨。”

很难断定霍特姆是否受到伊拉斯谟的直接影响。但是从霍特姆的著作中可以发现与伊拉斯谟理性主义思想相似的东西，他在他的著作中就主教权威和教皇制度分权的问题发展了自己的思想。

不出所料，他的著作立刻受到罗马教廷的谴责（在1764年2月）。但这时玛丽亚·特蕾莎支持了霍特姆，因为这符合她的利益。他发起的这场运动被称为费布罗尼主义或主教统治主义，它继续在奥地利繁荣起来，最终形成了实用的《宽容特许权》，玛丽亚·特蕾莎的儿子约瑟夫二世在1781年10月13日将它赐予了自己的臣民。

约瑟夫是他母亲的大敌普鲁士国王腓特烈的一个软弱的翻版，他有一项惊人的天赋，那就是能在错误的时刻做出正确的事情。两百年来，奥地利的小孩子上床睡觉前，大人会吓唬他们说，如果不赶紧入睡，新教徒就会来把他抓走。这样一来，要让孩子们再把新教徒（他们知道的样子是长着角和一条又黑又长的尾巴的人）当作亲如手足的兄弟姐妹是根本不可能的。同样，可怜、诚实、勤奋、易犯错误的约瑟夫，总是被那些高薪厚禄的主教、红衣主教以及女执事的伯父、伯母和堂兄妹包围着，因此他能这样做，实在是勇气可嘉。他是所有天主教统治者中第一个大胆宣布宽容是治理国家的理想而实用的财富的人。

三个月之后，他所做的事更加令人震惊。公元1782年2月2日，他颁布了一部有关犹太人的著名法令，法令把当时只有新教徒和天主教徒才享有的自由赋予犹太人，因此当犹太人可以和他的基督徒邻居呼吸相同的自由空气的时候，他们感到自己是真正的幸运儿。

我们应该在这儿停笔了，让读者们相信这样的好事还在继续，奥地利现在已经成为那些希望按照自己的良心行事的人们的天堂。

我希望这是真的。约瑟夫和他的大臣或许在观念上来了一个飞跃，但是奥地利的农民，自古以来就一直被教导说犹太人是他们的天敌，新教徒是反叛者和背教者，所以他们不可能克服这个根深蒂固的偏见。

杰出的《宽容法令》已经公布150年了，可是天主教会外面的人的地位仍然和十六世纪一样不利。理论上，犹太人和新教徒都有望成为首相或被任命为军队总司令。但实际上，他们连和皇帝的擦鞋匠吃一顿饭的机会都没有。

关于这份纸上的法令，就讲这么多吧！

第二十九章　汤姆·佩恩

曾经有一首诗，在某个地方流传，大意是，上帝在神秘地活动，在创造奇迹。

对于研究过大西洋沿海地区历史的人来说，这个说法的真实性是很明显的。

十七世纪上半叶，一群虔诚的追寻基督教《旧约》理想的人落户美洲大陆北部，他们的狂热，使得不知情的访客，把他们当作摩西的追随者，而不是基督的信徒。浩瀚无边、波涛汹涌的寒冷海域把他们与欧洲国家隔断了，这些开拓者在美洲大陆建立了一种恐怖的精神统治，这在对马瑟家族的大规模搜捕和政治迫害的狂潮中达到了顶峰。

现在，乍一看，似乎不大可能把这种宽容的倾向和这两位令人起敬的绅士联系在一起，而这宽容倾向在英国与其从前殖民地之间的敌对情绪爆发前的《美国宪法》以及其他许多文件里又讲得明明白白。然而，真实的情况是，由于十七世纪的镇压非常残酷，这势必导致支持更加自由的思想的强烈反弹。

这并不是说，所有的殖民主义者都会突然派人去收集索兹尼的文集，不再用罪恶之地和罪恶之城的故事来吓唬孩子们。但是，他们的领导者几乎无一例外的都是新思想流派的代表人物，而且都是些颇有能力和智谋的人；他们把自己的宽容思想写进羊皮纸宣言，新的独立民族的大厦就要在这上面拔地而起。

如果面对的是一个统一的国家，他们或许不会这么成功。但是，美洲北部的殖民化一直是件很复杂的事情。瑞士的路德教会已经开辟了部分领域，法国派来了一些胡格诺教徒，荷兰的阿米尼教徒也占领了大块土地。而英国的各个宗派都曾经试图在哈德逊湾和墨西哥湾之间的蛮荒地带建立自己的小天堂。

这有利于各种教派的共同发展。不同宗教之间如此完美的平衡，使得一些殖民地的人们，被迫保持一种最原始的初级的互相忍耐形式；若是在一般情况下，他们非拧断对方的脖子不可。

对于那些坐收渔利的体面绅士来说，这种局面当然不受欢迎。自新的仁慈思想出现数年之后，他们仍然在为维持旧的正直理想而战斗。虽然收效甚微，却成功地使年轻人疏远了一种信条，而这个信条里的仁慈、善良的概念似乎是从比它野蛮的印第安人那里借用来的。

对我们美国来说，幸运的是，在这场争取自由的长期斗争中，首当其冲的是一批人数虽少但却勇气十足的那些持不同观点的人。

思想的传播异常轻快，即使一艘八十吨重的双桅小帆船装载的新思想，都足以颠覆整个大陆。十八世纪的美洲殖民者没有什么雕塑和大钢琴，但他们却不缺乏书籍。十三个殖民地中的聪明人士开始明白，在这个浩大世界中，有一些不稳定的因素在蠢蠢欲动，而这是他们在星期日的布道中从未听过的。那时的书商成了他们的先知。尽管他们没有公开与现有的教会脱离，表面的生活方式也没有发生太大的变化，但是一旦时机成熟，他们马上就表示自己是古老的特兰西瓦尼亚[①]王储的最忠实信徒。这位老王储没有对“一神论”教派的臣民

① 特兰西瓦尼亚，旧地区名。位于欧洲东南部，东喀尔巴阡山以西多瑙河支流蒂萨河流域。1867年后，成为奥匈帝国的属领。第一次世界大战后，奥匈帝国瓦解，根据《凡尔赛条约》为罗马尼亚所领有。

实施迫害，原因是仁慈的上帝已经明确地给了他做三件事的权力："创造新事物，预知未来，支配人的良知。"

当需要为将来治理国家，制订一个具体的政治和社会纲领时，这些勇敢的爱国者就把自己的思想写进文件里，并将其呈现在公共舆论这个最高法庭面前。

假如弗吉尼亚善良的公民知道，他们带着万分崇敬的心情去聆听演讲，是由他们不共戴天的敌人——自由思想者——直接操纵的话，他们一定会惊恐万分。然而，他们最成功的政治家托马斯·杰斐逊①本人就是一个有着极度自由思想的人，当他声称只能用理性和信念，而不是强制或暴力来统领宗教，又或者，当他主张所有的人都有权利按照自己的良知和意愿，平等地从事宗教活动时，他只是在重复伏尔泰、拜勒，斯宾诺莎以及伊拉斯谟已经思考过并写在著作里的思想而已。

后来，人们又听到如下邪说："在美国，无须把信仰声明作为谋求公职的条件"；"国会不得制定法律来干涉宗教的建立，或者禁止宗教活动的自由行使"，美国的反叛者对此默许，并予以接受。

就这样，美国成为第一个宗教和政治明确分离的国家；成为第一个公职候选人在接受任命时无须出示主日学校毕业证的国家；成为第一个人民在法律范围内可以按照自己的意愿选择信仰或不信仰宗教的国家。

但是，在这方面，美国与奥地利（或在这方面的其他任何国家）一样，平民百姓远远落后于他们的领导人，只要与惯常做法稍有偏离，他们就跟不上趟了。不仅许多州继续对主流宗教以外的人施加种种限制，而且像纽约、波士

① 本杰明·富兰克林（1706—1790），十八世纪美国最伟大的科学家，著名的社会活动家、思想家、文学家和外交家。

顿或费城等地的公民，在他们的私人权利范围内，仍然不能容忍与自己的信仰不同的人，就好像他们从未读过一句本国宪法一样。所有的这些，不久就在汤姆·佩恩事件中表现出来了。

汤姆·佩恩为美国的事业做出了巨大贡献。

他是美国独立战争的宣传家。

他生于英国，职业是水手，天赋与教育将其塑造成了一个反叛者。

他造访各殖民地时已经四十岁了。在他去伦敦的途中，他与本杰明·富兰克林相识，并接受了“西行”的建议。1774年，他带着本杰明亲笔写的推荐信，启航前往费城，并帮助富兰克林的女婿理查德·贝奇创办了《宾夕法尼亚公报》。

作为一个老练的业余政治家，汤姆很快就发现自己处在了考验灵魂的重大漩涡之中。不过他的头脑非常清晰，有条理。他把有关美国人不满情绪的零散资料收集起来，编写成小册子，篇幅不长，内容简介而通俗。这些小册子通过对一般性问题的阐述，使人们相信美国的事业是正义的事业，应当得到所有忠诚的爱国者们同心同德的合作。

这本小册子很快就传到了英国，传到欧洲大陆，那里很多人生平头一次知道有一个“美利坚民族”，而且这个民族还有向自己的宗主国开战的充分理由和神圣使命。

独立战争刚一结束，佩恩就返回欧洲。他告诉英国人，统治他们的政府是何等的荒唐，展示了政府那些充满种种假象的蠢行。那时，塞纳河沿岸正发生着可怕的事情，体面的英国人开始满怀忧虑地注视着海峡对岸的情况。

一个名叫埃德蒙·伯克的人刚刚发表了《对法国大革命的反思》，这篇文章令人惊恐。愤怒的佩恩以他的《人的权利》立即进行回击。结果，英国政府通令，以叛国罪对佩恩进行审判。

与此同时，他的法国崇拜者们选他进入国会。佩恩对法文一窍不通，但由于生性乐观，他接受了这份荣誉，来到巴黎。他一直在法国生活，直到罗伯斯比尔对他产生疑心。佩恩知道自己随时有可能被捕或砍头，于是草草地写就了一本关于人生哲学的书。这本书名叫《理性时代》，第一部分是在他行将入狱时发表的。第二部分是他在狱中的十个月里完成的。

佩恩认为，真正的宗教（他称之为“人性的宗教”），有两个敌人，一个是无神论，另一个是盲信主义。但是他在表达这个思想时，受到了所有人的攻击。1802年，他返回美国，遭到了人们的极大仇视，以至于他那“又肮脏又可鄙的无神论者”的名声，直到他去世之后还持续了一个多世纪。

他没出什么事，这倒是真的。他既没有被绞死或被烧死，也没有在轮子上被分尸。只是大家都不理睬他，他被孤立了。当他壮着胆子出门时，小孩子在大人的怂恿下对他吐舌头，他去世的时候，已经变成一个遭人唾弃、被人遗忘的人。他撰写了一些反对独立战争英雄人物的愚蠢的小册子，以此来发泄自己的愤怒。

对于辉煌的开端来说，这似乎是一个最不幸的悲惨结局。

但这也是在过去两千年的历史中反复发生的典型事件。

一俟公众不宽容的愤怒发泄殆尽，个人的不宽容便又开始了。

官方死刑一结束，私刑便开始操刀。

第三十章　最后一百年

若在二十年前写这本书会容易得多。那时在大多数人的头脑中，“不宽容”这个词几乎完全和“宗教的不宽容”的意思一样，历史学家写“某某是一个为宽容而战的勇士”，通常大家都认为他毕生都在反对教会的弊病以及职业教士的暴虐。

然后战争爆发了。

世界发生了巨大的变化。

人们面对的不是一种专制体系，而是十几种。

人们相互间实施的残酷暴政不止一种，而是上百种。

社会刚刚开始摆脱宗教偏执的恐怖，又得忍受更为痛苦的种族不宽容、社会不宽容以及其他许多不足挂齿的不宽容。对于诸如此类的不宽容，十年前的人们连想都没想过。

许多安分守己的良民，直到最近还生活在幸福的幻想之中。他们认为，进步与发展是一种自动时针，只要偶尔表示一下赞许，就不用再上发条。这种想法真的是太糟糕太可怕了。

他们悲伤地摇着头，轻声说道“虚无，虚无，所有这一切都是虚无！”他们低声抱怨人类本性所表现的令人讨厌的固执，总在经受挫折，却又总是拒绝吸取教训。

直到完全绝望的时候，他们才加入迅速扩大的精神失败主义者的行列，使自己依附于这个或那个宗教组织（这样他们就可以把自己的包袱转移到别人身上），用最深沉悲哀的语调宣布自己失败了，并且不再参与以后的社会事务。

我不喜欢这样的人。

他们不仅仅是懦夫。

他们是人类未来的背叛者。

话已至此，那么解决的办法是什么呢？如果有解决的办法的话。

我们对自己要诚实。

没有任何解决的办法。

至少在当今的世界是看不到解决办法的。在这个世界上，人们要求立竿见影，希望借助数学或医药公式，或国会的一个法案，迅速而轻松地解决地球上所有的困难。但是我们这些习惯于用发展的眼光看待历史的人，知道文明不会随着二十世纪的到来而开始或消亡，还能感到些许希望。

现在我们听到的许多悲观绝望的论断（如“人类一贯是这个样子”，“人类将永远是这个样子”，“世界从未有过变化”，“现在的事情和四千年前的没什么两样”），都是不符合事实的。

这是一个错觉。

人类进步的道路常常会中断，但是，如果我们把所有情感上的偏见放置一旁，对过去的两万年的历史作个冷静的评判（这是一个我们唯一拥有或多或少翔实资料的时期），就会注意到，进步与发展虽然缓慢，却是毋庸置疑的；事情总是从几乎难以言表的残忍、野蛮以及不开化状态，发展到较为高尚较为完善的境界。即使战争犯下的滔天大错，也无法动摇“进步”这个事实。

人类具有难以置信的生命力。

它经过宗教神学的洗礼仍然活跃。

在适当的时候，它还会在工业主义的文明中焕发生机。

它经历了霍乱和瘟疫，经历了残酷迫害与蓝色法规[①]。

它还将学会如何克服困扰这一代人的诸多精神疾病。

历史谨慎地揭示了自己的秘密，它已经给我们上了重要的一课。

人类的双手所创造的东西，同样也可以毁于人类手中。

这是一个勇气的问题，之后，便是教育的问题。

当然，这样说，听起来像是老生常谈。在这最后一百年里，“教育”一词灌满了人们的耳朵，直到我们听腻了，厌烦了。我们留恋过去，渴望回到那个人们既不会读书也不会写字的年代，一个能将多余的精力用于偶尔的独立思考的年代。

我这里所说的“教育”，不是指纯粹的事实积累，这被看作是现代孩子们的必需的精神储备。我想说的是，在对以往知识善意理解的基础上真正理解现在。

在本书中，我已经力图证明，不宽容不过是群体自我保护本能的一种体现。

一群狼不会容忍一只与众不同的狼（无论它是更弱小或是更强大），总是尽一切可能除掉这个不受欢迎的伙伴。

食人族部落不能容忍那些因癖性而激怒神灵从而给整个村落带来灾难的人，他们会把他残忍地放逐荒野。

希腊城邦不能容忍在其神圣的领域内质疑社会赖以生存的基础的人。在一

① 蓝色法规，原本是美国殖民时期清教徒所定的法律，禁止在星期天跳舞、喝酒等，后来转用为有关个人行为的严格规定，如禁止公务员涉足酒吧、舞厅、夜总会以及接受宴请等等。

次可悲的不宽容爆发中，这位滋事的哲学家（苏格拉底）就被仁慈地判处饮毒药而死。

如果任由几个无恶意的狂热者去践踏自罗慕路斯以来就不可或缺的某些法律，罗马帝国就不可能生存下去。尽管很大程度上违背它的本意，它也只能采取不宽容的措施，而这一点与它的传统的自由政策恰好背道而驰。

教会作为这个古老帝国财富领域的继承人，它的生存依靠于自己最恭顺臣民的绝对服从，因而它被迫走向镇压与残暴的极端，致使许多人宁可忍受土耳其的残暴，也不愿接受基督教的仁慈。

反对教会暴政的伟大战士总是处于种种困境之中，但是他们要想维持自己的生存，就必须对所有的精神革新或科学试验表示不宽容。于是，以“改革”的名义，他们犯下了（或者试图犯下）自己的敌人曾经犯过的错误，而敌人正是因为这些错误才失去权力和势力的。

多少个年代过去了，生命本是一次光辉的历程，却变成了一次可怕的经历。这一切之所以发生，是因为迄今为止，人的生存完全被恐怖左右。

我在此重复一遍，恐怖是所有不宽容的根源。

无论迫害采取何种的方法和形式，它都是由恐惧造成的；那些支起绞刑架，或把新鲜原木扔向火刑柴堆的人，他们所流露出的极端痛苦的表情，正是这种恐惧的集中体现。

一旦我们认清了这个事实，立即就会有解决问题的方法。

在没有恐怖笼罩的情况下，人是很倾向于正直和正义的。

但是迄今为止，人类还少有机会实践这两种美德。

也许，在我有生之年是看不到这两种美德得以实现，这并不重要，这只是人类发展必经的阶段。人类毕竟是年轻的，太年轻了，年轻得几乎可笑。要求这些几千年前才开始独立生活的哺乳动物，具备那些只有随着年岁和经历的增长积累才能获得的美德，这样的要求未免太苛刻了，既不合理，也不公平。

而且，它会使我们的思想出现偏差。

当我们应该有耐心的时候，它却使我们变得愤怒。

当我们应该表示怜悯时，它却使我们说出刻薄的话语。

在撰写这样一本书的最后几章时，往往会有一种强烈的欲望，那就是去充当悲哀的预言家的角色，沉迷于业余的说教。

千万不能这样！

生命是短暂的，而布道却易于冗长。

用一百个字都表达不清楚明白的事情，还是不说为好。

我们的历史学家，因犯下一个巨大错误而深感不安。他们高谈阔论史前时期，给我们讲述希腊和罗马的黄金时代①，再信口编造一段假设的黑暗时期，还为我们这个比过去辉煌十倍的现代生活大唱赞歌。

如果这些学识渊博的学者偶然间发现，某些情况和事实与他们完美拼凑的图画不相匹配，他们会谦逊地道歉，并低声嘟囔，某些不受欢迎的品质是过去野蛮时代遗留下来的，这很不幸；但是，只要时机一到，这种情况就会消失，就像公共马车让位于火车一样。

这一切似乎很动听，但不是真实的。它或许可以满足我们的自尊心，使我们相信自己是时代的继承人。如果我们知道自己是什么人——是住在洞穴里的人的现代翻版，是叼着香烟、驾驶着福特汽车的新石器时代的人，是坐着电梯

---

① 希腊神话中的黄金时代。在古希腊神话中，人类与神的关系被划分为五个阶段。第一阶段为“黄金时代”。这个时代是由时间之神克洛诺斯（宙斯的父亲）在天上统治着世界，人类在神创造的世界中过着无忧无虑的幸福生活。春天常在，粮食与果实自然生长，河里流淌着牛奶和蜂蜜。人类无忧无虑，没有疾病，没有衰老，无须劳作，没有纷争。这个世纪的人类拥有强壮的身体和神一般的力量，他们不用担心疾病与死亡。他们虔诚地听从神的旨意。当一个人度过漫长的人生之后，他的灵魂会变成精灵环绕着土地。

上公寓大厦的穴居人——也许这对我们精神健康将会更有好处。

到那时，也只有到那时，我们才能向那个还隐藏在未来山峰上的目标迈出第一步。

只要这个世界还被恐怖所笼罩，那么，谈论黄金时代，谈论现代时期和发展进步，纯粹是浪费时间。

只要不宽容是我们的自我保护法则中不可或缺的一部分，那么，呼吁宽容简直就是犯罪。

等到那些不宽容的行为成为荒诞无稽的传说，譬如杀戮无辜俘虏，焚烧寡妇鳏夫，盲目崇拜书面文件这样的事情，宽容一统天下的日子就将来临了。

这可能需要一万年，也可能需要十万年。

但是它一定会到来，当人类战胜自身恐惧心理之后，那场载入史册的、人类获得的第一次真正意义的胜利，必将到来。

康涅狄格州 西港

1925年7月19日

后记　但是这个世界并不幸福

出版商给我写信说：“《宽容》一书出版于1925年。现在已经快成古典作品了，我们想搞一个普及本的永久性版本，重新定一个‘大众化的价格’”。如果他们要对原作作必要的安排，我还愿意写最后一章吗？也许我可以试着尽力说明，宽容的理想在近十年内为什么这样惨淡地破灭，我们如今的时代为什么还没有超脱仇恨、残忍和偏执！这一切肯定有原因，如果确实有，而且我也知道的话，那我可以讲出来吗？

我回答说，解剖美丽的宽容女神的尸体不是一件令人高兴的事，却是应该做的。我觉得这是我的责任。

下一个问题是，我应该在哪一页与十五年前写的这本书告别，开始写后记呢？

出版商建议我删去最后一章，因为结尾部分是崇高的希望和欢呼。关于这一点他们无疑是对的。的确没什么可高兴的，用《英雄》中的葬礼进行曲伴随我的结束语，比用贝多芬第九交响曲充满希望的大合唱更合适。

不过细想之后，我觉得这并不是解决问题的好方法。

我和出版商一样，对前景都很悲观。但是这本书还要留在世上许多年，我想唯一公正的方法还是让下一代知道，1925年怎样激起了我们对更幸福更高尚前程的憧憬，而1940年又是怎样彻底打破了这些光辉的梦想。为什么会发生这种事情，我们犯了什么错误才导致这场可怕的灾难。

经过几次通信后，我说服了出版商，使他相信我还是通情达理的，下面便是我给出版商写的内容，作为《宽容》的最新、也是最后一版的补充。

最近这七年可以说是个不折不扣的“丑巫婆的大锅”，人类所有的邪恶弊端全部汇集在里面，成了大杂烩，它会毒死我们所有的人（除非我们发明一种又快又灵的解药）。我仔细研究了倒入这个令人作呕的容器中的各种成分，也不厌其烦地观察了对这个可恶的大杂烩负主要责任的那些人。那个大杂烩臭气冲天，正在我们整个星球上蔓延，我和其他住在剩下的为数不多的民主国家中的人一样，看到下等的厨房仆人居然被那么多人拥戴，真是大惑不解。这些下等的仆人不但因为这令人作呕的大杂烩而欣喜若狂，而且还用全部时间把它强灌进对他们毫无妨害的旁观者的喉咙。这些旁观者显然更喜欢祖传的善意和宽容的浓汤，可他们要是不对大杂烩表示出高兴的样子，不吃下这堆翻肠倒胃的东西，立即就会被杀死。我尽力了解了这种事情是怎么发生的，以满足我的好奇心。现在让我告诉你，经过我耐心细致观察后发现的结果。

为了弄清这个问题的起因，我建议大家效仿精明可敬的政治家艾尔弗雷德·E·史密斯先生，他原住在纽约州的阿尔巴尼，现在住在帝国大厦。我们首先看一下记录，看能找到什么。

我这里提一个问题，它似乎有点儿离题，但是（过一会儿你就会看到）和我们要解决的难题却有着密切关系。你养过狗、猫或其他家禽动物吗？你研究过这些卑贱的动物对豢养它的家庭以及主人的花园和后院的态度吗？你一定注意到，这些不能说话的动物出于天性、本能或训练，或是三种因素兼而有之，都荒唐地珍视着它们自认为的“权利和特权”。同一条警犬，它可以让主人的孩子拉着它的尾巴在屋里转圈，也可以让孩子从身上揪下一撮毛，但另一个和蔼可亲的小孩子刚刚踏上属于“它”家的草坪时，它立即就会狂吠不止。德国种的最小的猎狗一定注意到了邻居家北欧种粗毛大猎狗能把它撕成碎片，可是只要那猎狗敢于跨越它认为是区分自家领地和邻居地盘的界限一步，它便会扑向那头凶猛的大兽。甚至，那些慵懒的、自顾舒适的猫，当另一只猫胆敢闯入自己的炉边时，也会勃然大怒。

捕捉大型猎物的猎人都熟悉森林居住者的习惯。他们告诉我说，野兽具有集群本能，外面的野兽休想加入它们的部落，不管加入者增添的力量对于它们迅速削弱的实力来说是多么有利。那些假装懂得不会说话的鱼的心理的人对我讲，甚至在这些冷血动物当中，当一个陌生的鱼出现时，也有一种固定的行为准则，在河流岩石之间固定的场所栖息的鱼，从来也不会让一条外来的鱼加入自己的行列。

我不是很精通动物学，但我学到了一点关于人类的知识。当我研究人类在所谓历史时期（在这段短暂的时间里人类记录了自己的思想和行为）的行为记载时，我发现了什么呢？我发现从开始到现在，人类从来就是“群居动物”。只有当一个人感到自己属于由志同道合的人结成的某种排他性集团，这个集团的成员都苟和于自己继承的信仰、偏见、偏爱、恐惧、希望和理想时，这个人才真正感到幸福。

当然，经济上的需要偶尔可能迫使某些人群，包括互相对抗的部落，按照某种政治方式行事。然而这种安排总不能持久。真正使许多人不顾艰难险阻和危险聚集在一起的原因，是因为他们有许多泾渭分明的共同信仰、共同偏见、共同偏爱、共同恐惧、共同希望和理想。

看一下从乔普斯和哈姆拉比到希特勒和墨索里尼的记载。各个时代各个地方的情况都一样——每个团体、每个部落、每个宗派、甚至每个家庭，都坚持与邻居们保持一定的距离，认为自己都大大优越于旁人，没有共同理念或共同行为的任何基础。

我给你举一个人尽皆知的例子。

世界各地差不多所有的人从一开始都用什么名字称呼自己呢？这种例子多得惊人，他们称自己是“上帝的人”或“上帝的选民”，更荒谬的是，“属于上帝的人”。埃及人在其他人的眼里是卑贱的小农，但他们却把自己看作是“上帝的人”。犹太人认为自己是“上帝的选民”。“苏密”——现在人们所知的官方名字是芬兰，它的意思（别人告诉我的）是“上帝的人”。太平洋上的许多部落——我们最熟悉的只是塔希提岛人——也称自己为“上帝的人”。波利尼西亚同西亚、北非和北欧相距万里之遥，在这些地方居住的种族彼此间毫无共同之处。可是有一点，他们都明显地认为自己才是真正的有价值的人，他们看不起人类的其他成员，认为他们是异己，不体面，应该受到鄙视，如果可能，还得躲远一点。

在这个触目惊心的规律中，乍看起来，希腊像是一个例外。但是他们高傲地坚持自己是海伦的直系子孙，是天神的儿子，是大洪水的唯一幸存者，这表明他们很尊重本种族的人。他们轻蔑地把非希腊人指为野蛮人（希腊文barbarous这个词的意思是陌生、外来、粗野、奴性和无知），这暴露了他们非常蔑视所有的非希腊人，粗率无礼地称他们为异己，甚至那些在各方面的确高出一筹而且心胸宽广的著名科学家、哲学家们也认为他们是劣等人。这表明至少在这个方面，他们和愚昧无知的澳大利亚土著民的水平一样，那些土人从来没学过三以上的数，但却十分得意地告诉来自欧洲的最早的造访者说，如果问他们是什么人，将是非常愚蠢的，因为他们显然是独一无二和绝无仅有的“上帝的人”。

我们注意到，罗马人不受这种傲慢无礼的讨厌形式的束缚。这并不是因为他们对自己的评价低于旁人。千万不要这样认为！他们像现代的英国人一样，认为自己理所当然是至高无上的，所以他们从不认为有必要就这一点做任何明确的解释。他们是罗马人，就足够了。对这么一个显而易见的事——这是人人都能看见的——大惊小怪不免有失体统。罗马人对此并不在乎，至少在这方面是不在乎的。

对于纯种族的概念促使大多数部落和民族认为自己是独一无二值得被称为真正的人民这一问题，我就谈这么多吧。但这只是一个细节，因为伴随这种奇怪的排外和优越感的种族意识，还有对宗教、道德、风俗这些不同但至关重要的问题的特定的信仰。结果，每个集团无论大小都总是居住在壁垒森严的城堡里，用偏见和固执这个坚固的屏障抵御外界所带来的影响。

美国已经独立地生存一个半世纪了。诚然，清教徒的不宽容行径是没有什么可吹嘘的，但是我们毕竟避免了最危险的极端行为。可是现在，边远地区已经开发了，国家正迅速地走向定型，我们却似乎没有从地球上古老一些的种族的错误事例中吸取足够的东西。就在我们的土地上，各个种族团体仍紧紧地抱成团，各自推行自己的禁忌，好像根本没有听说过《人权宣言》一样。宗教团体似乎从未谈过宪法中对出版自由是如何规定的话题，不但强令自己的成员应该阅读和思考什么，全然不顾由全体人民选出的代表所制定的法律，竟然自己制定起法律来。在距离现在最近的时间里，我们就能看到（如果我们愿意这么做的话）一种狭隘的精神和种族排外性的发展，它直到1914年战争爆发时，还一直被认为是黑暗时代的不幸残余。

很显然，我们对形势的看法过于乐观。在近六年的发展中，纳粹主义、法西斯主义以及各种形形色色偏见和片面的民族主义、种族主义意识形态的增长，开始使最抱有希望的人们相信，我们已经不知不觉地回到了几乎是不折不扣的中世纪。

这并不是一个愉快的发现，但正如一个喜欢哲学的法国将军不久前说的那样（几乎是预言）："对不愉快的事情生气是没有用的，因为事实本身根本不在乎，因此也不会改变"。所以让我们勇敢地面对这些最不受欢迎的发展，做出合乎逻辑的结论，然后找出对付它们的方法吧！

从最广博的意义讲，宽容这个词从来就是一个奢侈品，购买它的人只会是智力非常发达的人，这些人从思想上摆脱了不够开明的同伴们的狭隘偏见，看到整个人类具有广阔多彩的前景。他们就如同我在这本书的一开始引用老朋友昆塔斯·奥里利厄斯·希马丘斯向我们提出质问的那种情形一样：既然我们举目共望同样的星星，既然我们都是同一星球上的旅伴，既然我们都住在同一个天空里，既然生存之谜深奥得只有一条路能使人找到答案，那我们为什么还总是彼此为敌呢？但是如果我们敢于这样做，并且引证一个古代异教徒的高尚之语，那些坚持只有一条通往拯救的道路（也就是他们的那条道路）的帮派的不宽容首领，就会立马向我们吼叫起来，并投来石块和木棒；那些没有沿着他们的狭窄小路走的人，注定要永远堕入地狱。因此，必须严厉镇压他们，以防止他们的怀疑影响别的人——使别的人也去试一试在"唯一权威性的地图"上没有标出的路径。

昆塔斯·奥里利厄斯·希马丘斯生活在公元四世纪。从那以后，有高尚思想的人们，偶尔用提高嗓门的方法来捍卫这种精神和种族问题上的中立态度。他们偶尔（但仅仅是很短的时间）甚至成功地创建了自己的团体，在那里人们可以随心所欲地思考，并且允许按照自己的方式寻求拯救。但这种宽容的态度总是由上层领导强行实施的，它从不来自下层。他们不甘于接受来自上层的干预，便凭借着传统的权力，总是要强迫别人接受自己的观点。而如果没有别的方法使别人开窍，就用武力迫使他们"入会"，而为了防止流血，常常需要警方出马。

所有的美国人应该永远感激的是，他们的联邦是由一批真正的哲学家缔造的。这些人无愧于哲学家这个词，他们具有广泛的实际经验，完全摆脱了十三个移民区早期历史上典型的狂热宗派主义。这一代人得到了最后的报答。但等他们过世以后，千百万饥饿的欧洲人便如潮水般地涌进了他们曾希望建立理智王国的美丽土地。这些欧洲人不仅带来了强壮的臂膀（这是他们必需的），还带来了古老的先入为主的偏见。他们只相信自己观点的正确性，在各个问题上只依从自己，绝不会兼听旁议。

当时我们太乐观了，又忙于勘探大陆的资源，以致觉得有了这个大熔炉就能解决一切。但是要熔化任何物质，最好是经过缓慢复杂的过程，还需要经常的监督和照管，因为人的灵魂不愿意被液化，它比我们知道的任何物质都顽固。结果便是现在这个局面。用机关枪和集中营武装起来的各种各样现代的不宽容，比中世纪的不宽容又胜一筹，因为中世纪要“说服”异教徒也只不过使用地牢和缓慢燃烧的火刑柱。

这就向我们提出一个问题，我们能做些什么？之前我讲过，我并不信赖对不愉快的事采取熟视无睹的政策。因此我得出了不乐观的结论：至少在目前，我们对眼下非常不幸的事态是做不了建设性的事情的。我们必须接受这种形势，同时又要缓慢地为将来做出细致的规划，这点是确定无疑的。我们再也不能让自己措手不及了，因为文明再也经受不住类似近六年中所遭受的各种无休止的打击了。

1914年到1918年的战争，像一场飓风。它不仅摧毁了大部分人类组织，而且使许多人死去或陷于穷困潦倒之中，要在不长的时间里消除这些损失是不可能的。那些在这场灾难中幸存下来而且毫发无损的人们，只顾兴致勃勃地修理自己的房屋，根本不管别人变成了废墟的大厦。最后，在周围受打击最重的被遗弃的里弄里，要进行各种正常和健康的生活，已经完全不可能了。接着，在一些凄凉的地下室的废墟里，谁也不知道从哪儿跑来了一些陌生的、不健康的人。他们聚集一些被抛弃的人，开始宣讲自己发明的学说。这些人是在荒凉的灌木丛里长大的，那里根本不会培育出健康和理智的生活哲学。

既然重建工作已经落后了许多年，我们就可以用正确的观点观察它。世界大战后，世界需要大量的新鲜空气、阳光和好的食物，这比得到其他任何东西的愿望都要迫切。但它得到的却是饥饿和失望。于是许多有害的新学说应运而生，它使我们想起了那些难以置信的信条，它们是在三、四世纪小亚细亚衰败的沿海城市里的臭气冲天的弯曲小巷里发展起来的。

但是最后，新的拯救预言家们的那些信徒，饿得实在受不了，便逃了出来，涌入我们相对平静的村庄里。对此，我们毫无准备，就像十七个世纪以前的亚历山大人一样。那时，附近沙漠里的暴徒瞪圆双眼，闯入学校，处死了哲学家。因为他们传授的宽容学说意味着是对那些自认为掌握了唯一真理的人们的诅咒。

是的，我们现在像过去一样惊讶和绝望。现在我们再想扫除席卷了整个地球的瘟疫——偏执和暴虐的瘟疫，为时已晚。但至少我们应该有勇气承认它们依然存在的这个事实，把它们看作是某些非常古老的人类性格在现今生活中的再现。多少年来，这些性格一直在沉睡着，等待时机东山再起。时机一到，它们不仅要卷土重来，而且由于受了这么长时间的压抑，其狂暴、愤怒和凶残的程度比历史上任何时候都有过之而无不及。

这就是现在展现在我们恐怖的目光前的图景。我们自己（为辽阔的大西洋祝福吧！），在最近爆发的这场种族和宗教狂热的风暴中，还相对安全。但如果我们稍有松懈，病毒就会登上我们的海岸，把我们毁掉。

刚才我问自己：“我们能做些什么？”就我看来，除了保持头脑冷静，时刻提高警惕，没有什么事情好做。磨嘴皮子不会有什么成效。幻想自己如何优越，这种思想上和感情上的冲动，只能加速崩溃的过程。因为民主的敌人会把我们的怜悯和长期容忍的态度误解为单纯的软弱，因而会采取相应的行动。将来我们被关进集中营的时候，我们才会想到，欧洲中部的民主国家和我们一样，也是这样被毁灭的。他们对持完全对立的理论观点的人，大谈什么宽容，就犹如对白蚂蚁甜言蜜语地吹嘘“大家具有不可分割的权力”，而这些白蚁却正在摧毁我们脚下的基石。

不！就我所理解的当前形势，进行直截了当的反攻已经太晚了。是我们鼓励了敌人进来。我们给予他们各种安全保护，直到他们有足够的力量反对自己的保护人，并且迫使保护过他们的人过下等的生活——没有自由的生活。但在我们星球上屈指可数的几个角落里还残存着自由，那些正直的和有正义感的人有责任——迫切的和绝对的责任——养精蓄锐，保存自己，以便迎来开始进行重建工作的那一天。

任何人都不应该认为这是失败主义者的表现，或是不敢应战的人提出的想法。根本不是！事实就是事实，由于不可饶恕的粗心大意和缺乏承担责任的勇气，我们暂时丧失了许多领土，因而在目前这种情况下，我们应该稍稍撤退，然后为再发动一次启蒙运动做好准备。

这样就给予我们在宽容问题上实际锻炼自己的任务。我们应该结束得过且过、漠不关心的局面，首先要根除这种事情不会在这里发生的想法。它们不仅可能发生，而且已经发生了，还屡见不鲜。当我们勇敢地接受军队式的严明纪律——这支军队受命进行一场决战——时，必须为那个快乐的时辰做好充分的准备。那时，我们又一次为那场能够带来最后和永久理性的斗争而勇往直前，使它发挥威力，给予自由。

朋友们，这儿有一项留给几个坚定的志愿者的工作。我承认这将是我们所接受的最困难的一场斗争，但是担当它的人将流芳百世。这场光荣斗争的幸存者将作为人类真正的慈善家而受到人们的欢呼——他们使人类解脱了多少代以来的偏见和自诩正确的优越感的束缚，这种偏见和优越感一旦加上怀疑和恐惧，会使最谦卑最温顺的人，变成万物之中最残忍的畜生，变成宽容理想的不共戴天的敌人。

1940年8月于康涅狄格州老格林尼治市